长江三角洲发展报告

2019

长江三角洲发展报告 2019

宋仲琤　鲍炳新　主编

文创产业研究

上海人民出版社

目　　录

绪 论

一、文化创意产业的概念

文化创意产业，其前身为创意产业（Creative Industries）①。近年来，已成为各国经济中一个炙手可热的新概念。对文化创意产业的定义，目前有不同的说法。英国被公认为文化创意产业的发源地，1998 年 11 月出台的《英国创意产业路径文件》(Creative Industries Mapping Documents, CIMD)中首次提出“创意产业”这一概念。英国对创意产业的定义是“源于个人创造性、技能与才干，通过开发和运用知识产权，具有创造财富和增加就业潜力的产业”。对于文化创意产业，英国政府强调个人的创造力，个人的灵感、理念、技能是创造价值的核心。在文化创意产业范围的界定上，英国政府把“就业人数多或参与人数多”、“产值大或成长潜力大”、“原创性高或创新性高”三个原则作为标准，选定了十三项（包括软件开发、出版、广告、电影、电视、广播、设计、视觉艺术、工艺制造、博物馆、音乐、流行行业以及表演艺术等）产业作为文化创意产业的范畴。

2006 年 12 月，北京市统计局、国家统计局北京调查总队联合制定发布《北京市文化创意产业分类标准》，将文化创意产业定义为“以创作、创造、创新为根本手段，以文化内容和创意成果为核心价值，以知识产权实现或消费为交易特征，为社会公众提供文化体验的具有内在联系的行业集

① 2010 年前文化创意产业被称为“创意产业”，2011 年之后国内统称为“文化创意产业”。

群”。2007 年发布的《北京市文化创意产业分类标准》中,指出文化创意产业包含了“软件服务”、“计算机服务”、“建筑设计”、“工业设计”等科技类创意产业门类,“新闻出版”、“广播电视”、“电影制作与发行”等文化类创意产业门类,以及“文物保护”、“民族民俗文化遗产保护服务”等传统类文化产业的门类。

2008 年,浙江省发改委、省委宣传部联合发布《浙江省文化创意产业发展规划》,将“文化创意产业”定义为:以知识产权的形成和应用为载体,将具有一定文化内涵的创新创意,通过科技的支撑作用和市场化运作可以被产业化的活动的总和。该规划立足浙江文化创意产业发展现状,将其分为产业设计、信息软件、建筑景观、文化传媒、咨询策划、创意农业六个大类。

2011 年,上海市委办公厅和市政府办公厅联合发布《上海市文化创意产业发展“十二五”规划》,开篇定义了上海对文化创意产业的共识:“文化创意产业是文化产业与创意产业融合发展的结果,是综合文化、创意、科技、资本、制造等要素的一种新业态。文化创意产业以人的创造力为核心,以文化为元素,以创意为驱动,以科技为支撑,以市场为导向,以产品为载体,以品牌为抓手,形成融合型的产业链,通过知识产权的开发和价值增值的交易产生巨大经济效益,并通过产业发展进一步满足人民群众多样化、多层次、多方面需求,实现经济效益与社会效益的有机统一。文化创意产业随着经济社会的发展,内涵不断丰富,外延不断拓展,其创新、融合、开放的产业特征,决定了文化创意产业具有无限宽广的发展前景。”规划还明确了媒体业、艺术业、工业设计业、时尚业、建筑设计业、网络信息业、软件业、咨询服务业、广告及会展业、休闲娱乐业十大产业领域属于文化创意产业范畴。

此外,国内著名学者金元浦认为,文化创意产业是在全球化的条件下,以消费时代人们的精神、文化、娱乐需求为基础的,以高科技的技术手段为支撑的,以网络等新的传播方式为主导的一种新的产业发展模式。它以文化和经济全面结合为自身的特征,是一种跨国、跨地域、跨行业、跨部门、跨领域重组或者新创的新型产业集群。它是以创意创新为核心,以知识产权为根本,贯穿生产、流通、消费等产业发展全过程的新型产业集群,向大众提供满足其文化、娱乐、精神、心理方面的需求的新兴产业形态①。

二、文化产业与文化创意产业

"文化产业"一词最早出现在20世纪30年代德国学者本雅明的《机械复制时代的艺术作品》一书中。作者用其代替"大众文化"一词，批判和否定文化的产业化现象。它更多地被使用在学术研究领域，重点关注文化的内容产品与文化的产业化。到20世纪七八十年代，人们才开始注意到文化产业对社会经济和国家发展的积极作用。在中国，"文化产业"概念首次出现于1991年②。2002年，党的十六大报告正式提出"文化产业"的概念，文化产业从此"破土而出"，从无到有、从小到大、从弱到强，一批具有国际竞争力的"文化旗舰"成长起来，一个文化板块正在资本市场崛起，一个新兴的文化产业正在成为国民经济支柱性产业。我国文化软实力逐渐增强，正昂首迈向社会主义文化强国。

党的十六大前，我国习惯引用联合国教科文组织的定义："文化产业就是按照工业标准，生产、再生产、储存以及分配文化产品和服务的一系列活动。"我国最早对"文化产业"定义出现在2001年，全国政协与文化部所组成的文化产业联合调查组对文化产业作了如下的界定："文化产业是指从事文化产品生产和提供文化服务的经营性行业。"2003年9月，文化部制定下发的《关于支持和促进文化产业发展的若干意见》将文化产业界定为："从事文化产品生产和提供文化服务的经营性行业。文化产业是与文化事业相对应的概念，两者都是社会主义文化建设的重要组成部分。文化产业是社会生产力发展的必然产物，是随着我国社会主义市场经济的逐步完善和现代生产方式的不断进步而发展兴起的新兴产业。"国家统计局2004年3月29日在下发的文件《文化及相关产业统计分类》中，将"文化及相关产业"界定为：为社会公众提供文化、娱乐产品和服务的活动，以及这些活动有关联的活动的集合。

---

① 金元浦：《我国文化创意产业发展的三个阶梯与三种模式》，《中国地质大学学报(社会科学版)》2010年第1期。

② 陆扬、路喻：《大众文化研究在中国》，《天津社会与科学》2003年第6期。

从定义上的比较可以发现，文化产业与文化创意产业在覆盖的具体产业领域上存在着交叉，但是文化产业与文化创意产业又不是同一概念。从提出的时间上看，文化产业的提出远早于文化创意产业；从逻辑上看，文化产业与文化创意产业属于不同的范畴，只是二者存在一个交集，文化创意产业不只局限在文化产业，也与其他产业相关联。相对于文化产业，文化创意产业是一个后起之秀，是文化产业发展到一定阶段的产物。

大体而言，文化产业把文化变成商品，但文化创意产业不仅包括把文化变成商品这一单向过程，还在商品中融入创意的元素，并使之成为该商品的主导和标志性元素，以提高该商品的附加值，即融入创意的商品比原有商品大幅度增值。因此，文化创意产业是文化产业发展的新阶段，创意成为了文化产业的源头和原动力，也是基础与主干。文化产业在内涵上更强调文化的工业化复制和商品化推广，强调的是文化与经济的双向互融，体现的是文化的经济化和经济的文化化。而文化创意产业不是对文化产品的简单复制，更强调创造性，强调文化艺术创造性的推动经济的新兴理念和经济实践，注重生产领域提升产品的附加值和经济发展提升产业结构的要求。

三、国外文化创意产业发展概况

伴随世界多极化、经济全球化、文化多样化、社会信息化进程的不断深入，文化竞争格局被重塑，新一轮文化产业发展拉开帷幕。建设文化创意城市，成为城市全面融入全球经济一体化的战略选择和重大举措。从国际范围看，近几年来，世界上许多国家或地区开始重视并促进文化创意产业的发展，一些世界级城市纷纷提出创意城市战略。如纽约市提出的“创意纽约”计划、英国提出的“创意英国”计划、法国宣布的“大巴黎计划”等；亚太地区的国家更是把文化创意产业作为积极的产业部门优先加以发展，诸如日本的“酷日本”计划、韩国“设计国度”的打造、新加坡的创意产业发展战略、澳大利亚的“创意国度”战略等。文化创意产业成为许多国家或地区转型发展的选择，文化创意的潮流席卷世界。

英国是全球最早提出“创意产业”的国家。目前，文化创意产业已经成为英国增长最快的支柱产业。据 2017 年英国数字、文化、媒体和体育部公布的报告称，英国电影、电视和广告业近年来增长迅速，数字、文化和体育领域相关产业产值已达到 2 680 亿英镑，其中文化创意产业对英国经济贡献巨大，产值超过 1 000 亿英镑①。首都伦敦是英国文化创意产业的重镇。伦敦文化创意产业模式是典型的政府主导型模式。伦敦市政府为推动文化创意产业的发展出台了诸多相关政策。1997 年，英国政府成立了创意产业小组并发布《创意产业勘察报告》，将创意产业发展列为国家发展战略。1999 年，伦敦市政府设立了文化战略委员会。2003 年，伦敦市政府出台了关于伦敦创意产业的发展战略《伦敦文化资本——市长文化战略草案》，提出了卓越、创新、参与、价值的新世纪文化创意产业发展方针，并做出了一系列创意产业扶持措施。2004 年创立了“创意伦敦”工作组，这是一个由伦敦发展署管理的战略团队，以政府和企业合作的方式运作，广泛征集创意公司组织部门的建议，支持和促进伦敦市文化创意产业的发展。2008 年 11 月，伦敦市公布了关于伦敦发展文化产业的战略草案，即《文化大都市——伦敦市长 2009—2012 年的文化重点》。在世界文化创意产业发展的大背景下，伦敦采取的这些政策和措施有力地推动了文化创意产业的大发展。

法国于 2007 年提出“大巴黎计划”，目标是到 2030 年，将巴黎打造为“世界之都”。到目前为止，巴黎已成为欧洲拥有博物馆和剧院数量最多的城市，也是世界上图书馆和电影院数量最多的城市——拥有 1 100 座图书馆、313 座博物馆、490 座剧院。此外，巴黎还有数不胜数的画廊、唱片店、书店。卢浮宫、奥赛等 5 个著名博物馆每年接待的全球游客达 2 658 万人次。巴黎的创新活力也令人瞩目，其文化创意产业占城市经济总量的 9%。法国围绕“大巴黎”计划，以巴黎市中心（小巴黎）为核心，逐步拓展“大巴黎”的文化版图，在巴黎市（“小巴黎”）内有卢浮宫、奥赛博物馆、蓬皮杜艺术中心、国家图书馆、大皇宫、巴黎歌剧院、建筑遗产城、东京宫等文化地标；“小巴黎”外，西部建有路易威登创意基金会、赛甘岛音乐城和文化中心，东部建有国家视听学院和哥布兰学院的影视与多媒体中心，在南部建立居现代艺术前沿的 MAC VAL 博物馆，在北部建有圣德尼的电影城、布尔日的文化科技中心，它们一起构成巴黎新的文化高地。

---

① 《英国创意产业产值突破千亿英镑》，《中国文化报》2018 年 12 月 17 日。

20 世纪 90 年代，随着泡沫经济的崩溃，日本政府充分意识到，文化的交流和辐射是日本文化创新和发展的动力，借助文化产业将自己蜕变成东亚最有竞争力的文化输出国。东京制定的文化战略以文化作为都市魅力与活力源泉，建立起将东京文化资源与创造性活动结合的有机结构，打造充满创造性的文化都市。东京有丰富多彩的文化市场，多种形式的文化活动，这些也是东京文化久盛不衰的源泉。2002 年的“日韩世界杯”给东京带来了巨大经济效益。近年来，东京又经常举行各种文化主题年等大型文化交流活动、众多国外的文艺演出和美术文物展览，都给东京带来巨大的经济和社会效应，不断强化东京的国际影响，在增加产出和提供就业的同时，促进了城市的功能升级。东京在推动文化发展的同时，引进外资和先进技术，为本国文化创意产业注入新的活力。1983 年建成的“迪士尼乐园”、2001 年开业的“海上迪士尼乐园”带动了东京旅游业的繁荣。在政府政策的扶植下，东京营造了适宜的文化创意产业环境，成为“亚洲时尚之都”。爵士乐、流行音乐、偶像剧等艺术形式，日益走向成熟，开始跨越语言的限制，向世界传播。最值得东京人骄傲的是，东京日益成为日本乃至世界的“动漫王国”，日本传统中崇尚“可爱”的文化，以漫画、卡通的形式，创造出惊人的价值。此外，东京政府出台了一系列与文化创意产业相关的法律法规和政策，这些法规和政策保护了创意产品创作者的权益，有利于促进创作者的创作热情，有利于更多创意产品的推出。2006 年，东京政府推出的《十年后的东京——东京在变化》中在述及文创的部分时提出，要充分利用动漫产业等优势文化产业提升东京的城市魅力及国际地位。2009 年，东京都知事推出了“天堂艺术家事业”项目，通过为艺术家提供适宜的艺术创作环境和“城市中的剧场”，培育艺术氛围，提振东京的观光和文化事业。为进一步实现《东京都文化振兴方针》中为东京描绘的文化发展目标，东京在 2011 年推出了《〈十年后东京〉2011 行动计划》。该计划从八大领域确定了东京 2011 年至 2013 年的发展规划，在文化发展方面，指出东京要重点加强“展示平台建设”、“特色资源开发”和“与其他城市或民间事业者的合作”等三个方面，以提升东京的文化魅力和产业能力。

韩国政府在 1997 年对文化创意产业进行扶助性介入，尤其注重向电子游戏、音乐及电子网络等新兴产业倾斜支援。2003 年，韩国的影视、音乐、手机及电子游戏4个产业都有两位数的增长，出口额首次超过钢铁。韩国目前自称已跻身世界文化产业五大国之列。韩国与日本一样，突出以影视、动漫、游戏为主的内容及数字内容产业，这些门类已经成为韩国发展最快、规模较大的行业。2005年，韩国国内影院票房总收入达到11.23亿美元，大约居世界第7至9位。其中，韩国自产电影票房收入占58.7%，达6.6亿美元，较十年前增长了11倍，而同期进口外国电影的票房收入只增长了2.3倍；动漫产业市场规模(包括制作、上映和出口额)2005年超过5.5亿美元，比2003年的3.5亿美元增长57.1%；游戏产业2005年的市场规模为61.16亿美元，年增长率为13%。其中，尤以网络游戏增长迅速，2003年至2005年的年增长率均超过30%。2001年至2010年，韩国计划建成10个文化创意产业园区、10个传统文化产业园区、1至2个综合文化产业园区，形成覆盖全国的规模。国家对每个园区各注入资金50亿至300亿韩元。韩国本来在文化创意产业方面并不具有多少优势，韩国政府直接、强有力的主导、推动及其所采取的集中力量扶持主导产业的政策措施，是其文化创意产业快速发展并取得显著成效的主要因素。韩国政府成立了全国性的文化创意产业组织领导机构，把发展文化创意产业正式纳入国家总体发展战略，将其作为“21世纪国家发展的战略性支柱产业”，积极在全国各地兴建文化产业园区，集中力量加以扶持，大力度地支持文化创意产品出口，这些都成为韩国发展创意产业的特点。

大体而言，各国文化创意产业的发展模式不尽相同，但有一点却是共同的，即主导产业突出，都定位于与文化相关的产业，这一点也体现了文化创意产业本身的特点，即创意是文化创意产业的核心。各国都结合本国的优势和基础条件，确定本国文化创意产业的主导产业，并出台相关产业政策和具体措施，大力推动、扶持、发展主导产业，这一发展模式是相似的。此外，像英国和日本，还非常注重建立完整的产业链，依托优势产业，发展相关产业集群和衍生产品产业。不管各国创意产业发展模式是怎样的类型，政府在促进产业发展方面都发挥着主导、推动、扶持、保护的作用。通过立法保护知识产权，是各国共同的做法；资金支持、减免税、人才培养、扶持中小企业也是各国政府产业政策的当然选择；政府出资小部分，大部分发展资金依靠、利用民间资本是各国的共同特点。

四、我国文化创意产业综述

我国文化创意产业最早出现在台湾地区。台湾在经济发展过程中，虽然曾因过去的“制造优势”，创造了第一次的“经济奇迹”，名列亚洲四小龙之一。不过随着数字化、全球化的风起云涌，资金、人才、资源的全球性流动，台湾的制造优势逐渐被其他生产成本更低的地区所取代，台湾当局于是将文化创意产业列入重点发展方向。普遍认为，台湾文化创意产业的起步始于台湾当局 2002 年 5 月公布的《挑战 2008：国家发展重点计划（2002—2007 年）》（以下简称《挑战 2008》）。在这份十大发展重点计划的政策中，台湾当局把文化创意产业列为战略性产业之一，明确提出文化创意产业的概念，将原属于不同领域的文化、艺术、设计等产业归口于文化创意产业之下。《挑战 2008》将文化创意产业所涵盖的内容分为三个层次：一是文化艺术核心产业，包括精致艺术之创作与发表，如表演、视觉艺术和传统民俗艺术等；二是设计产业，主要指建立在文化艺术核心基础上的应用艺术类型，如流行音乐、服装设计等；三是展业支援与周边创意产业，用以支援上述产业之相关部门，如展览设施经营、策展专业、展演经纪等。据此，台湾将文化创意产业分为视觉艺术产业、音乐与表演艺术产业、文化展演设施产业、工艺产业、电影产业、广播电视产业、出版产业、广告产业、设计产业、设计品牌时尚产业、建筑设计产业、创意生活产业和数字休闲娱乐产业等十三个产业类别。在台湾当局和社会的共同推动下，《挑战 2008》于 2007 年底执行完毕。这一时期，台湾文化创意产业取得长足发展，无论是在电影、设计、工艺或流行音乐，都有相当傲人的成绩。例如本土片《海角七号》在缔造岛内票房纪录的同时，也风靡各国际影展；在 2008 年德国 iF 奖与 Red Dot 奖项中，台湾获奖数高达近 150 件产品，其中更有 6 件作品获得 iF 金奖及 Red Dot “Best of the Best”产品设计类大奖，说明台湾设计能力逐步受到国际肯定。其间，文化创意产业营业额占 GDP 的比重也呈现增长之势，2002 年仅为 4.32%，2006 年则高达 5.04%①。上述数据充分说明文化创意产业对于台湾经济发展的影响越来越大。《挑战 2008》的顺利执行也推动了台湾文化创意产业朝更深和更广的方向迈进。2009 年 5 月，台湾

① 张敏：《台湾如何打造文创产业软实力》，《海峡科技与产业》2011 年第 12 期。

当局通过了《创意台湾——文化创意产业发展方案》，执行期为2009年至2013年。相较于2002年至2007年台湾文化创意产业政策，新一期政策的最大亮点在于两岸文化创意产业的交流合作与《文化创意产业发展法》的颁布。《创意台湾》指出“要建立两岸文化创意产业合作及市场开发机制，调查研究大陆文化创意产业市场情报资讯及相关法令政策等，协助业者就涉及之智慧财产权等相关法令及权益问题，进行谈判或签订互惠协定，并对文化创意产业相关资金、人才交流、市场拓展、政府与民间志愿之整合给予实际作业协助。要特别针对大陆推动文化创意产业之相关政策发展资讯与产业供应链资源之研究，借以促进建立两岸文化创意产业资源合作与市场衔接。”台湾有关方面认识到：交流与合作已成为两岸共识，唯有加强业界的交流合作，方能促进双方在文化创意产业上的共同发展。2010年1月通过的《文化创意产业发展法》是台湾文化创意产业发展的又一标志性事件。《文化创意产业发展法》的颁布与实施对台湾文化创意产业的发展影响深远：其一，它为台湾文化创意产业发展提供了法制保障，让各项文化创意产业事务有法可依；其二，它通过补助、捐赠等惠民措施来拓宽消费市场，优化文化创意环境；其三，进一步支持台湾文化创意自有品牌的发展，积极拓展国际市场。

香港的文化创意产业起步也较早，目前已经成为香港最具活力的产业之一①。早在1999年，香港特区政府在施政报告中就提出欲将西九龙填海区发展成集文化、娱乐及艺术于一身的文化创意基地。2009年，香港特区政府出台“创意香港”计划，从多方面推动香港文化创意产业发展。如今，香港的文化创意产业包罗万象、融汇中西，元创方、星光大道、动漫海滨乐园等创意地标，香港巴塞尔艺术展、香港书展等具有国际影响力的展会，不断巩固着香港文创之都地位。据香港特区政府统计处的最新数字，香港文化创意产业的就业人数由2007年的180 620人增加至2017年的213 400人，平均每年升幅为1.7%，相比同期香港0.9%的年均总就业人数升幅较快，文化创

① 香港称之为文化及创意产业，具体分为十一个组成界别，包括艺术品、古董及工艺品；文化教育及图书馆、档案保存和博物馆服务；表演艺术；电影及录像和音乐；电视及电台；出版；软件、电脑游戏及互动媒体；设计；建筑；广告；娱乐服务。

意产业占香港总就业人数的百分比，亦相应由 2007 年的 5.2%上升至 2017 年的 5.6%；2017 年，文化创意产业的增加价值为 1 118 亿港元，较 2016 年上升 2.0%，对香港本地生产总值的贡献为 4.4%。香港一向以珠宝首饰的精细工艺与设计驰名于世。在 2017 年，艺术品、古董及工艺品的增加价值 89 亿港元，占文化创意产业总增加价值的 7.9%，就业人数为 17 660 人，占文化创意产业总就业人数的 8.3%，值得一提的是，这一界别在文化创意产业的总增加价值中所占的比重由 2013 年的 12.9%减少至 2017 年的 7.9%；出版产业是香港文化创意产业的第二大界别（按增加价值及就业人数计算），但在近年的业务表现相对温和，部分原因是由于报纸及杂志业务的竞争激烈，以及免费报纸和信息网站带来的挑战。它在文化创意产业的总增加价值中所占的比重由 2007 年的 26.8%下降至 2017 年的 11.6%；软件、计算机游戏及互动媒体在香港文化创意产业中一直占着重要的地位，它在文化创意产业的总增加价值中所占的比重由 2007 年的 32.6%增加至 2017 年的 44.6%，其主要组别为互联网服务及软件和计算机游戏开发，此两组别合共占这界别在 2017 年约 90%的增加价值。表演艺术是香港文化创意产业中最小的组成部分，在 2017 年增加价值为 14 亿港元，占文化创意产业总增加价值的 1.2%。就业人数为 5 380 人，占文化创意产业总就业人数的 2.5%①。

自 2005 年始，文化创意产业思潮席卷我国的上海、北京等城市。2006 年，《国家"十一五"时期文化发展规划纲要》发布，明确指出把包括网络游戏在内的数字出版产业和文化创意产业作为发展的重点，为推动其快速的发展提供积极的产业发展政策环境。2007 年，继北京、上海之后，广州、深圳、南京、杭州、天津、重庆等城市纷纷建立文化创意园区，其中部分城市的文化创意产业已经初具规模，不少城市甚至入选联合国教科文组织"全球创意城市网络"（表 0-1）。杭州自 2007 年开始全力打造"全国文化创意产业中心"，将传统工业与现代工业设计相结合，注入创意内核，运用杭州的文化产业来带动城市网络、通讯、动漫游戏等产业发展。

---

① 香港特别行政区政府统计处：《香港统计月刊》，2019 年 6 月。

表 0-1　　中国入选联合国教科文组织"全球创意城市网络"的城市

城市名称	类　别	入选年份	备　注
深　圳	设　计	2008	中国第一个加入"创意城市网络"的城市
上　海	设　计	2010	
成　都	美　食	2010	第一个获此称号的亚洲城市
杭　州	手工艺与民间艺术	2012	中国首个获此称号的城市
北　京	设　计	2012	
景德镇	手工艺与民间艺术	2014	
苏　州	手工艺与民间艺术	2014	
顺　德	美　食	2014	
长　沙	媒体艺术	2017	中国首个获此称号的城市
澳　门	美　食	2017	
青　岛	电　影	2017	中国首个获此称号的城市
武　汉	设　计	2017	

目前,我国文化创意产业较为发达的城市除长三角外,主要集中在北京和广东。此外,位于西部的成都近年来异军突起,成为国内文化创意产业不容忽视的力量。

北京立足城市战略定位,全力推进全国文化创意中心建设,文化创意产业一直保持高速增长并逐渐成为国民经济支柱型产业,仅次于金融业。"十二五"期间,北京文化创意产业主动调结构、转方式、稳增长,有效克服了经济下行压力,产业支柱地位更加稳固。产业增加值从 2010 年的 1 697.7 亿元增加到 2015 年的 3 072.3 亿元,年均增长 12.6%,占 GDP 比重提高到 13.4%,居于全国首位①。多组数据表明北京文创产业蓬勃发展:影视领域,北京 2017 年生产影片 350 部,占全国 36%,《战狼 2》和《羞羞的铁拳》分获 56.83 亿元和 22.12 亿元票房,成为 2017 年度国产电影票房冠亚军;动漫游戏领

① 中共北京市委宣传部、北京市发展和改革委员会:《北京市"十三五"时期文化创意产业发展规划》,2016 年 7 月。

域，全年实现产值约 627 亿元，占全国 30.8%；设计服务领域，规模以上企业实现收入超过 2 000 亿元等[①]。2018 年 7 月，北京出台《关于推进文化创意产业创新发展的意见》，明确了构建由“两大主攻方向”和“九大重点领域”组成的文创“高精尖”内容体系。其中两大主攻方向是指“数字创意”和“内容版权”，九大重点领域是指重点打造创意设计、媒体融合、广播影视、出版发行、动漫游戏、演艺娱乐、文博非遗、艺术品交易和文创智库。与此同时，北京将组织实施 9 个文创产业促进行动，包括文化空间拓展行动、重点企业扶持行动、重大项目引导行动、文化消费提升行动、文化贸易促进行动、文化金融创新行动、文创品牌集成行动、服务平台共享行动和文创人才兴业行动。以九大行动为依托，北京计划力争用五年时间，培育 1 到 2 家年营业收入过千亿、5 家以上收入过五百亿的龙头文创企业。同时，打造“三山五园”历史文化景区、云居寺佛教文化景区、云蒙山文化旅游景区等项目，高标准推进故宫北院、国家美术馆、中国工艺美术馆、环球主题公园、台湖演艺小镇等项目建设。

为了推进文化创意产业快速发展，广州近年来高度重视文化创意产业的顶层设计，在财政、税收、金融等方面加大对文化创意产业的政策支持，并制定了重要的纲领性文件《广州市关于加快文化产业创新发展的实施意见》，以及针对电影、动漫游戏、文化产业园区、实体书店、博物馆等一系列配套政策文件，初步形成“1+N”的文化创意产业政策体系。2016 年，广州文化创意产业实现增加值 2 487.78 亿元，占广州国内生产总值的比重达到 12.69%。广州市规模以上文化创意产业法人单位数为 4 262 个，文化创意产业从业人数达 75.94 万人，文化创意产业营业收入及总资产分别达到 6 010.08 亿元和 8 963.34 亿元[②]。据不完全统计，广州现有文化创意产业园区（基地）约 222 个，包括广东国家音乐产业基地、广州国家广告产业园区等 16 个国家级文化创意产业园区（基地），广州 TIT 纺织服装创意园、黄花岗信息园等 10 个省级文化创意产业园区，以及太古仓创意园、1850 创意园、珠江 · 琶醍啤酒文

---

① http://www.xinhuanet.com/2018-01/27/c_1122326273.htm.

② 广州市社科院：《广州文化创意产业发展报告（2018）》，社会科学文献出版社 2018 年版。

化创意艺术区等20个市级文化创意产业园区。数字音乐繁荣是广州文化创意产业的一大特色。目前，广州建有广东国家音乐产业基地广州飞晟园区等国家级音乐产业园区，另有星海艺术产业园(在建)、广州珠江钢琴文化产业园(拟建)，这些园区的发展与建设将进一步助推数字音乐产业的集聚发展。数字音乐企业方面，广州涌现了酷狗、荔枝、天翼爱音乐、沃音乐等多个国内知名的数字音乐企业。

深圳对文化创意产业也较为重视，早在2003年，深圳就确立了文化立市战略目标，制定了一系列扶持推动文化产业发展的政策。2004年，在我国振兴和大力发展文化产业的大背景下，文博会应运而生，落户深圳。作为我国国家级、国际化综合性的文化产业博览交易会，深圳文博会成为推动中国文化走出去的重要平台。近年来，深圳在文化创意产业取得显著成效。2008年，深圳率先出台《文化产业促进条例》。2015年底，深圳又制定出台《深圳文化创新发展2020(实施方案)》，把创新摆在文化发展的核心位置，以创新为动力，推动文化高质量发展，大力促进文化与科技的深度融合，相关产业相互渗透，积极构建数字文化创意创新平台，推动数字经济与文化产业深度融合。据统计，2018年，深圳文化创意产业实现增加值2 621.77亿元，占GDP的比重超过10%①。文化创意产业已经成为国民经济支柱产业，在深圳发展中占据了重要位置。华强方特是深圳文化创意产业的标杆企业，目前，华强方特原创动画作品已发行至全球100多个国家和地区。"熊出没"动画电影已先后发行至土耳其、俄罗斯、韩国、菲律宾、秘鲁、哥伦比亚等国家和地区并陆续在影院上映，取得良好票房；动画电影还陆续签约西班牙、埃及、印度、保加利亚、南非等国家，中国动画品牌在世界舞台上获得青睐。

成都致力于打造西部的文创中心。目前，成都已经初步形成传媒、文博旅游、创意设计、演艺娱乐、文学与艺术品原创、动漫游戏和出版发行等行业快速发展的格局，同时，成都也是国家级文化和科技融合示范基地、"全国动漫游戏第四城"和"中国手游第三城"，并打造了中国成都国际非物质文化遗产节、成都创意设计周、成都国际音乐诗歌季、中国网络视听大会等文创交流品牌活动，拥有内陆第四个、中西部第一个专门的国际性艺术品保税交易

---

① http://www.xinhuanet.com/2019-02/24/c_1124156248.htm.

平台。数据显示，2016年成都已有15 000多个法人单位从事文创产业活动，实现营业收入2 600多亿元，文创产业增加值633.6亿元，占地区生产总值的5.2%①。2017年8月，成都对外发布《西部文创中心建设行动计划》(2017—2022年)。按照"一年全面启动、三年跨越发展、五年基本建成"总体要求，成都将通过5年努力成为全国文创产业发展标杆城市、具有强劲竞争力的国际创意城市。到2022年底，实现文创产业增加值超过2 600亿元，文化软实力进入全国第一方阵。

总体而言，我国文化创意产业发展已取得了一定成效，但是与世界上文化创意产业发展成熟的国家相比，起步较晚，还处于成长期，不够成熟。在欧美地区，文化创意产业发展水平较高的国家，如美国、英国、瑞典和芬兰都是经济十分发达的国家。亚洲地区文化创意发展水平较高的国家也主要是发达国家日本，以及新兴工业化国家韩国和新加坡。在我国，文化创意发展较快的城市，如北京、上海、杭州、深圳等，其经济发展水平也都相对较高。因此，我们可以发现，文化创意产业的快速发展，只有当本地的经济水平达到一定程度之后才能出现，本地较高的经济发展水平是发展文化创意产业的前提，其主要原因在于：较高的经济发展水平为文化创意产业发展创造了市场。文化创意产业所提供的商品和服务满足的是消费者的精神需求，对于消费者而言往往是奢侈品，而不是生活的必需品。因此，当经济发展水平较低时，人们往往只会购买那些必需品来满足生活，而很少购买文创类产品。只有当经济发展到较高水平、人们的基本生活需要得到满足后，才会开始逐渐追求更高层次的精神需求，此时，文化创意类产品的市场需求才开始大量增加。

---

① https://www.yicai.com/news/5335436.html.

第一章　长三角文化创意产业发展概述

第一节　长三角发展文化创意产业的基础

近年来，文化创意产业以其高附加值、高融合性、低资源消耗的产业属性，在推动地区经济发展、促进产业结构转型升级、推动全面建成小康社会等方面正日益发挥重要作用。凭借良好的区位条件和经济优势以及丰厚的历史文化底蕴，长三角文化创意产业发展水平始终居于全国前列，在影视产业、动漫产业、出版产业等重点门类在全国均具有较大的知名度和影响力。长三角发展文化创意产业的基础主要有以下三点：

第一，厚实的文化底蕴。优秀传统文化通过创造性转化、创新性发展成为当下发展文化创意产业的重要资本。长三角地区长期是中国的文化中心。这里古称江南，在人类精神生活上，以富于东方气质的创造性累积和成就居于文明高端。仅从绘画艺术上看，江南地区从古至今，高才俊士层出。就画家而言，引领艺术主流的元四家、明四家、清初六大家，都是艺术史上的熠熠光辉；就画派而言，彰显艺术繁盛的吴门画派、华亭画派、娄东画派等，都是艺术史上的厚重金砖；就画学而言，堪称人文经典的顾恺之“传神”、赵孟頫“古意”、倪瓒“逸笔”，都是艺术史上的思想之芒。历史上的绍兴、苏州、扬州、南京、上海、徽州、杭州等，都具有神奇的艺术魔力。不唯如此，绘画艺术与同样精致的江南的诗文、戏曲、篆刻、园林等诸种精妙入微、臻于化境的才情艺趣一起，共同造就中国人诗意蕴藉、精致风雅的生活典范，体现了赜探隐索、穷高极远的精神追求，构成了中国式审美的最高境界。

第二，区位优势明显。长三角处于东亚地理中心和西太平洋的东亚航线要冲，是“一带一路”与长江经济带的重要交汇地带，在国家现代化建设大局和全方位开放格局中具有举足轻重的战略地位。长三角交通条件便利，经济腹地广阔，拥有现代化江海港口群和机场群，高速公路网比较健全，公铁交通干线密度全国领先，立体综合交通网络基本形成。

第三，长三角产业体系完备，配套能力强，产业集群优势明显。科教与创新资源丰富，拥有普通高等院校 300 多所，国家工程研究中心和工程实验室等创新平台近 300 家，人力人才资源丰富，年研发经费支出和有效发明专利数均约占全国 30%。国际化程度高，中国(上海)自由贸易试验区等对外开放平台建设不断取得突破，国际贸易、航运、金融等功能日臻完善，货物进出口总额和实际利用外资总额分别占全国的 32%和 55%。

第二节 长三角文化创意产业的发展历史

（一）上海

上海堪称中国文化创意产业的发源地。早在上世纪三四十年代，电影产业已经在上海形成了相当的规模并繁盛一时。中国早期动漫艺术也于 20 世纪 20 年代初诞生于上海。当时，“万氏兄弟”在上海拍摄了中国最早一批动画片。1957 年成立上海美术电影制片厂，拍摄了一大批在国内外产生很大影响的作品，如动画片《大闹天宫》(上、下集)《葫芦兄弟》《三个和尚》等。由此可见，上海创新思维的涌动和发展是源远流长的，文化创意产业的历史也是有迹可循的。

从 20 世纪 90 年代起，上海一些艺术家们自发地在卢湾、黄浦、长宁、静安等区集聚起了四个文化创意产业群。其中位于苏州路河边的 M50 成为上海当代艺术的中心，泰康路的田子坊成为上海的视觉创意设计基地，昌平路新型广告动漫影视图片生产基地初具规模，而福佑路则成为上海旅游纪念品的设计中心。这些地方大多是老旧厂房群，经过适当改建，辟为别具一格的创意园区。这些园区吸引了来自瑞士、加拿大、法国、挪威、意大利、以色列、英国和全国各地的几百家画廊、艺术家工作室、视觉创意工场、广告动漫影视制作公司等，聚集了一批创意专家，不仅带来国际最新的创意设计理念，而且还吸纳了不少本地设计师一起参与，成为上海创意设计人才的“孵化器”。

从政府引导的角度来看，2005 年可以看作是上海文化创意产业发展的元年。上海文化创意产业在全国首创园区建设与历史建筑保护相结合的发展模式，于 2005 年 4 月被授牌为第一批文化创意园区。2005 年 8 月，时任上海市长韩正考察了上海的创意园区，他肯定了上海文化创意产业的发展模式，并要求抓紧推进上海文化创意产业发展。随后，上海市经济委员会委托上海社会科学院创意产业研究中心开展“上海创意产业发展的思路与对策”课题研究，在此基础上着手编制“上海创意产业‘十一五’规划”，并组织实施“上海创意产业发展重点指南”目录编写和统计工作，一系列的举措加快了上海文化创意产业发展的步伐。2005 年至今，跨越了“十一五”、“十二五”两个五年规划，上海文化创意产业的发展也大致可以分为两个阶段。

作为全国文化体制改革试点城市，上海创新与完善有关文化创意产业发展的各项政策。根据国家《文化产业振兴规划》和 2009 年上海市委、市政府出台《关于加快本市文化产业发展的若干意见》，在全国率先出台《上海市金融支持文化产业发展繁荣的实施意见》，率先编制《上海创意产业“十一五”发展规划》，发布《上海创意产业发展重点指南》。

“十一五”期间，上海重点发展研发设计、建筑设计、文化传媒、咨询策划、时尚消费五大行业。根据统计局的数据，上海文化创意产业增加值占全市生产总值的比重已经从 2005 年的 5.15%提升到 2010 年的 9.6%。截至 2010 年底，上海经认定的文化创意园区达 80 家，基本覆盖全市，总建筑面积突破 270 万平方米，入驻企业超过 8 200 家，从业人员逾 15.5 万。在上海文化创意产业的分类定义中，研发设计创意主要指与工业生产和计算机软件领域相关的研发与设计活动，是上海文化创意产业发展的核心部分，包括工业设计、工艺美术品设计、软件设计、服装设计、产品设计、包装设计、电脑动画设计、广告设计、研究与试验发展等 10 个中类行业、21 个小类行业。2010 年 2 月，上海加入联合国教科文组织“创意城市网络”，被联合国教科文组织授予“设计之都”的称号。

2011 年，上海市委办公厅和市政府办公厅联合发布《上海市文化创意产业发展“十二五”规划》，公布的《上海市文化创意产业分类名录》第一次明确界定文化创意产业的范围，包括文化创意服务业和文化创意相关产业两大部分，细分为十大类和 102 个小类。“十二五”期间，文化创意产业成为上海“创新驱动，转型发展”的新增长点和支柱产业。2011 年至 2015 年上海文化创意产业保持高速增长，增速高于同期 GDP 增速，规模效应显著，到“十二五”末的 2015 年，上海文化创意产业增加值超过 3 000 亿元，占 GDP 比重达到 12.1%，从规模总量上看，已经成为上海国民经济的支柱产业。从结构来看，上海文化创意十大产业门类呈现“三级梯度”的结构特征。从总量结构来看，有三类不同规模的产业：总产出超过千亿元的产业有 4 个，分别是建筑设计、软件、广告及会展和咨询服务业；500 亿—1 000 亿元的产业有 4 个，分别是休闲娱乐、时尚、工业设计业；500 亿元以下的产业有 2 个，分别是网络信息和艺术业。从增加值结构来看，也显示出梯度性差异特征：超过 300 亿元的“重量型”产业有 3 个，分别是软件、建筑设计和咨询服务业；200 亿—300 亿元的“中等型”产业有 3 个，分别是工业设计、广告及会展、休闲娱乐业；200 亿元以下的“轻量型”产业有 4 个，分别是网络信息、媒体、时尚和艺术业。从增长结构来看，不同产业的增长率也呈现出差异性特征。年增长率超过 20%的“超速增长型”产业有 1 个，为网络信息业；年增长率超过 10%的“高速增长型”产业有 4 个，分别是软件、咨询服务、休闲娱乐和艺术业；年增长率在 10%以下的“稳步增长型”产业有 4 个，分别是工业设计、建筑设计、广告及会展、媒体业；负增长的产业有 1 个，为时尚业，比上年减少 6.4%。2014 年的结构性数据显示，网络文化和消费服务类产业增长速度显著，潜力巨大。

（二）浙江

浙江拥有充足的资本，有完善的市场机制，更有深厚的传统文化底蕴，因此在发展文化创意产业上具备较大的优势。“十五”期间，浙江以软件、动漫、广告、设计、传媒等产业为主要类别的文化创意产业实现收入超过 2 000 亿元，是全国文化创意产业发展最快的省份之一。近些年来，浙江在文化创意产业上的成绩有目共睹，如杭州的动漫产业、横店的影视产业等已在国内树立良好的口碑。目前，浙江文化创意产业已经有不少上市公司。

杭州是浙江文化创意产业发展的典范。湖桥文化、良渚文化、吴越文化和南宋文化等都是在杭州历史人文长河中绽开的一朵朵极具东方文化魅力的奇葩，也是杭州底蕴的体现。作为中国七大古都之一，杭州历史上就以风景秀美、特产丰饶而被誉为“人间天堂”，如今，杭州厚植历史文化名城的特色与优势，致力于把文化创意产业打造成为支柱产业。

早在2003年，杭州部分地区即开始建设文化创意园区。2005年，《杭州大文化产业发展规划(2005—2010年)》提出要使“创意产业”成为“杭州文化的支柱产业”。2007年2月召开的第十次党代会上，杭州提出要“依托杭州的人才、文化、环境优势，发展创意经济，打造以文化、创业、环境高度融合为特色的全国文化创意产业中心”，并确定信息服务业、动漫游戏业、设计服务业、现代传媒业、艺术品业、教育培训业、文化休闲旅游业和文化会展业等八大门类作为发展重点。十多年来，杭州一步一个脚印，文化创意产业取得了高速增长。2008年4月，出台《关于打造全国文化创意产业中心的若干意见》，杭州市文化创意产业办公室成立，设立文化创意产业专项资金。2009年出台《杭州市文化创意产业发展规划(2009—2015年)》。2010年，国务院正式批准实施的《长江三角洲地区区域规划》，将“建设全国文化创意中心”确定为杭州城市发展功能定位的重要内容之一，文化创意产业发展的目标正式升级为国家级战略。2012年4月，杭州成功加入联合国教科文组织全球创意城市网络，成为全国第一个“工艺和民间艺术之都”，并入选全国首批国家级文化和科技融合示范基地。全市文创产业增加值突破千亿元大关。据亚太文化创意产业协会发布的《2013年两岸城市文化创意产业竞争力调查报告》统计，在两岸42个城市的文化创意竞争力排行榜中位列第四，居北京、上海、台北之后，名列内地城市第三位。2015年4月，制定出台《关于深入推进文创产业与相关产业融合发展的实施意见》。据统计资料显示，杭州文化创意产业2007年实现增加值为483亿元，占全市GDP比重为10.5%；2015年，杭州文化创意产业实现增加值2 232.14亿元(图1-1)，同比增长20.4%，高于GDP增速10.2个百分点，占GDP的22.2%。目前，杭州软件、动漫、艺术品创作和交易等具有区域特色的文化创意产业优势业态已初步形成。“百年名社”西泠印社2004年底涉足艺术品拍卖领域，近年举办的大型艺术品拍卖会，连续刷新长江以南地区中国艺术品拍卖最高纪录，现在已成为浙江省艺术品行业第一纳税大户。

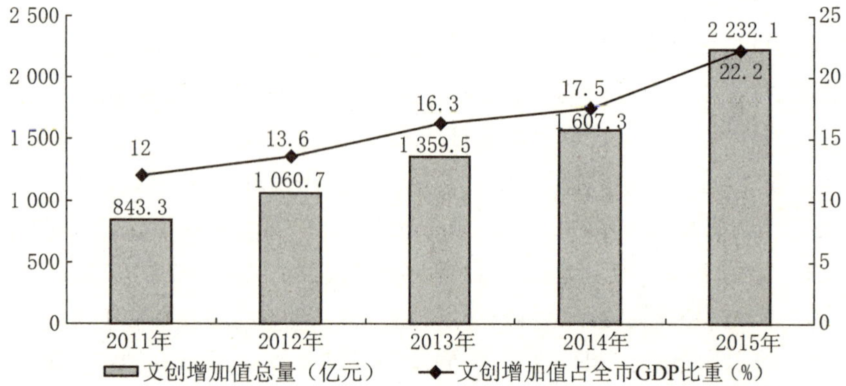

图 1-1　2011—2015 年杭州市文创产业增加值总量及 GDP 占比变化趋势图

（三）江苏

2006 年，江苏省出台《江苏省十一五文化产业发展规划》和《省政府关于加快文化事业和产业发展的若干经济政策》，紧紧围绕“发展先进文化、建设文化江苏”的主旨，力求既全面贯彻中央精神，又符合江苏实际，在“十五”文化建设取得成就的基础上，适应推进“两个率先”的新形势，推动文化江苏建设迈上新台阶，加快江苏省的现代化建设。2008 年又开始进行《江苏省文化产业发展规划》。2009 年 7 月，江苏省委、省政府召开了全省文化建设工作会议，强调重点发展文化创意、影视制作、出版发行、印刷复制、广告、演艺、娱乐、文化会展、数字内容和动漫等九大门类。其中，特别提到了着力提高新兴文化业态在文化产业中的比重。

江苏省各市也相继出台各种政策来支持文化创意产业的发展，如南京市 2006 年出台《南京市文化创意产业“十一五”发展规划纲要（2006—2010 年）》，提出文化创意产业要成为全市文化产业增量的主体部分，构建中国东部地区“文化智慧创意中心”的发展目标，明确了建筑设计、广播影视、工艺美术、计算机软件设计、动漫游戏、广告设计、时尚设计、表演艺术、出版发行和工业设计等十大文化创意产业门类。无锡市的“十一五”创意产业发展规划也通过了论证，提出发展创意产业的五个重大领域，包括以工业设计为突破，提高制造业的国际竞争力；以游戏动漫为重点，推动数字内容产业的发展；以影视基地为载体，促进影视产业集群的形成；以自然风光为依托，发展特色旅游和观光农业。

南京是江苏省发展文化创意产业的代表城市。作为首批全国历史文化名城，2014 年南京市文化创意和设计服务产业增加值首次超越文化制造业，成为文化产业十大门类的第一大门类，产业结构进一步优化，被国家科技部、中宣部、文化部评为“国家级文化和科技融合示范基地”。2015 年，南京连续五年在江苏文化发展绩效考核中排名第一，连续两年在江苏“文化建设工程”考核中排名第一。2016 年 6 月，南京被文化部确定为全国首批文化消费试点城市。南京文化创意产业的顶层设计方案正逐步完善，先后出台《创意文化产业空间布局和功能区发展规划》《推进文化创意和设计服务与相关产业融合发展行动计划》《促进文化创意和设计服务与相关产业融合发展的实施意见》，构建支撑南京文化产业发展的“1＋1＋1”政策体系。目前，南京市 9 家文化企业获评江苏省“民营文化企业 30 强”，30 家文化企业入选江苏省重点文化科技企业，涌现出咪咕游戏、新与力传媒、途牛旅游网等一批行业龙头企业。

无锡的文化创意产业也颇有特色。此前，无锡最大的轧钢厂雪浪公司的搬迁曾引起热议。2007 年太湖蓝藻爆发后，无锡走上产业转型升级之路。位于太湖岸边的雪浪轧钢厂登上了关停名单，于 2009 年关停搬迁。然而，关停后的雪浪轧钢厂旧址并没有被铲平，而是就地变身为无锡国家数字电影产业园，又称“华莱坞”。如今，300 多家国内外知名影视企业在此落户，拍摄和制作影视剧 300 多部。轧钢厂最红火时，一年销售税收为一亿元，而现在的“华莱坞”仅半年税收就超过了两亿元。

（四）安徽

安徽有着悠久的历史、浓厚的地域文化氛围和优越的地理环境，2009 年提出的皖江城市带承接产业转移示范区建设的国家级战略规划更是为“安徽崛起”创造了有利条件。安徽各地市已通过优势资源整合与规模集约化发展初步彰显出经济社会全面飞跃的良好态势，促使其实现飞跃的“两翼”就是技术创新和文化创意。技术创新的潜力仍需深入挖掘，而文化创意作为新型高端产业，其发展前景不可限量。

自 2007 年开始，安徽文化创意产业就开始作为徽商大会的重点内容受到广泛关注，发展成果丰硕。如合肥、芜湖等地安排专项资金，出台优惠政策，打造集动漫创意、研发制作、人才培训、衍生产品生产流通等功能于一体的动漫产业集聚中心；马鞍山在着力打造的“6653”现代产业体系结构中明确提出要加快发展游戏动漫、休闲旅游软件及服务外包等文化创意产业。皖江城市带核心城市区文化创意产业规模加速发展，正逐渐成为经济发展中最活跃、最具增长潜质的产业。

文化创意产业的蓬勃发展离不开政府的大力支持。政府的支持不仅表现在政策鼓励和行政约束方面，还体现在切实的资金支持上。自2000年以来，安徽省政府在发展文化创意产业上每年的财政拨款数额呈加速度上升趋势，1995年至2009年间从8 836万元飙升至68 005万元，总体上涨率高达669.6%，有力地推动着文化创意产业的发展。

政府财政的大力支持也获得了良好的回报：安徽省文化创意产业总体业务收入节节攀升，自2005年来，每年都以30 000万左右的增速持续上扬，实现了阶梯式跨越发展。另根据安徽省统计年鉴的官方数据，以2006年至2009年为例，文化创意产业从业机构的数量逐年递增，从3 396个递增至14 751个，从业人员的队伍不断壮大，由73 583人增至110 177人，产业增加值逐年稳定增长，从153.07亿元增长到341.7亿元，产业整体规模持续扩大。发展势头迅猛，发展规模逐年扩大，文化事业机构类别也在不断增加。

安徽文化创意产业十分关注内涵式发展，突出原创、重视质量，在发展中不断融入徽文化的精神内核。以安徽文化创意产业发展中的亮点动漫产业为例：安徽专门从事动漫生产的企业目前已有100多家，初步形成了从动漫原创、制作、出版、发行、媒体播出，再到衍生产品生产、动漫教育等动漫产业体系。合肥、芜湖及马鞍山动漫基地正在加快建设，动漫原创产品生产频传佳音，人才培养进展快速，涌现出《黑脸大包公》《李白漫游记》等独具安徽特色的原创动漫产品。

从近十多年安徽省文化创意产业的发展来看，安徽省文化创意产业分四类：第一类是文化艺术产业，第二类是新闻出版产业，第三类是艺术品制造与交易产业，第四类是旅游及相关产业。新世纪以来，安徽日报报业集团、安徽新华发行集团、安徽出版集团等大型文化企业集团陆续组建，如同文化“航母”，开进市场。2007年，安徽省又组建了新安文化有限公司，这是安徽日报报业集团与南非MIH传媒集团的一次“强强联合”。新华发行集团推进连锁经营和混业经营，502 个经营网络便民店遍布全省市县和 254 个乡镇，被商务部列为“万村千乡”市场工程，销售收入和利润双双跨进全国“五强”；安徽出版集团，近年来无论是利润还是销售收入等主要经济指标增幅均位居全国出版集团前列。《新安晚报》、中安在线网站分别获“中国十大晚报品牌”、“中国十大媒体网站品牌”称号。

第三节 长三角发展文化创意产业的现状

跨入 21 世纪以来，长三角地区发挥了强大的创新驱动力，依托综合的经济优势和良好的区位条件，推动长三角文化创意产业发展水平居于全国前列，在推动文化与科技融合、培育文化新兴业态、壮大优势产业集群、促进跨界联动、扩大对外文化贸易等方面形成了突出的优势。在连续十届颁布的全国文化企业 30 强中，长三角占全国总数的 34%，在各地区中遥遥领先。此外，长三角地区拥有的联合国全球创意城市占全国总数的四分之一。长三角地区拥有名列世界前三、雄踞中国第一的会展中心城市；拥有全国规模最大的数字出版产业集群、网络电台和网络教育基地、网络文学集群、对外文化贸易集群、影视生产综合基地和电视剧生产与流通平台，同时也是全国主要的动画电视生产基地之一。其中，上海、杭州已成为国内文化创意产业的标杆城市。

2003 年，上海制定文化产业三年行动计划，将文化服务业确定为现代服务业的新增长点。之后，创意产业与文化产业逐步融合，文化创意产业成为引领和支撑上海新一轮发展的支柱产业，对上海全市经济发展的贡献率逐年提高。

数据显示，2018 年上海文化创意产业实现增加值 4 227.72 亿元，同比增长 8.9%，占全市生产总值比重约 12.9%。从分项来看，2018 年上海出品影片总票房突破 100 亿元，年演出场次超过 3 万场，观众人次超过 1 600 万；年进出口艺术品 736 批 13 629 件，拍卖成交额近 30 亿；在全国率先推出电竞运动员注册制，组建长三角时尚产业联盟，时尚消费品产值突破 5 千亿。在重大项目和品牌活动方面，国际电影节、国际艺术节、国际动漫游戏博览会等重大节展的规模、参与人数屡创新高；上海书展、上海旅游节、设计之都活动周、上海时装周等高水平特色节展，持续扩大品牌影响力；首届世界人工智能大会、首届长三角文博会、首届文化装备博览会、上海国际广告节、全球电竞大会等成功举办。

文化创意园区是上海文化创意产业发展的重要载体，在推动产业发展、加快城市更新、点亮经济新增长点等方面起到了积极作用。上海通过修订《上海市文化创意产业园区管理办法》，实施动态管理，建立优胜劣汰机制，2018 年度上海认定 137 家园区（含 20 家示范园区）为市级文化创意园区，其中淘汰老园区 32 家、新增 41 家。与此同时，评选出首批 10 家市级文化创意示范楼宇、20 家示范空间，有效期均为两年。据上海市文创办统计，2018 年符合市级标准的文化创意园区分布 15 个区，总面积近 700 万平方米，入驻企业两万多家，既涵盖影视、出版等传统领域，更汇聚时尚、设计、游戏电竞等新兴领域，入驻企业创造总营收近 5 500 亿元。

在打造区域特色文化创意产业方面，上海各区特色鲜明、各有所长，上海社科院创意产业研究中心认为，依据文化创意产业发展现状以及未来发展规划，可以将上海各区归为两类：关注产业集群发展的集约型区域和凸显产业结构特色的潜力型区域（表 1-1）。集约型区域主要包括静安区、黄浦区、

表 1-1　　上海各区域文化创意产业发展特征和趋势汇总

区域类型	地理位置	特色产业	产业现状与规划	各区划分
集约型	核心城区和老牌中间地带	时尚创意 建筑设计 软件和信息服务	文化创意产业成为支柱产业，重点企业发展势头良好，产业集聚效应显著，产业品牌优势不断强化。集约型区域的产业规模、发展水平和集聚水平都处于全市领先地位，多个项目受到国家认可	静安区 黄浦区 长宁区 徐汇区 虹口区 杨浦区
潜力型	中外围区域	软件和信息服务 工业设计 生态休闲娱乐	文化创意产业成为新兴增长点，重点产业的优势开始凸显，产业结构初步形成，产业集聚效应不足。有很大的发展潜力，在未来要着力突出主题特色文化，打造国际高档品牌。区域内还重点关注发展新兴文化创意领域，如影视动漫、数字媒体、创意服务等，具有新鲜的活力	普陀区 闸北区 浦东新区 宝山区 嘉定区 闵行区 青浦区 松江区 金山区 奉贤区 崇明区

长宁区、徐汇区、虹口区、杨浦区等，这些区域发展起步早，地理位置等条件良好，发展成熟稳定。潜力型区域包括普陀区、宝山区、浦东新区等，它们的共性在于，产业空间布局完善、发展潜力大、拓展空间充足，对未来的规划着重突出产业结构特色。

文化创意产业是黄浦区现代服务业“六大支柱产业”之一，在 2017 年 1 月至 11 月，文化创意产业实现税收 60.49 亿元，同比增长 20.6%，占全区经济比重为 10.6%；文化创意园区实现税收 13.6 亿元，同比增长 32.8%，已超过 2016 年全年的总税收，园区 2017 年税收在 15 亿元左右，增幅为 25%—30%。2018 年，黄浦区财政局安排并拨付文化创意产业发展引导专项资金 832 万元，用于文创产业政策落实，推进创意 2.0 产业发展，支持打造区域高端服务业示范区。此外，为进一步提升黄浦区文化创意产业园区、文创楼宇与空间的发展能级和水平，加快推进区级文创园区、文创楼宇与空间专业化、品牌化、特色化发展，黄浦区还出台《黄浦区文化创意产业园区、文创楼宇及空间管理办法》。

黄浦区文化创意产业区域布局实行“4＋N”模式。其中，“4”包括：江南智造文化创意产业集聚区致力于打造各类文化创意产业发展平台，吸引各类高端企业，打造上海创意设计引领地；环人民广场区是按照“要素集聚、资源共享”理念发展的演艺活力区，根据全区发展建立传统艺术传承创新地和国际艺术展示交流地；豫园上海黄金珠宝商贸功能区是依托豫园知名黄金珠宝品牌集聚优势建立的国际级黄金珠宝商贸功能区，其目的是大力集聚相关要素资源，加强黄金珠宝产品的创意设计和品牌营销；世博浦西园区文化博览商务区是国内外影响力品牌集聚、文化创意产业链条完善的国际级文化博览创意街区，创意设计和文化博览功能突出，兼具世博特征和上海特色。“N”则代表其他具有明显特色且正在高速发展的文化创意产业园区。

静安区对文化创意产业较为重视，2011 年专门成立了文化创意产业发展领导小组，目前在发展文化创意产业上主攻影视产业。2018 年，“静安出品”的《我不是药神》《无双》《反贪风暴 3》《南极之恋》等电影斩获 50.47 亿元票房，占据“上海出品”票房半壁江山。“筑巢引凤”，产业承载空间不断升级是“静安出品”的突出特色。在老牌的“环上大国际影视产业园区”基础上，一批新载体乘势而上：上海美术电影制片厂、上海电影技术厂等有了新的进展，同时静安区还在与上海文化广播影视集团有限公司共同携手打造“海视界——静安明珠影视城”；影视拍摄取景地层出不穷，目前已达 22 家。

从 2014 年 10 月第一家企业“麒麟影业”入驻至今，静安已累计引进影视企业 252 家，其中不乏博纳影业、爱奇艺影业、宸铭影业、太合影业、米粒影业、极客影业、奥飞影业等知名影视公司，同时吸引了贾樟柯、王小帅、宁浩、黄百鸣等名家率旗下公司入驻。上海大学影视学院的人才培养和上海温哥华电影学院的产学研孵化体系建设也取得了长足的进步，静安集产业孵化、影视教学及先进技术研发等多功能为一体的“影视资源要素富集区”特点更加清晰。

近年来，静安区积极稳妥推出影视领域扶优扶强举措，并设立了有别于传统的税收奖励政策的“影视产业发展专项资金”，择优奖励。这种“扶精品”的取向，让名家名企愿意在静安打造精品力作。在业内人士看来，和“国际静安”相结合的静安影视产业，可以立足“环上大”的优势，着眼打造创作、科技、人才、资金等核心要素高度集聚，编剧、视效、后制、融资、衍生等高端环节高水平发展的“全球影视创制中心”核心区。

经过多年来的发展，长宁的“时尚金三角”“一圈三轴”时尚地标已渐显特色。“时尚金三角”即环东华时尚创意产业集聚区、虹桥舞蹈演艺集聚区、海派文化艺术街区。“一圈三轴”即哥伦比亚生活圈上生所城市更新项目和愚园路跨界生活美学街区、武夷路文化特色街区、新华路历史风貌保护街区。其中，虹桥舞蹈演艺集聚区充分发挥了上海芭蕾舞团、上海歌舞团等院团资源优势，一批丰富的演出内容和高质量演出使得“长宁、舞蹈、艺术”这一关联概念在不少上海人心中生根发芽。借助上海国际舞蹈中心这一具有国际影响力的大型综合性演出场地，一批舞蹈大师工作室也将有望落地长宁。在延安西路另一头的刘海粟美术馆，海派文化艺术街区正展露新颜。利用刘海粟美术馆藏品丰富、展览水准高的特点，长宁区正不断支持其重要场馆发挥在美术领域的引领作用，并将“艺粟工坊”作为活动内容输出，配送到商场、社区和园区。另一不可忽视的亮点位于长宁最东侧的具有世界级知名度和国际影响力的上海影城。2018 年，长宁区将积极推动上海影城改建项目启动，针对上海影城的整体改扩建，将影城打造为代表上海特色文化的“电影综合体”。影城周边的幸福里、映巷行、法华 525 等文创园区则将在创意设计、影视后期制作等方面发挥产业基础优势，重点发展影视后期制作、电影节展映、影视投融资等专业服务业领域，形成资源和产业集聚。

徐汇在发展文化创意产业方面有良好的基础，2015 年，徐汇文化创意产业占全区 GDP 比重已达到 16.9%。如今，徐汇仍在不遗余力支持文化创意企业发展，如针对文化创意领域的创新企业和小微企业，徐汇提供了不设门槛的扶持资金，由技术、政府、财务、市场等四个领域的专家对企业资格进行评议。“十三五”期间，徐汇对文化产业相关企业的扶持资金总数预计将不少于 2 亿元。同时，徐汇还着力引入腾讯科技、巨人网络、爱奇艺等行业重点企业，与创新企业擦出火花。2016 年，名为“创鑫汇”的区域服务平台在漕河泾开发区揭幕，打通了办公楼宇和企业间的物理阻隔与资源壁垒，引导开发区内的创新企业聚焦“互联网＋”、游戏开发、数字娱乐、动漫影视制作、知识产权创新、文化体育等数字内容领域。在漕河泾开发区，一个以“产业链＋孵化＋投资”为运营思路的“文化＋科技”产业生态圈已经初具规模。“十三五”期间，徐汇将继续巩固文化创意产业的“2＋3”格局，即以艺术演艺业和影视传媒业为主的两大特色产业，以及以数字内容、广告会展和创意设计为核心的三大重点产业。作为两大特色产业的交汇点，徐汇滨江在更新物理空间的同时，也将通过发展艺术保税品仓库、集聚文化金融机构，结合“东方梦工厂”等国内外知名文化企业的落户，让这片昔日的老工业带成为上海文化创意核心区。

虹口素来是上海文化资源大区，历史底蕴深厚，被领导人评价为“海派文化发祥地、先进文化策源地、文化名人聚集地”。文化创意产业上，虹口重点发展“两轴多圈”，一轴为北外滩文化发展轴。未来三年，虹口将加快推进上海犹太难民纪念馆扩建、上实艺术中心、北外滩露天剧场等地标性文化项目；积极引入博物馆、美术馆、展览馆、实体书店、画廊以及艺术品拍卖机构等文化设施；定期举办北外滩财富与文化论坛、首席经济学家论坛、绿色技术银行高峰论坛等高层次论坛活动；加快“海上方舟”文博功能区开发和河口文化圈建设，形成综合性高端文化体验区。另一轴则为四川北路文化发展轴。未来将加快推进“四川北路红色文化生态示范区”建设，重点推进中共四大纪念馆展陈优化、“左联”会址纪念馆修缮、上海文学博物馆、四川北路剧场群以及多伦路、甜爱路特色街区建设等项目;充实提升海派文化中心、多伦现代美术馆、朱屺瞻艺术馆等场馆内容建设,加强场馆联动。继续深化“党的红色文艺之源”发掘利用,繁荣红色文艺创作和展演,开发红色旅游项目,集中展示中国共产党早期城市斗争史和先进文化、革命文化发展史。“多圈”指特色多元的创意文化圈。未来将提升音乐谷地区的音乐产业集聚融合效应,打造全国一流的国家音乐产业基地。围绕环上大地区,推进与上海电影学院的合作,形成以影视创制为特色的创意文化圈。深化广纪路创意片区更新,完善数字出版和创新创业服务平台,加快集装箱创客走廊等项目建设,形成大柏树地区以数字出版为特色的创意文化圈。围绕精武体育总会、鲁迅公园、虹口足球场、甜爱路等区域,促进文商旅体融合联动,形成体验式消费为特色的创意时尚文化圈。2018年10月,第二届“上海文化十强十佳十人十大品牌活动”揭晓,虹口区多家文创企业和人物榜上有名,其中上海新文化传媒集团股份有限公司荣获“上海文化企业十强”,虎扑(上海)文化传播股份有限公司董事长程杭、量子体育董事长兼CEO应书岭获“上海文化十大创新创业人物”,建投书店投资有限公司董事长滑雪、上海新文化传媒集团股份有限公司董事长兼总经理杨震华、上海英翼文化传播有限公司董事长兼CEO余慧、上海掌小门科技教育有限公司创始人兼CEO张翼获“上海文化十大创新创业人物”提名,充分显示虹口区过去几年在文化创意产业方面的成就。

作为上海全球科技创新中心重要承载区和万众创新示范区,杨浦区文化创意产业正在打造“一带一廊、二圈、多点”的空间发展格局。“一带一廊”是指滨江文创产业带和长阳路文创长廊。滨江文创产业带以杨树浦路为中心,坚持历史保护与功能开发并重,重点发展现代服务业、时尚设计业和珠宝玉石产业;长阳路文创走廊整合沿线园区资源,依托园区产业集群,加速产业集聚,形成包括管乐基地、软件园、教育培训和众创空间等一系列产业集聚的复合型文化长廊。“三圈”是指环同济文化创意经济圈、新江湾文化创意生态圈和环上体文体深度融合示范圈,分别依靠同济大学、复旦大学和上海体育学院发展设计产业集群、人文生态经济圈和新兴体育产业。“多点”是指其他若干个文化创意产业集聚区。杨浦区为提升产业规模、优化产业结构,还制定了关于文创基金管理的办法,对园区进行针对性扶持,提升产业集聚度和品质。通过对文创园区的管理和考核制度，了解园区发展的现状和问题，为未来的发展提供依据。

2017 年前，浦东文化创意产业规模经历了连续四年的“低空飞行”，最低迷时，年增速仅有 2.6%。2017 年，浦东文化创意产业实现爆发式增长，全年产业规模增加值达到 1 056.03 亿元，增速为 19.9%。相较 2016 年仅 2.6%的增长水平，增幅足足涨了近 10 倍。浦东的数字文化产业、休闲娱乐两大行业发展势头最为强劲——迪士尼乐园带动休闲娱乐类营业收入提升 54.3%；在一批数字文化龙头企业引领下，浦东迅速形成新的产业生态链，数字文化产业在基数较大(约占全区 40%)的情况下实现了 18%的快速增长，行业平均利润率高达 43.4%。2017 年，浦东文创产业园区新增 15 家，总数达 35 家。其中，张江、外高桥两家国家级园区，在带动产业发展过程中表现突出。2017 年，张江园区文化创意产业实现营业收入 1 563 亿元，增长 13.4%，占浦东新区文创产业比重达 43%；外高桥保税区文化贸易功能实现跨越式提升，国家对外文化贸易基地入驻企业近 500 家，区域文化产品进口值占全市近 40%。最令人惊喜的是金桥移动视讯产业的表现。金桥以中国移动和天翼视讯为龙头加快上下游企业的集聚，移动视讯产业业务门类更加齐全，规模快速增长，实现营收 55 亿元，增长 39.5%。

当前浦东正着力通过政策叠加、政府服务多管齐下，为文创产业提供更宽松、优质的发展环境。2017 年 11 月，浦东新区发布了新一轮文化事业、产业(影视)专项资金管理办法。新区财政将在未来 5 年内累计投入 15 亿元，创设“浦东新区宣传文化发展基金”和“浦东新区文化创意(影视)产业专项资金”。此外，浦东科创集团与人民网还签约成立了 15 亿元的“人民浦东”文化产业基金，用于投资新区优质文创企业。此外，近年来浦东率先试点“证照分离”改革，为相关企业的业务发展进一步松绑。文广与新闻领域共涉及的 9 个行政审批改革事项，有 1 项取消、4 项实行告知承诺、2 项实行备案、2 项提高透明度和可预期性，为文创企业发展提供了更优的软环境。如今，在浦东开办一家影院，只要在网上备案就能轻松拿到许可证，这些“松绑”的举措，极大地激发了文化创意产业的活力。

普陀区近年来致力于打造上海的互联网影视产业高地。在毗邻苏州河北岸的金沙江路沿线，以轨交 13 号线为链接，东起月星环球港，西至祁连山南路，这条全长 5 公里的集聚带上，包括了环球港、华师大科技园、近铁广场、天地软件园等文创产业园区、大学园区和商贸综合体，一个覆盖整个产业链的互联网影视产业集聚带正在崛起，为互联网影视产业的发展提供了物理空间和技术支持。目前，金沙江路互联网影视产业集聚带已被确定为《上海市文化创意产业发展三年行动计划（2016—2018 年）》市级项目。为促进互联网影视产业发展，普陀区专门出台了《普陀区促进互联网影视产业发展专项扶持政策》，并扩大普陀区文化发展专项资金的规模和扶持力度。同时，普陀区充分发挥文化发展资金的引导作用。例如，长征镇有针对性地制定政策对有关企业进行扶持。设立额度 3 000 万元的“长征镇四新经济引导资金”，以房租、人才、宽带等创新创业要素为切入点，给予相应的镇级财政补贴，用于推动互联网影视等“四新”经济产业集聚。普陀区还将为互联网电影领域打造“发展空间”，发挥区内金融资源的优势，促进互联网影视与金融融合发展。

经过二十年发展，松江影视产业已逐步成为区域经济转型发展的新引擎。2017 年，松江全区影视产业实现产值 302 亿元，实现税收 20.85 亿元。如今，松江已聚集了 5 000 多家影视企业，建成了 4 个影视拍摄基地，分别是以明清时期江南水乡风貌为主要特色的胜强影视基地、以上世纪三四十年代老上海风情为主要特色的车墩影视基地、以内景拍摄为主要特色的仓城影视园盐仓影视基地和以水下拍摄为主要特色的图工水下摄影基地。到目前为止，松江影视产业还获得了三个“全国第一”，即上海仓城文化创意产业园在全国影视行业专业园区内实现影视企业数量、产值、税收“三个第一”。2017 年底，上海市出台了《关于加快本市文化创意产业创新发展的若干意见》，明确全市影视产业“1＋3＋X”发展格局，其中“1”就是要在松江建设大型高科技影视基地。2018 年以来，上海市又提出全力打响上海服务、上海制造、上海购物、上海文化四大品牌。作为 G60 科创走廊“一廊九区”的重要组成部分，松江科技影都正是落实“上海文创 50 条”和打响上海文化品牌的重要实践和探索。

根据定位，接下来，松江科技影都将主攻特效工业，精制顶尖影棚，布局文化装备，构筑由前期创作、影片拍摄、后期制作、放映发行、影视教育等核心产业圈层和影视装备、影视旅游等关联产业圈层组成的影视产业体系。

根据《松江科技影都总体发展策划》，松江科技影都将打造对标国际一流、全产业链的平台型影视产业基地，努力建设成为全球影视创制中心的重要承载地、上海文化大都市的影视特色功能区、松江科创文创双轮驱动、产城深度融合的示范区。松江科技影都将着力于提高影视产品数量、集聚标杆性制发企业、做大做强专业展会，打造“影视文化＋”——优秀作品中心；打造“现代都市＋”——着力于增加国民经济贡献、税收贡献、带动就业的经济效益中心；打造“科技创新＋”——着力于吸引高科技影棚、标杆性后期制作企业、高水平教育机构、文化装备产业落地的先进技术中心。未来，松江科技影都将逐步完善“一核两翼”发展格局。“一核”，是立足华阳湖服务核心，布局高品质影视文娱综合体、文化演艺场馆、商业酒店服务集群等，力争把华阳湖地区建设成为科技影都的文化地标、影视文化艺术的活动中心。“两翼”，是依托郊野公园生态基底，以玉阳大道串联起车墩和仓城两大影视发展组团：车墩组团，依托上影集团龙头带动作用，打造集拍摄、制作、体验于一体的影视特色小镇；仓城组团，依托松江枢纽区位优势，打造影视创制企业集聚地、影视双创孵化基地、影视实训基地。

根据《关于加快 G60 科创走廊松江科技影都影视产业人才高地建设的实施意见》，松江区将实施科技影都人才激励工程、青年导演扶持工程、人才安居工程、人才培养工程、人才服务工程。松江区将把科技影都领域人才纳入松江区领军人才和拔尖人才选拔范围，对于完成三年培养计划，考核达标、取得相应成绩的人才，给予相关政策支持和一次性 50 万元奖励；设立松江科技影都创新创业团队奖，每年评选影视产业优秀创新创业“团队＋项目”若干个，给予每个 100 万元至 300 万元资助；对于获得国际 A 类电影节、国际知名纪录片节、国际知名动漫节奖项或“五个一工程”等国家级大奖的青年导演(44 周岁以下)，来松江开办工作室，或对于与在松江注册的影视企业签订三年以上服务合同并实际在松江工作的，给予项目扶持和租金补贴；对经认定的本区影视产业人才，符合相关要求的给予购房补贴和租房补贴。

近年来，作为老工业基地的闵行，在产业转型过程中，已形成多个文创园区。2018 年 7 月，《闵行区加快推进文化创意产业发展若干意见》和《闵行区文化创意产业发展三年行动计划(2018—2020 年)》正式出台，形成了闵行文创产业发展的“四五八八”战略，即四大文创产业板块空间布局、五大重点文创产业发展领域、八大市级文创园区和八大文创产业行动计划。其中，四大文化创意产业板块空间布局，即全力打造虹桥国际贸易、七宝文化艺术、紫竹网络信息、浦江传媒演艺四大文化创意产业集聚基地。

浙江历史悠久，人文荟萃，发展文化创意产业具有得天独厚的优势条件。浙江是吴越文化的发祥地，拥有越剧、丝绸、瓷器、木雕、根雕等一大批特色传统文化资源，积淀深厚的文化底蕴为文化创意产业发展创造了厚实基础。浙江拥有浙江大学、中国美术学院、浙江传媒学院等相关高等院校，在书画、雕塑、动画、工艺设计、服装设计、影视传媒等专业领域拥有一批国内有影响的专家名师，在文化创意专业人才培养能力方面居全国一流。此外，浙江民间资本丰裕，众多民营企业纷纷涉足投资文化创意产业。早在 2008 年 6 月，浙江即提出“大力发展文化创意产业”。目前浙江省文化 GDP 比重仅次于北京、上海，成为继京、沪、穗、苏之后备受关注的文化强省。而在 2015 年，浙江省的电视剧、动画片、电影产量就已经分别居全国第一、第二和第三位。

杭州是浙江文化创意产业的重镇，近年来，杭州围绕建设“文化名城”、“生活品质之城”和打造“全国文化创意产业中心”的目标，在发展文化创意产业上取得显著成效(图 1-2)。2010 年，杭州文化创意产业实现增加值 702 亿元。在亚太文化创意产业协会发布的《2011 年两岸城市文化创意产业竞争力调研报告》中，杭州文化创意竞争力在两岸 36 个重点城市中排名第 3。2015 年上半年，杭州文化创意产业增加值实现 929.29 亿元，增长 19.7%，高于 GDP 增速 9.4 个百分点，文化创意产业首次成为杭州的第一大产业。2017 年，杭州文化创意产业实现增加值 3 041 亿元，同比增长 19%，GDP 比重达 24.2%，产业总实力同比再创新高。2018 年 10 月，杭州在清华、北大、港大、芝加哥大学等 20 余所全球顶尖学府共同举办的第三届“中国文化产业学院奖”学评奖中荣获“2018 未来文化城市”金奖。据杭州市统计局最新数据显示，2018 年杭州文化创意产业实现增加值 3 347 亿元，同比增长 11.6%，占 GDP 比重达 24.8%，产业总实力再创新高，已经成为杭州的重要支柱性产业。

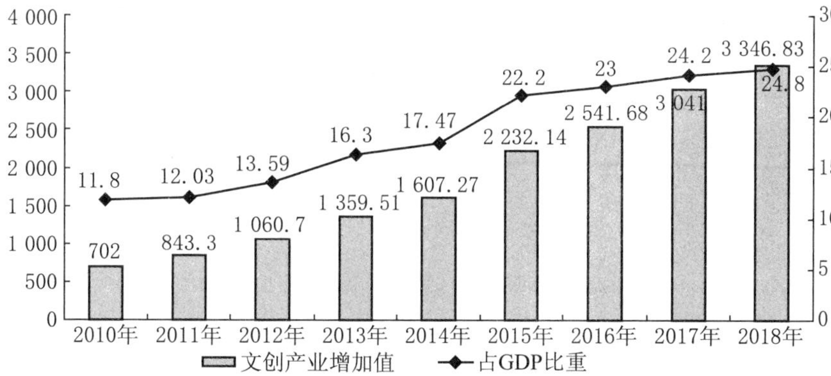

图 1-2　2010 年至 2018 年，杭州市文化创意产业增加值和占 GDP 比重图

《关于加快建设国际文化创意中心的实施意见》正式发布，提出要加快全国文化创意中心向国际文化创意中心转变，这不仅为杭州文化创意产业未来发展明确了战略目标，也标志着杭州文化创意产业正式步入国际化发展的新阶段。目前，杭州正式启动之江文化产业带建设，全力打造文创产业提质增效发展新引擎。中国(浙江)影视产业国际合作实验区、首家国字号动漫博物馆、浙江国家音乐产业基地萧山园区、北影(杭州)国家级电影产业基地等 55 个重点建设项目正在如火如荼地建设推进中。优势行业实力凸显，提升文化创意产业新能级。以数字化、网络化为代表的新兴文创产业——数字内容产业发展态势良好，2018 年实现增加值 2 098 亿元，同比增长 15.8%，全年增加值约占全部文化创意产业的 63%，成为杭州文化创意产业乃至杭州经济发展重要的新增长点。动漫节文博会产效双收，会展平台彰显新内涵。第十四届中国国际动漫节吸引了 85 个国家和地区的 2 641 家企业机构参与，实际成交及达成意向金额 138.35 亿元，在办展规模、参与人数、交易金额、节展效益等各项指标上再创历史新高。第十二届杭州文博会吸引了 41 个国家和地区的 2 100 余家文创企业和机构参展，签约合作及意向成交金额达 159.5 亿元(含项目融资逾 100 亿元)，比上届文博会翻两番。此外，第四届中国数字阅读大会、2018 中国影视艺术创新峰会、MIPChina 杭州影视内容高峰论坛、第二届杭州国际工艺周等产业活动成功举办。企业持续创新发展，不断积聚领军新力量。2018 年，宋城演艺、华策影视再次入选

“全国文化企业 30 强”。此外，全年成功引进了贝纳通影视、益达悠影视、速赢科技等十余家重点文创企业落地杭州。截至 2018 年底，杭州规上文创企业数达 2 742 家，实现主营业务收入 8 369 亿元，同比增长 20.3%。招揽大师培育新人，持续增强文创新活力。目前，杭州已拥有 30 余位文化名人和包括唐家三少、猫腻、匪我思存、沧月等在内的 100 余位知名网络作家，成为国内外集聚文化名人最多的城市之一。截至 2017 年底，杭州规上文创企事业单位从业人员约 72 万人。据标准城市研究院排名显示，杭州文创产业活力居全国首位。文化金融融合发展，创新政银合作新举措。制定出台《杭州市文化创意产业信贷风险池补助资金使用管理细则（试行）》（杭财教会〔2018〕3 号），进一步规范对文创金融机构和企业的资金支持机制。加快提升文创产业授信规模，杭州市文创办与杭州联合银行组建规模 1 100 万元的市文创产业“助文贷”风险补偿基金，目前，文创风险补偿基金规模累计达 6 900 万元。深化国际交流合作，扩大杭州文创品牌新影响。翻翻动漫等 17 家文创企业及《富春山居图随想》等 15 个文化项目分别入选 2017 年至 2018 年度浙江省文化出口重点企业和重点项目名单，两项入选数均居浙江第一。2017 年 5 月 25 日，“杭州英国文化创意产业交流中心”在诺丁汉市正式揭牌落地，成为杭州第一个在英国建立的文创交流窗口，成为对外讲述“新时代杭州故事”的重要交流平台。

专业人士认为，杭州文化创意产业的发达，主要缘于以下四个方面：

第一，苏杭地区自古以来的文化积淀。杭州、苏州人文古迹众多，周边有大量的自然及人文景观遗迹，同时杭州是吴越文化的发源地之一，历史文化积淀深厚。

第二，杭州提出发展文创产业的城市定位时间较早。2007 年杭州市就提出打造“全国文化创意产业中心”，抓住了国内发展的先机。2010 年，国务院批准杭州将“建设全国文化创意中心”确定为城市发展功能定位的重要内容之一，由此推动杭州的文化创意产业规划从地方性战略升级为国家战略。

第三，杭州借助一系列会议、赛事提升城市综合能级，为文创产业发展注入了新动力。2016 年 9 月，举世瞩目的 G20 杭州峰会成功举办。之后一段时期，杭州还将举办世界短池游泳锦标赛等国际重大活动赛事。

第四，借助浙江卫视、横店影视城等超级 IP 的影响力，推动了文创产业的聚集。同时，杭州也注重发挥资本市场力量。根据 2016 年数据，杭州 127 家上市公司中，文创企业占 24 席，打通了文创产业与市场化接轨的途径。①

近些年来，宁波紧紧围绕文化强市目标，制定“文化宁波 2020”计划②，要素保障不断加强，平台建设不断完善，文化创意产业呈现出良好发展势头。宁波的文化创意产业主要围绕“书香宁波”、“影视宁波”、“音乐宁波”、“创意宁波”四个方面，2015 年宁波实现文化创意产业增加值 565.14 亿元，文化创意产业增加值在总量上排名浙江省第二，宁波各地积极建设文化创意产业平台。江北区结合旧城改造等城市建设项目，推出了甬江北岸工业遗存文化创意园区、创意 1956 园区等十大文化产业平台，使一批老工业厂房变身创意产业基地。海曙区盘活启运路 86 号等闲置地块，使其涅槃重生，成为文化创意产业平台。梅山保税港区投资 30 多亿元，建立中国(宁波)广告交易中心有限公司暨文化创意产业创新基地，内有文化创意产业园、文化创意产业创业孵化中心等。这些平台通过培育、引进文化创意企业，有的已经形成了文化创意产业集群。镇海区常住人口仅 20 万余，但在过去三年内，有 1 000 多家文化创意企业落户，汇集了上万名文化创意从业人员，累计营业收入达 32 亿元。这些企业多以工业设计为推手，促进宁波企业由制造向智造转变，由产品向品牌转变。2016 年，宁波出台《宁波市级文化创意产业园区认定及管理办法》，2016 年 10 月初，评选出了“宁波市级文创产业园区”15 家、“宁波市级培育文创产业园区”17 家，宁波市财政对入选园区给予 60 至 300 万元不等的补助，累计发放补助资金 5 430 万元。截至目前，共评定两批 20 家市级文化创意产业园区和 31 家市级培育文化创意产业园区。宁波的文化创意产业重点发展创意设计、广告、影视演艺、网络信息、文化软件服务等，据宁波市政府 2018 年政府工作报告，宁波文化创意产业增加值占地区生产总值比重已提高到 7%。

---

① 《11 城文创产业比拼：杭州稳居文创第一城》，21 世纪经济报道 2017 年 8 月 2 日。

② 《宁波文化产业工作推进会举行，制定“文化宁波 2020”计划》，中国宁波网，2018 年 11 月 1 日，http://yy.cnnb.com.cn/system/2018/11/01/008801350.shtml。

作为中国首批历史文化名城，绍兴的名人名士、名山名水、名镇名村资源比比皆是；作为中国首批优秀旅游城市，绍兴旅游资源俯拾皆是，单体资源数量1 860多个；作为一座千年古城，山水风光与人文资源相辅相成、相得益彰……文化底蕴深厚、旅游资源丰富、文旅生态交融为绍兴文化创意产业的发展提供了丰厚土壤。据了解，目前，文化创意产业已经成为绍兴文化建设的重要突破口，成为推进绍兴经济转型升级的有力支撑点，全市已逐步形成了一批优势产业。如动漫产业是绍兴近年来在文化创意产业上的一个亮点，当地不少动漫公司已出品了多部具有影响力的动画片。2002年成立的美盛文化是一家从事动漫服饰制造的企业，经过近十年的市场积累，一跃成为中国动漫服饰生产企业中的佼佼者，已于2012年9月上市。据统计，目前绍兴共有文化产业单位2万多家，上市企业13家。在推进文创产业发展中，绍兴各地搭建了协同城市发展的独特舞台。如位于越城区的尚1051文化创意产业园在2016年9月启动，目前园区利用“互联网＋创客空间”成立了“1051众创空间”、“I＋时代”等线上线下新零售体验中心。在未来，园区将打造一个品牌生活馆总部基地，集中培育后将复制投放到全国各个城市。

“十二五”以来，江苏创新施策，助推创意、科技、金融“三驾马车”拉动文化产业发展，不仅创造了产业新业态，也找到了经济新空间。在文化部发布的全国省市文化产业发展综合指数排名，江苏跃升第二。目前，江苏共有文化创意产业法人单位约10万家，其中年营业额500万元以上规模企业约6 500家，涌现出一批自主创新能力强，竞争力、影响力、辐射力较高的规模企业。文化产业基地、园区建设加快，打造了一批不同主题、形态多样、功能互补的文化产业集聚区。江苏共有200余个文化产业园区，含1个国家级文化产业试验园区、16个国家文化产业示范基地、4个国家级动漫产业基地、3个国家级文化与科技融合示范基地，同时建成14个省级文化产业示范园区、44个省级文化产业示范基地，数量和规模均居全国前列。“南京秦淮特色文化产业园”入选第五批国家级文化产业试验园区，实现江苏零的突破。江苏拥有动漫企业300多家，其中被文化部认定享受财税优惠政策的动漫企业86家。着力打造苏州创博会、常州动漫周、南京文交会、无锡文博会等四个文化产业会展平台，推动常州、南京、无锡三个国家文化科技融合示范基地建设。江苏文化创意企业70%为民营企业，发展成为江苏文化创意产业主力军，南京云锦、常州卡龙、苏州蜗牛等一批优秀民营文化品牌脱颖而出，形成文化产业多元投入、竞争发展的良好格局。

南京是一座享誉世界的历史文化名城，文化资源丰富，历史底蕴深厚，科教优势明显，六朝风貌、大明文化、民国文化、革命文化、宗教文化等多样文化精彩纷呈，南京云锦、金陵刻经、南京剪纸、金陵琴派等传统精粹水乳交融，龙盘虎踞、秦淮风月、金陵怀古、依山带水等自然人文景观交相辉映。悠长的历史脉络、多样的传统文化、丰富的历史遗存、独特的城市气质为南京文化产业的发展提供了肥田沃土，为南京建设创意名城提供了立体多元的文化体系，是南京凝练城市精神、打造城市名片、树立城市形象的根基和源泉①。

两千年的崇文重教理念，全方位的人才教育方阵，务实高效的人才引培举措，为南京创意人才培养、集聚和交流提供了丰厚的土壤，是南京创意活力激活、创新能力释放、创意阶层培育的根本和源头。2014 年，南京文化创意和设计服务成为文化产业第一大门类，产业结构发生标志性变化。步入“十三五”，南京聚焦创新引领发展，加快构建以战略新兴产业为导向、现代服务业为主体的现代产业体系，创新业态更加完善，平台载体更加优质，人才驱动更加务实，文化创意产业得到迅速发展。2006 年，南京先后出台《创意文化产业空间布局和功能区发展规划》《文化创意和设计服务与相关产业融合发展行动计划》《融合发展实施意见》，在全国率先构建文化创意产业政策体系。2017 年南京文化产业增加值达到 703.07 亿元，占 GDP 比重保持在 6%以上，全国排名第 5 位。在江苏全省文化发展绩效考核中，南京连续七年排名第一。南京共有文化创意企业逾 2.1 万家，挂牌上市文化企业 64 家，规模以上文化创意企业 1 471 家，同比净增 17.8%，增幅位居全省之首。2018 年上半年，南京规模以上文化企业实现营业收入 1 185.5 亿元，同比增长 8.8%；实现营业利润 59.3 亿元，同比增长 9.6%。

苏州的经济实力位居全国地级市之首，紧逼北京、上海、广州、深圳。文化是苏州的灵魂，文化创意产业也已成为苏州的支柱产业。截至 2016

① 中共南京市委宣传部、中国传媒大学文化发展研究院：《南京建设全国重要文化创意中心城市研究报告》，2018 年 5 月。

年底，苏州文化创意产业收入超过 4 700 亿元，目前苏州共有各类文创企业 2.6 万家，从业人员超过 69 万人，占 GDP 比重 7.69%。2016 年，苏州市文广新局（市文产办）和苏州市财政局共同设立苏州市文化创意产业投资引导基金，旨在吸引社会资本投向苏州文化创意产业，切实解决苏州文化创意企业"轻资产、融资难"等实际问题。过去三年，苏州文化创意产业快速发展，据苏州 2018 年政府工作报告，苏州 2017 年文化创意产业营业收入增长 12%。

无锡的文化创意产业以影视产业为主，20 世纪 80 年代，中央电视台无锡外景基地落户这里。随着各路剧组到来，无锡成为全国"撞星"概率最高的城市。入镜的，不仅是影视基地。太湖风光、园林古迹、城市风景、历史古街、滨水湖岸、特色小街……经常进入影视作品的画面，"中国首批外景拍摄城市"也花落无锡。传统影视拍摄制作风生水起，新兴影视产业亦是行业标杆。2005 年 6 月，无锡太湖数码影视动画创业园被国家广电总局批准为"国家动画产业基地"，成为全国 15 家动画产业基地之一。2006 年，无锡国家动画产业基地被评为江苏省示范基地。2007 年，无锡被文化部确定为国家动漫游戏产业振兴基地。在具有先发优势的同时，无锡敏锐捕捉到了科技创新对影视制作带来的变革。以原雪浪钢铁集团地块改造为原始支点，依托央视影视基地和滨湖的山水生态优势，借助国际电影产业资源，无锡国家数字电影产业园拔地而起。目前，无锡国家数字电影产业园已经成为无锡影视产业的重要推手。园区规划面积 6 平方公里，先期启动核心区建设 530 亩，包含影视科技拍摄、后期制作、技术研发、公共服务、影视金融、影视科技体验、影视文化旅游等功能。规划建有 15 座专业影棚，包括 3 座国内领先的水下特效棚，3 座 3 000 平方米国际标准影棚以及 1 座 1.2 万平方米超大影棚。目前，该园区已集聚星皓影业、工夫影业、星纪元、Base FX（倍飞视）、天工异彩、诺华视创、圣世互娱、盛悦国际等国内外知名影业公司和制作企业 600 余家，已承接了《上海堡垒》《西游记之女儿国》《那年花开月正圆》《二代妖精》《心理罪之城市之光》等多个剧组。依托大量优质企业和优质影视项目实现产值快速增长，无锡国家数字电影产业园从 2013 年开园之初的 1.8 亿元一举跃升至 2017 年的近 50 亿元，产值规模跨越式倍增。

安徽省政府非常重视文化创意产业的发展，2014 年制定《安徽省推进文化创意和设计服务与相关产业融合发展行动计划》，提出通过实施 7 个重点工程和落实 8 个保障措施，来切实提高安徽省文化创意与设计服务水平和核心竞争力，推动产业结构优化升级。2017 年，安徽省文化厅出台《“十三五”时期文化改革发展规划》，提出要进一步提升文化产业总体实力，促进相关产业融合，到 2020 年，实现文化产品创作生产体系不断完善，文化产业成为支柱性产业。在安徽省政府的高度重视下，在各项政策措施的有力支撑下，安徽省文化创意产业得以快速发展。2017 年安徽省 2 354 家规模以上文化企业实现营业收入 2 631 亿元，比上年增长 12.7%，比全国、中部地区分别高 1.9 个和 1.6 个百分点，其中，文化创意和设计服务业发展势头迅猛，增长 25.4%。2018 年前三季度，安徽规模以上文化企业实现营业收入 1 717.7 亿元，同比增长 7.9%。截至 2018 年 6 月底，安徽共有上市(挂牌)文化企业 47 家。由光明日报社和经济日报社联合发布的第十届“全国文化企业 30 强”名单中，安徽出版集团有限责任公司、安徽新华发行(集团)控股有限公司成功入选，体现了安徽文化创意产业的能级。目前，安徽现有民营文化企业 5 万多家，占全部文化法人单位数近九成，规上文化法人单位营业收入超九成由民营文化企业贡献。

安徽文化创意产业近年来的区域集中趋势十分明显。皖江示范区、合芜蚌试验区、皖南示范区和皖北地区文化创意和设计服务业法人单位分别占安徽的 76.9%、61%、27.7% 和 10.5%，主营业务收入分别占 84.6%、70.2%、29.2%和 7.4%。其中，合肥的集聚度最高，芜湖、蚌埠次之，其他区域则较低①。目前，安徽拥有国家级(产业集聚类)文化产业示范园区(基地)6 家、省战略性新兴产业集聚发展基地 1 家。合肥国家文化与科技融合示范基地内的动漫原创设计和研发、网络游戏产业，芜湖国家数字出版基地内的广播影视、数字创意产业等，已经形成较强的区域品牌。

合肥的文化创意产业主要集中在安徽省创意文化产业集聚发展合肥基地，该基地 2016 年规模以上文化企业实现产值 433 亿元，税收达 12.2 亿元。同时，紧紧围绕产业链，集聚了一批龙头企业，逐步形成了特色产业优势，如

---

① 宋宏、张承美、裴植：《发展安徽文化创意产业的调查与建议》，《安徽日报》2015 年 7 月 20 日。

以国家广播影视科技创新实验基地、安徽广电传媒产业集团为代表的下一代广播电视网国家战新技术和广播影视业，以安徽新华发行集团和安徽出版集团为代表的数字出版发行业，以安达创展科技股份有限公司、佛光集团等为代表的创意和设计服务业，以万达文旅城、安徽演艺集团为代表的创意和休闲娱乐业，都依托基地蓬勃发展。

芜湖，明代就有被誉为“芜湖巨店”的大型浆染工场，清代时与无锡、长沙、九江并称全国“四大米市”，近代芜湖开放通商口岸后，安徽省最早的一批民族工业在此诞生。历史赋予了芜湖接受新鲜事物、兼容并包的基因，芜湖人开放和创新意识强烈，奇瑞、方特、三只松鼠，都在芜湖发展壮大。如今，文化创意产业也在芜湖茁壮成长，成为芜湖的特色产业。目前，芜湖已先后建成大砻坊、雨耕山、新华 958 等一批文化创意产业园，引进了方特旅游度假区、新华联海洋公园、鸠兹古镇等一批文化旅游项目，培育了三只松鼠、三七互娱等一批优秀本土企业，并连续举办五届国家动漫产业交易会，游戏、影业、动漫等文化互娱产业发展优势明显。此外，芜湖还在着力发展电子竞技产业，2017 年 5 月，芜湖市政府与腾讯公司签订框架协议，将共同打造以电子竞技为主题的产业园项目——腾讯电竞小镇。根据框架协议，该项目将依托芜湖良好的文化互娱产业发展基础和腾讯公司强大的游戏产业优势资源，探索建设为集电竞主题公园、电竞大学、文化创意园、动漫产业园、创意街区、腾讯科技创业社区、腾讯云大数据中心等新业态于一体的特色小镇。

第四节　长三角文化创意产业发展的展望与反思

（一）长三角文化创意产业发展的特点与趋势

1. 优势产业逐渐明晰，网络文化产业成为长三角文化创意产业新的增长点。经过多年的发展，长三角的文化创意产业也已形成自身特色，如影视产业、动漫产业、出版产业等具有较强的实力。影视产业方面，上海有上影集团，另有车墩影视基地、胜强影视基地，浙江的华策影视入选第十一届“全国文化企业 30 强”，是国内电视剧领域的龙头老大，江苏的无锡国家数字电影产业园是国家广电总局批准的第一个数字电影产业园区，安徽的滁州长城梦世界影视城在业内也较有知名度。动漫产业方面，在杭州举行的第十四届中国国际动漫节吸引了 85 个国家和地区的 2 641 家企业机构参与，实际成交及达成意向金额 138.35 亿元，在办展规模、参与人数、交易金额、节展效益等各项指标上再创历史新高。安徽芜湖的动漫产业也已经在业内拥有较高的知名度，如华强数字动漫公司出品的《熊出没》在央视少儿频道播出后，一举打破央视少儿频道开播以来的最高纪录。该片在网络上收获了 170 亿次点击率，超过了另一国产动画《喜羊羊与灰太狼》。出版产业方面，长三角集聚了一批领军企业，如上海的世纪出版集团、浙江的浙江出版联合集团、江苏的凤凰出版传媒集团、安徽的安徽出版集团均入选第十一届“全国文化企业 30 强”。此外，“互联网＋文化”融合是当前文化创意产业发展的重要特征之一，数字经济、网络化和智能化技术的迅猛发展催生了全新的文化生产体系，互联网文化娱乐平台等新型传播渠道和文化内容平台正推动文化产业加速融合，逐渐成为产业发展的新趋势和新动能。在 2017 年发布的《关于加快本市文化创意产业创新发展的若干意见》中，上海提出“把网络文化产业作为驱动上海文化创意产业创新发展的新动能，培育新供给、促进新消费，带动传统产业转型升级，夯实国内领先地位”。过去几年，上海网络文化产业亮点频频，如哔哩哔哩 2018 年成功在纳斯达克上市，上市后企业市值达 41 亿美元，同比增长 64%，成为二次元领域头部平台。喜马拉雅 FM 激活用户 4.7 亿，并以 5.12%的渗透率、75.1%的知名度位列全行业第一。喜剧脱口秀领域“独角兽”笑果文化连续打造《吐槽大会》《周六夜现场》等节目，企业估值达 50 亿，同比增长 316.7%。此外，腾讯影业、企鹅影视、时悦、兴格等企业生产的网络剧数量、质量不断提升，上海内容制作机构增速超越全国增速，发展势头强劲。长三角另一处文化创意产业重镇杭州亦着眼于网络文化产业①。据统计，2018 年，杭州网络文化产业实现增加值 2 098 亿元，同比增长 15.8%，约占杭州文化创意产业的 63%，占杭州 GDP 比重达 15.5%，已经成为杭州文化创意产业乃至杭州经济发展重要的新增长点。杭州在发展网络文化产业上有颇多创新之处，如 2017 年 12 月，首个“中国网络作家村”正式落户杭州。地点设在滨江白马湖，由两部分组成：一是集形象

① 杭州称之为数字内容产业。

展示、交流互动和集中创作为一体的公共平台——海山公园3号楼“天马苑”；二是供作家创作和居住的民居——孔家里农居SOHO“神仙居”。目前，已有唐家三少、管平潮、蝴蝶蓝、猫腻等网络作家入驻。

2. 品牌展会成为长三角文化创意产业的重要推手。近年来，以展示交易体验为特色的各类展会成为长三角文化创意产业品牌化发展的重要载体。上海国际电影节、中国国际数码互动娱乐展览会、上海国际艺术节等重要文化节展活动品牌化、国际化、特色化水平提升。第二十一届上海国际电影节征集108个国家和地区的3 447部影片，展映中外影片492部，入围主竞赛单元的作品中，世界首映47部、国际首映24部、亚洲首映84部、中国首映118部，观影人次超46万，电影市场展商数量达293家，境外展商超过40%，与戛纳电影节共同成为国际电影制片人协会新设立的电影节委员会首批指定成员。第十六届中国国际数码互动娱乐展览会展馆总面积达17万平方米，展商达到近1 000家，人次观展近35万，目前，中国国际数码互动娱乐展览会已远远超越了日本东京电玩展、韩国GSTAR游戏展等全球众多数字娱乐国际性展览，与全球最大的德国科隆游戏展、最专业的美国E3游戏展比肩。第二十届中国上海国际艺术节上演45台中外剧(节)目，350多项系列活动在上海及无锡、宁波、合肥等分会场同时进行，53个国家和地区的460家机构参与演出交易，达成541个合作意向。第三十六届“上海之春”国际音乐节转型成为中国历年获奖优秀音乐作品、优秀少数民族音乐作品、优秀音乐人和世界优秀音乐团体的展示交流舞台。2018年中国上海国际童书展首次与博洛尼亚童书展主办方合作，汇集来自25个国家和地区的367家展商，海外展商达194家。杭州的展会也颇有亮点，如第十二届杭州文博会吸引了41个国家和地区的2 100余家文创企业和机构参展，签约合作及意向成交金额达159.5亿元(含项目融资逾100亿元)，比上届文博会翻两番。此外，第四届中国数字阅读大会、2018中国影视艺术创新峰会、杭州国际影视内容高峰论坛、第二届杭州国际工艺周等产业活动成功举办。

3. “一带一路”建设为文化创意产业“走出去”提供新机遇。世界多极化和经济全球化深入发展，越来越多的国家把提高文化软实力作为重要发展战略。随着我国综合实力和国际地位的稳步提升，文化创意产业“走出去”

的步伐将不断加快，文化对外贸易进入快速增长期。“一带一路”建设将推动我国和沿线国家的文化交流，扩大中华文化的影响力。长三角以外向型经济为主，在“一带一路”建设中处于重要地位，未来文化创意产业出口将不断扩大，文化创意企业参与海外竞争合作的机遇进一步增多。

4. 随着市场发展，文化创意产品也多从免费阶段步入收费阶段。随着以“90后”为代表的当代青年在社会消费结构中所占比重的上升，据国家广播电视总局监管中心调查显示，超过90%的受访者愿意付费享受会员权益，以抢先看剧、跳过广告、追剧、享受更好的画质等，超过70%的受访者已经开通会员，各平台会员用户含金量更高，付费意愿更强，带动了社会整体在内容产品领域中从“优质内容”向“兴趣内容”的习惯转变。

（二）长三角文化创意产业发展的困境与短板

1. 文化创意产业发展的内涵与品牌尚需提高。长三角文化创意产业在规模迅速扩张的同时，在内涵与品牌方面尚存在不足，缺乏一批具有国际影响力和竞争力的文化创意企业，同时缺少国际知名度高、附加值高、消费者趋之若鹜的文化创意品牌。品牌的相对缺失，直接导致围绕品牌所形成的核心产业、支持产业、配套产业和衍生产业四个层次的产业价值体系无法有效建立，文化创意的巨大经济效益尚未得到充分体现。如长三角不少城市都在发展动漫产业，成绩自然也是比较显著的，但在形成完整产业链方面还有不少薄弱环节。据调查，目前我国动漫市场份额的情况是：中国原创动漫占11%，欧美动漫占29%，日本动漫占60%。至于国际市场，中国动漫所占市场份额更是微不足道。国外文化创意产业发展较好的国家，往往依靠IP授权获得可观的收益，典型如迪士尼，它所塑造的米老鼠、唐老鸭等形象可谓家喻户晓，而国内尽管动漫产业发展较为迅速，但在IP方面，与国外的知名企业，还不在一个等量级，这方面需要引起重视。

2. 文化创意园区集聚效应不足。长三角的文化创意园区从数量上来说为数不少，但大多停留在空间集聚状态，功能定位不明、门类散乱、重复建设、同质化竞争、新兴业态占比小、产出效益偏低等问题普遍存在，产业、人才、资金等集聚效应明显不足、辐射带动性不强。企业与企业之间缺少共生互补、价值链需求和产业链联系，没有形成集设计、研发、生产、销售、服务于一体的完整文化产业链，带动就业和消费的作用不明显。

（三）长三角文化创意产业发展的反思

一方面，随着经济的持续快速发展，居民生活水平的不断提高，长三角发展文化创意产业的时机日益成熟，并且已经形成了一些具有一定规模和实力的文化创意产业园区和企业；另一方面，长三角的文化创意产业，在技术水平、经营主体规模、经验、资金实力，以及国家财政投入等方面与其他文化创意产业强国相比，仍存在较大的差距。如长三角普遍较为重视影视产业和动漫产业，但客观而言，这些作品主要面向国内市场，在国际上还缺乏存在感。追星炒星、收视率造假等现象也较为普遍，这些对于文化创意产业的发展必然会产业负面影响，需要引起有关部门的重视。

1. 当局引领与社会参与。考察国内外文化创意产业发展较好的国家和地区，无一例外，都有赖于政府和企业共同推进。如纵观台湾文化创意产业的发展，不难发现文化创意产业的蓬勃发展与当局的大力支持关系密切，从《挑战 2008》到《创意台湾》，再到《文化创意产业发展法》，台湾当局积极为文化创意产业的发展提供资金、技术、人才支持，在政策引导下，文化创意产业得以迅猛发展。毫无疑问，长三角文化创意产业的快速发展离不开政府的积极推动。政府是为文化创意产业发展保驾护航的，在这里，政府不是要面面俱到、事无巨细的全面管理，而是要重点做好顶层设计，制度安排，为文化创意产业的发展创造良好氛围与发展空间，引导文化创意产业在市场的大浪淘沙中形成适合自身特点的运行模式，找到明确的发展方向，通过政府力量撬动社会力量参与文创，为文创发展搭建完善的市场体系，才是政府在文化创意产业发展中应当实现的最佳效果。当然，在这一过程中，创新仍然是第一位的。政策要创新，体制机制要创新，政策的具体落地与实施要创新，政府行为需要与时俱进进而与产业发展不同阶段的特点相吻合。

2. 盘活市场，助力文化创意产业发展。文化创意产业需要在市场的检验中实现自己的价值，市场是实现文化创意产业价值的广阔天地。全方位盘活市场，第一，需要充分释放企业的活力，为企业发展提供支持，创造企业的成长空间。在第十届全国“文化企业 30 强”评选中，长三角的上海世纪出版（集团）有限公司、上海电影（集团）有限公司、东方明珠新媒体股份有限公司、安徽出版集团有限责任公司、安徽新华发行（集团）控股有限公司、江苏凤凰出版传媒集团有限公司、江苏省广电有线信息网络股份有限公司、宋城演艺发展股份有限公司、浙江出版联合集团有限公司、浙江华策影视股份有限公司、浙报传媒控股集团有限公司等11家企业入选，占到了总数的三分之一，在全国起到了典型的表率作用。正是龙头企业的带动与中小文化企业的推动，共同造就了长三角文化创意产业发展的繁荣局面。因此，在文化创意产业发展过程中，要给予文创企业充分发展动力与空间。第二，要通过对文化创意园区的有效规划为文化创意产业的发展助力。集聚发展是长三角文创发展的重要特点。在未来，文化创意园区的发展更要找准定位、丰富内涵、完善服务，形成自身的核心竞争力，实现自身的转型升级，进而全面盘活市场资源，推动文创产业质变的实现。第三，要健全投融资支持体系。文化创意产业是资本密集型产业，资金是企业的根本血脉，而文化投融资体系则更是文创市场的重要组成部分。投融资体系的建立健全需要大胆创新，需要整合撬动各方力量，而这一过程离不开政府、社会资本、金融机构的协同创新。

3. 建立以文化创意人才为中心的城市创意性服务体系。人是第一资源，对于以人的创造力为核心要素的文化创意产业来说，人才更为重要，缺乏优秀创意人才，文化创意产业就如“无源之水，无本之木”，呵护、培育和支持文化创意人才自身的发展至关重要。从文化创意产业的源头来看，长三角还缺乏以创意人才为中心的城市文化创意性服务体系。如上海的人力及教育资源比较丰富，也成立了六个政府挂牌的文化创意人才培训基地，但着重创新能力塑造的创意人才培养体系尚未有效建立，创意人才的引进机制和政策不健全，具有世界影响力的高端创意人才、策划人才、市场经营人才缺乏。特别是以创意人才自身价值实现为导向的服务体系建设没有引起足够的重视，缺乏适合创意人才成长和壮大的城市综合服务环境。目前，面对北京、广东等省市的文化创意产业竞争，长三角在政策扶持力度、文化市场机会、居住成本、生活成本等方面对于人才的吸引力正在失去优势。如大陆第一家拍卖行诞生于上海，由老字号国有企业朵云轩在1993年敲响首锤，成立以后，朵云轩培养了众多拍卖方面的人才，但朵云轩由于受制于体制，并未能够留住人才，不少人才转而跳槽其他拍卖行，使得朵云轩拍卖如今被北京的拍卖行如嘉德、保利等已经拉开较大的差距。

第二章　长三角文化创意产业政策

产业政策是影响文化创意产业发展的关键。国家对此高度重视，近些年来，频频出台相关政策。2017 年，为推动文化创意产业成为国民经济支柱性产业、加速文化创意产业转型升级，国家相关部门出台了《国家"十三五"时期文化发展改革规划纲要》《文化部"十三五"时期文化发展改革规划》《电影产业促进法》《"十三五"国家战略性新兴产业发展规划》以及有关动漫游戏产业专项资金扶持项目等多个政策文件，在文化立法、体制改革、新兴产业等多个维度谋篇布局，掌舵文化创意产业变革驶向纵深。2018 年，为促进文化创意产业实现高质量发展，国家政策在改善政府与社会资本合作、完善文化消费、支持文化企业发展等方面亮点频现。在推进文化体制改革方面，多部委联合拟定《文化体制改革中经营性文化事业单位转制为企业的规定》和《进一步支持文化企业发展的规定》，提出经营性文化事业单位转制为企业后，五年内免征企业所得税；通过公司制改建实现投资主体多元化的文化企业，符合条件的可申请上市。"两个规定"在推进国有文化资本授权经营、优化资源配置、促进企业发展方面为文化创意企业注入"强心剂"。在推动文创消费方面，国务院办公厅 10 月发布《完善促进消费体制机制实施方案(2018—2020 年)》，对于文化领域提出了促进消费体制改进的要求，在准入机制方面，要求在文化服务领域开展行政审批标准化试点，推进经营性文化事业单位转企改制、公益性文化事业单位改革和国有文化企业公司制股份制改造。在繁荣艺术创作生产方面，文化和旅游部建立年度《全国舞台艺术现实题材创作作品计划》，研究设立现实题材舞台艺术创作选题库，加强现实题材创作。在运用财政金融手段推动文化产业健康快速发展方面，文化和旅游部与财政部11月联合发布了《关于在文化领域推广政府和社会资本合作模式的指导意见》，鼓励各地政府性融资担保和再担保机构为参与文化公私合营项目的小微企业提供增信服务，加快设立文化公私合营投资基金，充分发挥中国政企合作投资基金的引导、规范、增信作用。在文化产业国际合作方面，《“一带一路”文化发展行动计划(2016—2020年)》深入实施，2018年度以动漫游戏产业“一带一路”国际合作项目扶持工作为重点，动漫游戏产业与沿线国家合作规模显著扩大、水平显著提升。在各项产业政策的利好之下，我国的文化创意产业发展迅速。

第一节　长三角文化创意产业政策比较

近年来，长三角等地纷纷出台了新的推进文化创意产业创新发展的政策。其主要的政策着力点，可以归纳为以下六个方面。

(一) 聚焦文化创意产业的重点领域

文化创意产业涉及范围广泛，根据我国现行《国民经济行业分类》(GB/T4754-2002)，文化创意产业包括九个大类的80个行业类别。长三角各地结合自身的实际和发展需要，聚焦文化创意产业的重点领域，推进其发展。

2016年3月，上海市文化创意产业推进领导小组办公室发布《上海市文化创意产业发展三年行动计划(2016—2018年)》，提出“依托上海区位、人才优势和产业基础，聚焦本市文化创意产业中的媒体、艺术、工业设计、建筑设计、时尚产业、网络信息、软件与计算机服务、咨询服务、广告与会展服务、休闲娱乐十大行业”。2017年12月，上海出台《关于加快本市文化创意产业创新发展的若干意见》，提出以重点领域的跨越式发展助推文化创意产业全面发展。上海重点发展的文化创意产业包括影视产业、演艺产业、动漫游戏产业、网络文化产业、创意设计、出版产业、艺术品交易和文化装备产业等八大重点领域。

2016年5月，浙江发布《浙江省文化发展“十三五”规划》，提出“创新演艺娱乐、动漫游戏、网络文化和数字文化服务、艺术品和工艺美术、创意设计、文化会展、文化旅游等七大行业提升推进机制”。根据2017年4月出台的《杭州市文化创意产业发展“十三五”规划》,杭州侧重于发展信息服务业、设计服务业、现代传媒业、动漫游戏业、文化休闲旅游业、艺术品业、教育培训业、文化会展业八大重点行业。根据《宁波市“十三五”文化产业发展规划》,宁波提出,要构建“2+3+3”的文化产业体系:重点提升发展高端文化用品制造业、创意设计业两大优势产业;壮大发展影视制作业、文化休闲旅游业、工艺美术业三大潜力产业;创新发展现代传媒业、会展业和信息传输服务业三大新兴产业。根据《温州市文化创意产业三年行动计划(2015—2017年)》,温州提出,将重点发展设计服务业、现代传媒业、文化休闲旅游业、文化会展业、艺术品业等五大产业门类。

根据《江苏省文化厅“十三五”文化发展规划》,江苏着力发展创意设计、新兴媒体、动漫游戏、演艺娱乐、文化旅游等行业。南京围绕“文化创意+”主线,强化文化科技融合、文化金融合作和文化消费驱动“三大支撑”,重点发展创意设计服务业、数字影音娱乐业、新兴网络传媒业、文化旅游休闲业和相关融合产业领域,构成“4+X”产业引导体系。2015年7月,苏州出台《关于进一步加快文化创意产业发展的若干政策意见》,明确重点发展创意设计、文化旅游、工艺美术及非遗传承开发、数字内容与新媒体、影视演艺娱乐、文化会展广告等领域。

(二)培育壮大文化创意企业

引进枢纽型文化创意企业。上海提出引进一批文化创意跨国公司地区总部,按照《上海市鼓励跨国公司设立地区总部的规定》的要求,落实资金奖励、出入境便利等鼓励政策。鼓励各区积极引进龙头企业落户,对设立地区总部、板块业务总部、研发中心、实验室、技术研究院等给予政策支持。杭州在《关于加快建设国际文化创意中心的实施意见》中也提出,到2022年,引进30家左右文化创意行业领军企业(含总部企业)落户杭州。

壮大骨干文化创意企业。上海提出建立健全上海文化企业十强、上海文化企业十佳和上海文化创业年度人物等推优扶优机制。江苏提出实施大企业带动战略,推动文化资源与要素适度向优秀企业集中,各门类形成一批主导企业,各地区培养一批骨干企业。杭州提出鼓励有实力的企业进行跨地区、跨行业和跨所有制兼并重组,大力培育一批龙头文化创意企业(集团)。到2022年,杭州培育上市文化创意企业由30家增加至40家,新三板挂牌文化创意企业由100家增加至150家，主营业务收入超亿元企业由487家增加至600家。

加大对小微文化创意企业的培育。浙江提出，指导小微文化企业以创意创新为驱动，走“专、精、特、新”和与大企业协作配套发展的道路；鼓励小微文化企业依托电子商务、第三方支付平台拓展经营领域，利用互联网创业平台、交易平台等载体拓宽发展渠道。杭州以全国首批小微企业创业创新基地示范城市建设为契机，落实《杭州市初创型文化创意企业孵化工程(展翅计划)实施意见》《杭州市成长型文化创意企业培育工程(登高计划)实施意见》，大力支持中小文化创意企业发展。到2020年，杭州成长型和初创型文化创意企业将分别达100家和300家。上海市则对符合条件的小微文化创意企业，落实税费减免、社会保险费补贴等优惠政策，降低小微文化创意企业成本。

(三) 以文化创意园区为载体推进集聚发展

文化创意园区作为一种介于政府、市场与企业之间的新型社会经济组织和企业发展平台，它通过提供一系列新创企业发展所需的管理支持和资源网络，帮助初创阶段或相对弱小的新创企业，使其能够独立运作并健康成长。因此，文化创意园区的建设也特别适合当前处于新兴阶段的文化创意产业的发展。目前，文化创意园区的建设已经成为国内外发展文化创意产业的重要手段。从1980年到2001年，美国的文化创意园区的数量从12个迅速发展到了900个以上。在我国国内，文化创意产业发展较快的北京、上海、杭州、深圳等地，也都纷纷结合自身的文化资源基础，建设了大量的文化创意园区。

根据《江苏省文化厅“十三五”文化发展规划》，江苏将建设一批高起点、规模化、代表文化产业发展方向的省级重点文化产业基地(园区)，加强规划认定和动态管理；新评选命名10到15个省级重点园区、30个省级重点基地。重点发展南京、无锡、常州国家广告产业园和国家文化科技融合示范基地，南京、苏州、无锡、常州国家动漫游戏产业基地。无锡的影视产业在业内享有盛名，其主要载体是无锡国家数字电影产业园。2017年1月，无锡市政府出台《市政府关于支持无锡国家数字电影产业园建设发展若干意见(2016—2020年)》，主要内容包括：前三年，无锡国家数字电影产业园征收的增值税、所得税按照市级留成部分的 80%由专项资金进行奖励，后两年按 50%进行奖励；对入驻无锡国家数字电影产业园核心区一期及二期的知名影业公司、后期制作公司以及名人工作室，酌情给予一至三年减免租金，对行业知名演员、导演、制片人等高级人才，经认定后给予 30 万至 50 万元的一次性奖励；在园区内立项的有影响力或被部省列入重要影视剧的项目，经认定后给予最高不超过 100 万元的一次性奖励。

2017 年 12 月，安徽出台《安徽省文化厅关于支持文化类特色小镇建设的实施意见》，这是我国首个地方支持文化类特色小镇建设的实施意见。安徽省文化厅把文化类特色小镇定义为拥有大遗址、传统村落、文物建筑、特色传统工艺、传统戏曲、红色革命文化、社会主义先进文化代表等独特文化资源，能够提供文化创意产业、传统工艺、艺术品、创意设计、文化旅游等具有鲜明区域特点的文化产品和服务的特色小镇。其有五项重点任务，即推进历史文化资源的保护传承利用、支持传统工艺传承发展、支持传统戏曲传承发展、支持特色文化产业发展、支持公共文化建设以建好文化类特色小镇。安徽省文化厅还提出，支持、指导文化类特色小镇申报国家文化产业示范园区和国家、省级文化产业示范基地。芜湖先后出台了《芜湖市关于促进数字出版产业发展的若干意见》《关于打造欢乐城市的意见》《关于促进文化产业发展的若干政策意见》和《加快文化强市建设的实施意见》，明确了华强方特文化科技产业园、芜湖市文化创意产业园、芜湖市服务外包产业园等三个核心功能区。

2018 年 6 月，浙江出台《之江文化产业带建设规划》（浙政发〔2018〕27 号），决定在杭州建设之江文化产业带，并将之定位为浙江文化创意产业的重要发展带。2018 年 8 月，为进一步推进杭州文化产业提质增效发展，杭州市委、市政府印发了《关于加快建设国际文化创意中心的实施意见》，并将之江文化产业带定位为杭州建设国际文化创意中心的主平台、主引擎。2018 年 11 月，杭州出台《杭州市之江文化产业带建设推进计划（2018—2022 年）》，提出“围绕之江文化产业带‘一带一核五极多组团’的空间发展格局，着力培育打造 6 个产业能级达百亿元的文化产业集群，争创国家级文化产业园区（基地）15 个，完成重点项目投资 1 000 亿元，集聚上市文化企业 30 家以上，培育具有国际影响力的会展（赛事）品牌 10 个，引进文化领军人才 100 名，带动就业人数20万人以上。到2022年,之江文化产业带力争实现文化产业增加值达800亿元以上,总产出达2 600亿元以上。基本建成全国领先、国际知名的数字文化产业基地、影视产业基地、艺创设计产业基地和动漫游戏产业基地,成为推进全市文化产业实现跨越式发展的主引擎、全省文化产业大发展大繁荣的重要增长带、全国具有引领示范意义的文化产业发展新高地和样板区"。

(四) 文化金融扶持政策解决融资难问题

文化创意产业由于其产业的特殊性,长期存在着融资难、融资慢等问题。为此,近年来我国出台了一系列发展文化金融,促进文化产业发展的政策文件。例如,《国务院办公厅关于进一步激发社会领域投资活力的意见》首次明确提出推进文化等领域"投贷联动";出台《社会领域产业专项债券发行指引》,推出文化产业专项债券。上述扶持政策包括鼓励金融机构开发适合文化企业特点的文化金融产品;支持符合条件的文化企业直接融资,支持上市文化企业利用资本市场并购重组;规范引导面向文化领域的互联网金融业务发展;完善文化金融中介服务体系,促进文化金融对接;探索开展无形资产抵押、质押贷款业务;鼓励开发文化消费信贷产品。长三角也通过文化金融扶持政策,积极推动文创产业发展。

如2010年,江苏在国内组建了第一支文化基金——紫金文化产业发展基金,两期40亿元资金已投资29个股权项目。2013年,江苏在国内率先将文化科技企业纳入科技专项予以扶持。2016年11月,江苏省文化产业推进会在南京召开,这次会上正式出台《文化金融合作试验区创建实施办法(试行)》《文化金融特色机构认定管理办法》《文化金融服务中心认定管理办法》等系列政策性文件。其中,《江苏省文化金融合作试验区创建实施办法(试行)》明确要求到2020年,创成一批省级文化金融合作试验区。明确了以设区市、县(市、区)和省级以上重点开发园区为创建区域,规定了四个方面的创建内容及标准,并制定了三级15项指标组成的认定评估指标体系。规定试验区认定工作在省文化改革发展领导小组领导下,由人民银行南京分行具体实施,每两年组织认定一次。要求文化产业发展专项资金要优先扶持试验区内符合条件的融资项目,金融管理部门对试验区实行特殊的金融政策及差异性的监管办法,宣传文化部门加大宣传推广力度。《江苏省文化金融特色机构认定管理办法》包括省级文化金融特色机构的认定条件、认定程序、管理考核等方面规定。在认定条件上，分别对文化特色支行、保险支公司及新型金融组织的文化金融业务比重、服务项目、考核机制等方面作了定性定量要求。在认定程序上，明确了认定工作在省文化金融推进工作联席会议指导下，由省金融办具体实施，每两年组织认定一次。在管理考核上，强调动态管理，省文化金融推进工作联席会议办公室加强监督指导，不定期对文化金融特色机构相关情况予以核查。《江苏省文化金融服务中心认定管理办法》分别在认定条件、认定程序、政策措施等方面作了明确，重点考核服务中心是否拥有固定运营场所、专业团队、金融合作机构、文化金融中介服务能力、相关政策资金扶持等，做到有场所、有团队、有政策、有业绩；明确认定工作在省文化改革发展领导小组领导下，由省文化金融推进工作联席会议办公室具体实施；要求文化产业发展专项资金、省众创空间建设补助资金给予优先支持，文化金融服务中心公共服务项目纳入政府采购目录等。

近年来，上海也通过多种手段推动文化金融模式创新、产品创新和服务创新，健全多层次、多渠道、多元化的文化产业投融资服务体系。2018年8月，上海市文创金融合作座谈会召开，对接文创企业与金融服务机构的信息平台“上海文创金融服务平台”正式上线，提供全方位文创金融政策与服务信息，满足不同阶段、不同类型文创企业金融需求。2018年10月，上海银行广中路支行等五家银行成为首批“上海市银行业文化创意特色支行”。据统计，截至2018年上半年，上海银监局辖内商业银行文化产业贷款余额达456.6亿元，文化产业信贷余额持续增长。首批文创特色支行授信余额近90亿元，占全部文化产业贷款余额20%。其中，上海银行推出“文创保”专项金融服务方案，为本市文创小企业提供“结算＋信贷支持＋政策性贷款担保＋投贷联动”综合金融服务，重点支持获得“上海市促进文化创意产业发展财政扶持资金扶持项目”、“促进上海电影发展专项资金”、“上海图书出版专项基金”的成长性企业。2018年11月30日，“长三角国际文化产业博览会”活动举办期间，“长三角文化金融服务平台”正式签约，该平台由上海联合产权交易所建立，提供信息共通、资源共享、平台共建和业务共拓等服务。同时，“文化双创母基金”和“众源母基金”顺利运作，“上海文化产业发展投资基金”加快设立，政府资金引导的示范作用不断显现，更多社会资本投入上海文化产业发展。

安徽搭建银政、银企合作平台，破解文化创意企业融资困局。2014 年 9 月，安徽省文化厅与中国建设银行安徽省分行签署战略合作框架协议，建行安徽省分行对安徽文化产业发展提供总额 20 亿元的意向性信用额度，并启动绿色通道，建立联动跟踪服务体系。此外，安徽省文化厅还与省政府金融办和中行、工行等金融机构加强联系，深化合作。值得一提的是，在安徽省文化厅的推动下，安徽省首家动漫企业金诺数码已在新三板成功上市。2016 年，安徽省财政厅、省新闻出版广电局制定并印发了《安徽省广播影视精品专项资金管理办法》，加强安徽省广播影视精品专项资金管理，充分发挥专项资金的导向作用，提高资金使用效益。根据办法，专项资金由省级一般公共预算安排，主要用于支持安徽省优秀国产影片、广播剧、电视剧和动画片的创作生产和宣传发行放映，加强安徽省国产电影保护等。专项资金采取后补助方式。专项资金由项目符合条件的单位申报，经省级财政和新闻出版广电部门审核，对上一年符合条件的项目单位给予补助。根据办法，专项资金补助最高可达 100 万元。从 2015 年以来，合肥设立了文化产业专项资金，按照“从分散向集中转变、由事后向事前事中转变、由无偿向有偿转变、由单纯直补企业转变为侧重企业外部环境营造”的总体思路，通过基金、金融产品、借转补、事后奖补四种不同的政策工具，逐步建立起覆盖文化创意产业全链条的政策扶持体系。其中，仅“借转补”政策，2017 年合肥共有 40 个优质文化项目获得总计 5 700 万元的预拨资金，共撬动 29 亿元社会资本投入文化产业项目建设。2018 年，合肥更是将文化产业专项资金纳入合肥市培育新动能促进产业转型升级推动经济高质量发展政策体系，资金盘也由 2017 年的 1.5 亿元增加到 2 亿元。

（五）强化文化创意人才支撑

文化创意产业作为智力密集型的产业，其发展还需要大量的创意人才投入，而目前优秀的创意人才资源还相对比较稀缺，因此要发展本地的文化创意产业，还需要当地政府提供相应的优惠政策，不断培养和引进大量优秀的创意人才。长三角各地对此都较为重视。

江苏在《江苏省文化厅“十三五”文化发展规划》中提出，培育舞台艺术表演名家 10 名、创作人才 10 名和画家 10 名。建成一支现代公共文化人才队伍，扩大图书馆业、文化馆业、博物馆业中高级职称人才队伍规模。培养一批优秀文化经营管理人才、文化专业科技人才。苏州在《2017 年苏州市文化创意产业工作要点》中提出，实施文化创意产业人才引进和培养计划，着力引进和培育文创产业国家“千人计划”、省“双创人才”，使更多人才进入“姑苏宣传文化人才计划”的“文创产业领军人才”和“文创产业重点人才”方阵。

上海则依托高等院校设立一批高层次文化艺术人才工作室和紧缺艺术人才创新工作室，支持高等院校、科研院所和文化创意企业联合共建人才实训基地。2018 年，上海正式将文化艺术学科和专业纳入上海高校高峰高原学科建设计划，复旦大学的新闻传播学、上海音乐学院的音乐与舞蹈学、上海戏剧学院的戏剧与影视学被纳入重点投入建设的 22 个一类高峰学科中。此外，特色优势文化学术学科也被纳入高水平地方高校建设范围。上海大学的美术学、设计学、戏剧与影视学，上海音乐学院的音乐与舞蹈学、艺术学理论等学科进入全国相关学科排名前列，为上海文化产业发展提供有力支撑。在演艺创作领域，上海培育新人的力度也在不断加强，除中国上海国际艺术节扶青计划与上海之春国际艺术节新人新作评选活动外，还通过上海市新剧目展演、上海市优秀民营院团展演，吸引更多的青年艺术人才进入演艺平台进行展示。上海市创意产业协会成立创新创业分会和文创中心服务平台，搭建“产学研”交流平台，服务文创企业和文创人才新要求。在动漫游戏领域，据中国音数协游戏工委、伽马数据联合发布的《2018 年中国游戏产业报告》显示，在全国游戏从业者地域构成中，上海占比 13.5%，仅次于北京。上海第九城市信息有限公司开发九育云引擎，为游戏研发人才培养提供解决方案，目前已与上海视觉艺术学院签约合作办学，第一批学生已于 2018 年 9 月入学，每年招收 100 人，包含电竞、编程、美术、策划四个专业。上海市教委制定加强电竞人才培养体系的建设方案，目前已在全市 3 所高中阶段学校、3 所高职以及一些本科院校设置电竞相关专业人才培养通道。

杭州出台《市委办公厅、市政府办公厅关于加快文化创意产业人才队伍建设的实施意见》（市委办发〔2011〕109 号），大力实施“青年文艺家发现计划”等专项工程，着力打造文创人才高地。通过采取人事调动、合同聘用等多种形式，先后引进了麦家、余华、赵志刚、蔡志忠、朱德庸等 30 余位文化名人。实施“青年设计师发现计划”等重点项目，共选送160多位本土优秀人才赴国外深造。开设“白马湖文创讲堂”，先后举办20多期“文创企业家孵化工程培训班”“成长型文创企业高端培训班”，共培训了1 000多名文创企业经营管理人员和相关行业管理人员。

（六）助推文化创意产业走出去

《浙江省人民政府办公厅关于进一步推动我省文化产业加快发展的实施意见》提出，鼓励有条件的企业通过独资、合资、控股、参股、并购等多种方式在国外兴办文化经营实体，实现海外落地经营；加强文化“走出去”平台渠道建设，继续办好中国国际动漫节、中国义乌文化产品交易会等大型综合性文化展会，积极组织参加各类国际性文化贸易活动或综合性服务贸易展览会，对文化出口企业参加国际性大型文化贸易展会，在名额和组团参展等方面给予支持；支持文化企业在境外开展宣传推广、培训研讨和投标等市场开拓活动，借助跨境电子商务等新兴交易模式拓展国际业务。支持文化出口企业加强与国际著名文化制作、经纪、营销机构合作，拓展境外文化市场。

2016年11月，江苏出台《江苏省开拓海外文化市场行动方案（2016—2020年）》，提出，要配合“一带一路”愿景与行动的实施，推动文化贸易供给侧结构性改革，加强政策引导，优化市场环境，壮大市场主体，在更大范围、更广领域和更高层次上参与国际文化合作和竞争，推动更多具有中国特色、江苏特质的优秀文化产品和服务走出去。方案提出，到2020年，建设20个左右具有一定实力的省级对外文化贸易基地（示范区），入选国家级文化出口重点企业和重点项目50个左右，培育省级文化出口重点企业和重点项目100个左右，在境外布局一批具有较强辐射力的文化贸易平台，打造一批具有国际竞争力和影响力的文化出口品牌产品和服务。

2016年12月，安徽省文化厅、安徽省商务厅出台《安徽省促进特色演艺精品出口行动计划（2016—2020年）》，提出要统筹政府、社会等各方力量和资源，发挥各类演艺机构参与对外和对港澳台文化工作的积极性、主动性和创造性，力争通过三至五年努力，使安徽特色演艺精品生产能力显著增强，产品质量显著提升，展示效应明显增强，海外销售渠道更加通畅，出口销售额大幅提高，安徽文化影响力进一步提升。并提出，到2020年，目标扶持10家左右演艺产品出口骨干文化企业，建设30个左右特色演艺精品项目，打造一批演艺产品出口品牌，特色演艺精品对外文化贸易额在文化贸易总额中的比重稳步提高。

第二节 上海文化创意产业的政策框架

政策是推动上海文化创意产业快速发展的重要因素。纵观上海文化创意产业政策的发展轨迹，不同发展阶段产业政策的聚焦点不同。上海社会科学院创意产业研究中心指出，上海文化创意产业政策的体系构建和创新供给基于三种产业发展观：一是促进城市空间转型发展；二是推动城市产业融合，聚焦突破和开放合作；三是构建城市产业核心优势并提升能级。①

（一）基于促进城市空间转型的文创产业政策供给

作为中国近代工业的发源地，上海拥有大量的老厂房、老仓库、老大楼和老洋房等优秀历史建筑资源，为上海文化创意产业发展提供了得天独厚的空间。2005 年，上海发布了《上海创意产业"十一五"发展规划》，明确把创意产业集聚区作为上海文化创意产业发展的主要载体和重要抓手，提出"到 2010 年，形成 100 个以上创意产业集聚区，吸引 5 000 家以上各种创意产业相关企业集聚"的发展目标。在政策设计上，上海采取了创新思路，在全国率先提出旧仓库、旧厂房改建创意产业园区的"三个不变"②操作办法，对文化创意园区的空间形态进行了政策性突破。2006 年底，经上海市政府认定了 75 家创意产业集聚区，其中约三分之二由老厂房、老大楼、老仓库改建而成，如 M50、8 号桥、田子坊等一批拥有全国知名度的创意产业园均由老厂房改建而成。承载上海文化创意产业发展空间的"三个不变"原则最终被国务院办公厅《关于加快发展服务业若干政策措施的实施意见》（国办发〔2008〕11 号）认可采纳，同时被全国各地效仿实践。

---

① 王慧敏、王兴全：《上海文化创意产业发展报告（2017—2018 年）》，社会科学文献出版社 2018 年版。

② "三个不变"：创意产业园区的房屋产权关系不变、房屋建筑结构不变、土地性质不变。

2008年，上海市政府进一步出台了两项促进上海创意产业和空间转型的专项政策。一是2008年6月13日上海市委宣传部、市经济委员会共同印发的《上海市文化产业园区认定办法(试行)》。二是2008年6月17日上海市经济委员会印发的关于《上海市创意产业集聚区认定管理办法(试行)》。这两项政策对进一步指导和规范上海创意产业发展和空间转型起到了极大的推进作用，其中，园区和集聚区建设成为当时上海创意产业政策的重点内容和大力推进项目，全市各区基本都发展了文化创意产业园区，为上海文化创意产业的快速发展提供了空间保障，确保了上海创意产业的持续增长。

2011年出台的《上海市文化创意产业发展"十二五"规划》围绕把上海建设成为国际文化大都市和"设计之都"的战略目标，提出了形成"一轴两河多圈"的文化创意产业空间新布局，旨在通过文化创意产业集聚发展带动城市空间的整体转型，实现产城融合。

2014年和2015年分别出台《上海市文化创意产业园区管理办法(试行)》《上海市文化创意产业示范园区认定和管理实施细则》，直接推动了文化产业空间和创意产业空间的融合。

2016年出台的《上海市文化创意产业发展三年行动计划(2016—2018年)》明确提出"推进文化创意产业园区实施品牌化、特色化和连锁化发展战略，促进园区发展提质增效。推动形成主题突出、特色鲜明的文化创意产业品牌园区"，强化文创空间的示范效应、规模效应和服务全国的辐射功能。2016年，上海又相继出台了《上海市文化创意产业园区管理办法》，对市级园区质量提升做了进一步的规范，提出示范园区的六条标准，包括具有品牌效应、集聚国内外知名品牌企业和行业领军人才、有着较好的社会效益和经济效益、完善的公共服务、较强实力的管理机构和一定的党建工作基础。

2017年出台的《上海市文化创意产业示范楼宇和空间管理办法(试行)》，扩大了城市文创空间的范畴，把能够为文化创意企业提供相应的基础设施保障和公共服务的特色楼宇，以及为文创小微企业和创业者提供低成本、便利化、全要素、开放式综合服务的空间等纳入城市文创空间体系，经认定，可优先享受上海市扶持文化创意产业发展的相关优惠政策。

（二）基于推动产业融合、聚焦突破和开放合作的文创产业政策供给

根据国家和上海市颁布的一系列“十二五”规划及国家《文化产业振兴规划》和创意城市建设目标，以及“加快发展文化产业，推动文化产业成为国民经济支柱性产业”的要求，上海文化创意产业政策不断完善和优化，在结构、内容、空间布局等各层面实现全方位的融合，聚焦突破和开放。《上海市文化创意产业发展“十二五”规划》明确提出“扶持推动时尚产业、设计产业等对传统产业带动性强的产业，巩固提升媒体艺术、咨询服务等优势产业，培育壮大网络信息服务、新媒体等新兴产业”。“十二五”期间，上海发布了一系列推动产业融合、聚焦突破和开放合作的文化创意产业政策。

在综合政策供给方面，“十二五”开局之年，上海市统计局根据国家统计局《文化及相关产业分类》标准，结合上海创意产业发展特征和现状，与市文创办、市委宣传部、市经信委和市统计局按照融合、对接、开放、可比的原则，修订了“十一五”期间的《上海创意产业发展重点指南》，发布了《上海市文化创意产业统计分类目录（试行）》。据此，上海文化创意产业重点内容从原先确定的五大门类进一步拓展至“十二五”期间重点聚焦的十大门类。

“十二五”期间，上海发布了一系列聚焦重点领域发展的文化创意产业政策，包括《关于促进本市数字出版产业发展的若干意见》《关于促进上海电影产业繁荣发展实施意见》《关于促进上海市创意设计业发展的若干意见》《上海市工艺美术产业发展三年行动计划（2014—2016 年）》《上海动漫游戏产业发展扶持奖励办法》《关于促进上海电影发展的若干政策》等。

《上海市文化创意产业发展“十二五”规划》提出，“以提升产业附加值为导向，在传统产业中融入文化和创意元素，促进科技、金融、贸易与文化创意产业的融合发展……形成融合型的新业态和产业链”。据此，“十二五”期间，上海发布了一系列促进文化创意产业融合发展的产业政策，主要有：《上海推进文化和科技融合发展行动计划（2012—2015 年）》《上海市关于深入推进文化与金融合作的实施意见》（沪委宣〔2014〕466 号）及《上海市人民政府关于贯彻〈国务院关于推进文化创意和设计服务与相关产业融合发展的若干意见〉的实施意见》（沪府发〔2015〕1 号）等。一系列政策的颁布强有力地推动了上海文化创意产业实现跨行业、跨部门的深入融合。

根据《上海市文化创意产业发展“十二五”规划》要求，“提高文化创意市场开放度，加快发展文化创意服务贸易，推动文化创意产品‘走出去’”。“十二五”期间，上海发布了相应的对外贸易政策，主要有：2013 年 8 月上海市委宣传部、上海市商务委员会印发的《上海文化产品和服务出口统计报表制度》和 2014 年 11 月上海市人民政府印发的《关于加快发展本市对外文化贸易的实施意见》（沪府发〔2014〕71 号），以加快促进上海文化创意产业的国际化进程。

“十二五”期间，上海市为营造适合各种所有制文化创意企业发展的环境，在文化创意金融财税支持、企业注册登记、知识产权、品牌建设、人才队伍建设等方面出台了一系列扶持政策。主要政策有：《上海市金融支持文化产业发展繁荣的实施意见》《上海市重点电影创作生产资助办法》《上海市网络视听产业专项资金管理办法》《上海市文化创意产业推进领导小组办公室关于印发〈2015 年度上海市促进文化创意产业发展财政扶持资金项目申报指南〉的通知》《上海市促进文化创意产业发展财政扶持资金实施办法》（沪文创办〔2014〕19 号）《关于本市加强品牌建设的若干意见》《关于本市发展众创空间推进大众创新创业的指导意见》等，有力地推进了上海文创产业的快速发展。

（三）基于核心优势和能级提升的文创产业政策供给

2016 年，《上海市城市总体规划（2016—2040 年）》草案公示，提出未来上海城市发展的总体定位是“卓越的全球城市”，在此背景下，上海文化创意产业进入提质增效阶段，更紧密地融入全球城市发展大框架，基于构建具有核心优势的文化创意产业体系，密集出台了一系列文化创意产业政策。

2016 年，《上海市“十三五”时期文化改革发展规划》和《上海市文化创意产业发展三年行动计划（2016—2018 年）》正式发布，全面部署了未来三至五年上海文化创意产业发展战略，设计了包括健全文化创意产业体系、现代市场体系、推动文化创意产业成为支柱产业的一套政策体系。

2017 年底，《关于加快本市文化创意产业创新发展的若干意见》（以下简称“文创 50 条”）提出“坚持把社会效益放在首位、社会效益和经济效益相统一，以满足人民日益增长的美好生活需要为出发点和落脚点……完善政策保障，在产业结构优化升级、城市核心功能增强中体现文化创意产业新作为”的指导思想。“重点发展创新先导型、内容主导型、智力密集型、资本密集型的产业类型，着力提供传统性、大众化、多样性的文化创意内容和服务，打造创新驱动、结构完整、代表先进文化生产力的现代文化创意产业体系和市场体系”。

上海“文创 50 条”政策的主要特点在于以下几个方面。一是在产业领域选择上，力求有重点、有突破。文化创意产业作为典型的综合性产业，涉及面广、内容丰富，在制定产业政策过程中必须突出重点、有所侧重，将有限的资源聚焦到重点上来，实现以点带面。此次“文创 50 条”重点聚焦了影视、演艺、动漫游戏、网络文化、创意设计、出版、艺术品交易、文化装备等领域。二是在实施路径设计上，强调可操作、能落地。针对各重点领域，“文创 50 条”分别提出了发展目标、规划布局和需要突破的瓶颈问题，以此来设计形成实施路径的制度安排。三是在政策支撑聚焦上，突出对企业的效用。进一步发挥市场在文化资源配置中的积极作用，努力营造良好营商政策环境，是当前上海文化创意产业发展的核心关键。为此，在“文创 50 条”编制过程中，注重以市场化指标为导向，着力转变重“国”轻“民”观念，努力听取企业、特别是民营企业的呼声与诉求；着力转变“不敢扶小、不敢扶初”的态度，将扶持重点从后期向初创阶段前移，努力使政策真正能满足企业需求，真正鼓励和支持创新优质项目。

在落实“文创 50 条”八大重点产业发展的要求下，2018 年上海密集出台了相应的 8 个专项政策，重在推动和落地操作。包括《促进上海创意与设计产业发展的实施办法》《关于促进上海影视产业发展的若干实施办法》《关于促进上海出版产业发展的实施办法》《关于促进上海动漫游戏产业发展的实施办法》《关于促进上海演艺产业发展的若干实施办法》《关于促进上海艺术品产业发展的实施办法》《关于促进上海文化装备产业发展的实施办法》《关于促进上海网络视听产业发展的实施办法》。

2018 年《中共上海市委关于面向全球面向未来提升上海城市能级和核心竞争力的意见》和《全力打响“上海文化”品牌加快建成国际文化大都市三年行动计划（2018—2020 年）》发布，这两项综合性政策的出台，标志着上海文创品牌建设、文创产业核心优势的打造纳入上海全球城市战略的顶层政策体系，推进举措更加有力。

第三节　文创政策中的杭州模式

杭州文化创意产业近年来发展迅猛，早在2015年已经成为杭州的第一大产业。但杭州文化创意产业在发展初期并没有特别的优势，它之所以能够实现后来居上的跨越式发展，与杭州政府在政策上的高瞻远瞩密不可分。

第一，规划先行。2005年，《杭州大文化产业发展规划（2005—2010年）》提出要使“创意产业”成为“杭州文化的支柱产业”；2007年杭州市委、市政府提出了打造全国文化创意产业中心的战略目标；2008年杭州市提出构建“3＋1”现代产业体系和实施“软实力”提升战略的重要部署，进一步确立了文化创意产业的战略地位；2009年出台《杭州市文化创意产业发展规划（2009—2015年）》，2012年出台《杭州市“十二五”文化创意产业发展规划》，2017年出台《杭州市文化创意产业发展“十三五”规划》。2018年发布《关于加快建设国际文化创意中心的实施意见》，文件提出要加快全国文化创意中心向国际文化创意中心转变，要全面提升文创产业的规模总实力、行业引领力、平台集聚力、创新创造力、发展带动力和国际影响力，加快建设竞争力强、特色鲜明、发展领先的国际文化创意中心。这也标志着杭州文创产业正式步入国际化发展的新阶段。多年来，杭州市政府对于文创发展的支持政策不断，杭州文创的发展方向也在政策的推动下不断明确。

第二，组织保障。在管理机构方面，杭州市成立了专门的政府部门，设立市、区两级“文化创意产业管理办公室”，协调全市文化创意产业发展，为杭州文创的发展搭建产业集聚平台、投融资平台、项目引导平台、人才开发平台和交易展示平台，有效地解决了条块分割的传统管理模式所导致的管理混乱的问题。这不得不说是一项重要的制度创新。在体制机制创新方面，近年来，杭州市通过大力推进文化市场综合执法改革、公益文化单位内部三项制度改革、经营性文化单位改制等文化体制改革，较好地解决了文化事业单位面临的突出问题，宏观管理体制得到进一步完善，产业结构得到优化，投资主体多元、股权结构合理化的局面逐步形成。在展会平台搭建方面，中国国际动漫节被誉为目前国内规模最大、人气最旺、影响最广的动漫盛会，中国杭州文化创意产业博览会跻身全国文化领域四大展会之一。展会平台的搭建无疑为杭州文创的发展拓展了空间。

第三，金融助力。在文化金融服务方面，杭州一直处于全国文创发展的前列，无论是建立文化银行、创新金融产品，还是提供担保贷款，杭州的文化金融实验都为文创的发展提供了充足的动力。率先成立文创银行。2013 年杭州在全国率先成立杭州银行文创支行，一年来该行已为 200 家文创企业授信超过 9 亿元。同时杭州市推动成立浙江省建行文创专营支行，使得杭州成为全国首个建有两家文创金融专营支行的城市。完善无形资产担保。自 2011 年杭州市建立全国首个文化创意企业无形资产担保贷款风险补偿基金以来，该无形资产担保贷款风险补偿基金Ⅱ期已为 129 家文创企业提供了超过 5 亿元的信贷支持。不断创新金融产品。在杭州市文创办、杭州市财政局、杭州市金融办等有关部门支持和推动下，杭州市文化创意产业银政投集合信贷产品"满陇桂雨"第七期文创集合信贷产品在 2014 年顺利发行；此外，杭州市文投公司与市中小企业担保有限公司合作组建文创产业转贷基金，为在杭州银行文创支行贷款的中小微文创企业提供转贷资金周转服务，转贷基金作为无形资产担保风险补偿基金的配套产品，为破解中小微文创企业还贷资金瓶颈，减轻企业融资负担创造新途径。此外，杭州市还针对具体的文化产业门类，推出了类似"印石通宝"艺术品融资产品、"拍益宝"金融产品及"助保贷"融资平台等相关金融产品。杭州市在文化金融方面的创新得益于文化产业市场的成熟，是市场发展的实际需求，更与政府的利好政策导向密不可分，他们都将进一步为杭州文创企业的发展注入资金血液。

第四，以人为本。2015 年 1 月 27 日，杭州出台了最具吸引力的"人才新政 27 条"——《杭州市高层次人才、创新创业人才及团队引进培养工作的若干意见》，从加大人才和团队引进培养力度、完善人才创业扶持政策、优化人才生活服务保障、切实加强组织领导等五个方面对政策进行创新，可以说是最优惠、最实在、最有含金量、最可操作的吸引人才的政策。没有人才，一切都是空话，吸引人才难，善待人才更难。杭州市从人才发展的实际需求出发，通过一系列人才政策，搭建了创意人才栖居的美好凤巢。自 2008 年起，杭州市就先后出台了《关于加快文化创意产业人才队伍建设的实施意见》《青年文艺家发现计划》等文件，市财政每年安排 4 500 万元，从人才的"选拔、引进、培养、使用和服务"等五个环节入手，不断壮大创意人才队伍。在高端文化人才引进方面，杭州市目前已经以不同方式引进了余华、麦加、蔡志忠、赵志刚等30余位文化名人，他们的入驻为杭州带来了更多的文化因子。在本地创意人才培养方面，杭州市先后启动“杭州影视业国际化青年人才培养计划”、“‘创意杭州’广告大赛优秀获奖选手赴国外培训”、“优秀工业设计师赴国外进修方案”等重点人才建设项目，共选拔70余位优秀人才出国深造，为创意人才的成长提供了肥沃的土壤。在本地人才培训方面，自2011年以来，杭州市通过举办文创企业孵化工程培训班、成长型文创企业高端培训班，为杭州市培养了文创青年管理人才近千余人。

具体到产业，杭州对动漫产业的扶持最有代表性。

杭州市自2005年起，率先在全国范围内推出了动漫产业扶持政策，并设立动漫游戏产业专项资金5 000万元，用于对动漫游戏产业的奖励、资助、贴息等。此后专项资金最多达到7 000万元。2017年，杭州推出了《关于推进杭州市动漫游戏产业做优做强的实施意见》，这是杭州时隔三年再次推出的动漫产业新政，也是自2005年以来针对动漫产业推出的第五轮政策。2017年新政从2014年的31条浓缩为18条，主要涉及鼓励精品力作、鼓励开拓海外市场、鼓励开展资本运作、鼓励做强公共服务四大板块，而本次专项资金扶持是新政颁布以来的首次兑现，扶持标准严格参照新政标准，力求公平公正。

动漫产业是文化创意产业的重要组成部分，深受青少年群体欢迎，肩负着传承文化、弘扬正能量的使命。挖掘更多民族优秀文化素材，创作动漫精品，也是杭州动漫产业政策及专项资金扶持的方向，鼓励企业做先进文化和中华优秀文化的践行者和弘扬者。杭州动漫游戏产业政策的五轮调整，体现了国内动漫行业发展由量到质、由内销到出口的变化缩影，而杭州动漫游戏企业也在不断的大浪淘沙中，坚持自主原创，坚持打造精品，2018年上半年，杭产动漫6部精品获得总局推优，成为全国推优作品最多的城市。

在此背景下，专项资金扶持根据新政标准，对杭州市优质原创动漫项目、龙头企业，特别是年度影响力作品给予了扶持。电影项目《昆塔：反转星球》票房超过5 000万，获得了单个项目最高补助200万元；中南卡通、阿优文化、博采传媒等知名动画企业因作品获奖、出版发行、境外参展等多个项目符合政策规定，都获得了数百万元的资金扶持。此外，《秦时明月（伍）：君临天下》等9部原创精品动画作品获得了新媒体播映补助总计超过188万元，《翻漫画》等9部精品原创漫画出版物获得共计150万元的发行补助。

此外，针对杭州2018年推出的动漫产业"雏鹰计划"，扶持政策特别关注了雏鹰企业，帮助动漫"雏鹰企业"了解政策。在本次产业扶持中，翻翻文化、蒸汽工场、中南卡通、一诺动漫、雨歌动漫等5家动漫"雏鹰企业"符合条件，获得扶持资金总计近600万元。

在本次产业扶持中，作品获奖补助、境外版权授权补助和参展补助的扶持占比达到总额度的55%以上，占据了所有补助类型的前三位，补助额度都在500万元左右。40部杭产原创动漫作品获得了共计640万元的获奖补助，超过20家杭州企业获得了境外参展补贴，近20家企业获得了境外版权授权补助。

近年来，杭州优秀动漫作品及动漫企业屡获国内外大奖，还有更多企业主动参展国际知名展会，积极拓展海外合作。2018年秋季的戛纳电视节，是杭州动漫企业组团参展的第十个年头，从这个国际知名会展开始，中南卡通、玄机科技、博采传媒、蒸汽工场等杭州企业逐渐打开了国际市场。如今，法国昂西动画节、德国科隆游戏展、美国E3游戏展、法国昂古莱姆漫画节等越来越多的国际知名展会出现了杭州企业的身影。此次专项资金扶持，体现了杭州引导动漫产业打造精品、鼓励原创的决心，鼓励动漫游戏企业在展现文化自信的同时，积极走出去拓展国际视野，充分符合新政的引导方向。同时，市节展办还进一步合理运用产业引导基金，调动市场杠杆，帮助企业解决实际困难。

新政相对于以往的老政策，更强调文化传播，特别是对外的文化传播，注重动漫国际化。新政不仅继续鼓励企业参加国际动漫展，还支持开展版权授权、境外项目引进和合拍片等合作方式，更加重视国际化的广度和深度，鼓励更多的动漫企业带着中国传统文化"走出去"。同时，也紧跟新媒体发展趋势，提出了"新媒体播映补助"，更加与时俱进，有效纠正了原先重量不重质的弊病，对于高质量的动漫作品给予更多奖励，真正做到了扶持动漫产业的发展。

通过产业政策的扶持，这些年来，动漫产业也已经成为杭州文化创意产业的特色产业，漫画家蔡志忠、朱德庸、黄玉郎纷纷落户杭州，青年漫画家姚非拉、夏达、聂峻、十九番等也在西子湖畔创办了工作室，深圳方块动漫、北京华映星球、网易等国内知名企业也选择在这里提升事业。

第四节　小结

作为一个新兴的产业，文化创意产业的快速发展，离不开政府的合理规划、扶植和引导。纵观国外文化创意产业较为成熟的国家，以及我国国内文化创意产业发展较快的几个城市，政府所制定的产业政策对于促进当地文化创意产业的发展具有重要的作用。

从国外的发展经验来看，凡是文化创意产业较为成熟的国家，其政府都制定了本国文化创意产业的发展战略和相应的扶持引导政策。例如英国政府很早就认识到了文化创意产业在经济发展中的重要作用，并于 1997 年首次将创意产业列为国家重点扶植产业。为此，英国政府成立了由文化、媒体和体育部牵头，由外交部、贸工部和地方政府共同组成的文化创意产业工作组，对英国文化创意产业的可持续发展进行跨部门协调，并分析英国文化创意产业的现状，确定发展战略，对英国文化创意产业的开发技术和教育潜能、出口、税收和知识产权保护等方面实行政策扶持。而在亚洲的日本，早在 1995 年就确立了 21 世纪的文化立国方略，明确提出十年内把日本建成世界第一知识产权国。为了振兴日本的文化创意产业，日本政府制定了大量的扶持政策，如政府支援地区文化活动，重新挖掘、振兴具有地方特色的文化遗产、民间艺术、传统工艺和祭祀活动等；制定长期规划，对具有地方特色的文化艺术提供综合援助；中央政府与地方政府联手举办全国规模的文化节等。

在我国，文化创意产业发展较快的北京和深圳等城市，当地政府很早就认识到了文化创意产业的重要作用，并制定了相应的发展政策。例如，作为全国文化创意中心的北京，在其《城市总体规划(2004—2020 年)》中，明确定位为国家首都、国际城市和文化名城，为了促进北京文化创意产业的发展，北京市政府先后挂牌了 21 个文化创意产业集聚区，并制定了一系列的优惠政策。而深圳，也提出了“文化立市”的发展战略，在“十一五”期间，为本市的文化创意产业发展制定了详细的发展规划纲要。由上我们可以看出，要促进当地文化创意产业的快速发展，合理的政府政策具有非常重要的意义。

制定合理的文创政策，还需要注意以下几点：

第一，充分依托当地的优势文化资源。国内外的发展经验告诉我们，文化资源是发展文化创意产业的重要依托。一个地区在历史、人文、教育、景观等方面的优势资源，可以为当地发展文化创意产业提供丰富的文化、人才和技术基础，进而帮助形成本地文化创意产业的竞争优势。长三角经过几千年的文化发展与传承，已经形成了独具特色的地方文化。因此，长三角的各个地方政府在规划和发展本地文化创意产业的过程中，就应当充分依托本地的优势文化资源。一方面，需要充分保护、挖掘和开发本地的优势文化资源，另一方面，需要对本地的优势文化资源进行不断整合和重点开发，形成该城市或地区文化创意产业的整体竞争优势。

第二，优化当地知识产权保护环境。文化创意产业作为一种知识密集型的产业，政府对于知识产权保护力度，对于文化创意产业的经营与发展具有非常重要的意义。只有当文化创意企业的知识产权得到有效保护的情况下，企业的投入回报才能得到保障，各个文化创意企业也才能具有不断开发和创新的动力。因此，长三角的地方政府应当采取多种措施，完善知识产权保护的法律体系建设，加强宣传力度，积极推进知识产权保护法律法规的贯彻落实，加大对盗版侵权等违法行为的监督和打击力度。

第三，文化创意产业的市场化引导。文化创意产业作为一个新兴的产业，在其前期的发展过程中，离不开政府的规划和扶植，但是一个产业的真正成熟，并形成自身的竞争优势离不开市场化的开发。因此，我国政府在规划和扶持文化创意产业发展的过程中，应当及时转换自身的功能和角色，将文化创意产业的发展思路由“政府经营”转向“政府服务”，注重文化创意产业的市场化引导，一方面，应当加强我国文化创意产业资源和文化创意产品的市场体系建设；另一方面，应当不断规范我国文化创意产业市场竞争环境，使我国的文化创意企业在合理有效的市场竞争中不断提高自身的经营效率和竞争优势。

第四，为文化创意产业提供资金和技术扶持。根据国内外发展文化创意产业的成功经验，文化创意产业的崛起，较之其他产业有更多的困难。因为文化创意产品有很大的外部性，以往都是作为公共产品或准公共产品来提供。现在要把文化创意作为一个产业来追求经济利润，政府需要解决该产业的外部性问题。许多国家的政府都通过直接的产业融资和技术支持来解决这个问题。具体的措施，一是可以设立直接的文化创意基金，对资金不足但有明显价值的创意给予资金赞助。二是要求银行或其他金融组织，向文化创意产业提供优惠贷款，或在合理范围内放宽贷款资格限制。三是政府出面组织文化创意产业的技术培训，帮助培养出优秀的产业人才。四是政府出资介入文化创意产业研究，解决产业发展初期研究和开发投入小的问题。

第三章　长三角文化创意产业重点领域

长三角发展文化创意产业各有侧重。根据《关于加快本市文化创意产业创新发展的若干意见》，上海文化创意产业聚焦影视产业、演艺产业、动漫游戏产业、网络文化产业、创意设计产业、出版产业、艺术品产业、文化装备产业。根据《杭州市文化创意产业发展"十三五"规划》，杭州侧重于信息服务业、设计服务业、现代传媒业、动漫游戏业、文化休闲旅游业、艺术品业、教育培训业、文化会展业八大重点行业。根据《南京市创意文化产业空间布局和功能区发展规划(2016—2020 年)》，南京重点发展创意设计服务业、数字影音娱乐业、新兴网络传媒业、文化旅游休闲业。大体而言，由于文化创意产业是新名词，长三角对于文化创意产业的细分领域存在不统一的地方，考虑到上海、杭州是国内文化创意产业较为发达的城市，相关研究也最为深入，因此本书在具体概念的使用上，优先采纳上海、杭州的提法。

第一节　影视产业

影视产业是长三角文化创意产业的优势产业，以影视基地为例，长三角就有浙江横店、苏州同里、宁波象山、西塘古镇、中青影视宁波基地等超过 10 个投资数十亿元的大型影视城。过去几年，长三角的影视产业也颇具亮点。

上海是中国电影的发源地，近五年来，上海电影创作质量和制作水平得到显著提升。2017 年，《艾米咕噜》《哈哈大冒险第二季》《新成龙历险记》

《百变马丁第二季》这些沪产电视动画片被总局推荐为优秀国产电视动画片，展现了“上海制作”的魅力与质地。2018 年，上海共生产电影完成片 86 部，35 部上海出品影片进入院线放映，累积票房约 104 亿元；12 部影片票房过亿，其中 1 部过 30 亿，3 部过 10 亿，4 部上海出品影片进入全年国产片票房前十位。①

2018 年上海地区影院票房 37 亿元，继续蝉联年度全国城市票房冠军。影视企业主体发展壮大，灿星文化、柠檬影业、耀客传媒、兴格传媒、米粒影业、笑果文化等本市新锐影视企业不断涌现。影视人才培养持续推进，上海温哥华电影学院、上海戏剧学院、上海交大文化创意学院、上海科技大学等电影人才培养孵化项目不断深化。各区加快影视产业布局，松江区成立影视产业发展领导小组，扎实推进松江科技影都建设，储备昊浦影视基地、上海影视乐园、中视儒意影视基地等产业项目。静安区研究起草《静安区关于促进影视产业发展的实施办法(试行)》，推动环上大影视产业园区、静安新业坊、“海视界—静安明珠影视城”等建设。长宁区建设天山路影视演艺功能带，联合上海市电影放映协会、上海艺术电影联盟，引入德国电影大师赫尔佐格作品回顾展、菲律宾电影大师展等。

2017 年年底发布的“文创 50 条”中，上海提出建设全球影视创制中心，将影视产业作为上海文化创意产业发展的着力点。上海目前的电影资源主要散布在静安、徐汇、闵行、松江、普陀、宝山、嘉定，各区虽然都有一些产业资源，但整体而言比较分散，缺少大型、高科技影视产业基地，针对这些不足，“文创 50 条”提出上海要打造“1＋3＋X”的影视产业发展格局。“1”就是基地，明确了在松江要建设一个大型的、高科技的影视基地，主要考虑到松江在影视文化方面已经有了比较良好的基础，也形成了一定的集聚效应，有条件来推进大型高科技影视基地的规划落地。“3”主要是指三类有特色的影视摄制服务功能的集聚。第一个集聚区，是影视人才培养和孵化功能的集聚区，如上戏阿里电影学院，上大温哥华电影学院、上海电影艺术学院，以及拥有影视相关专业的东华大学、上海视觉艺术学院、上海工程技术大学等

① 中共上海市委宣传部文化改革发展办公室、上海市文化事业管理处：《2018 年上海文化产业发展报告》，2019 年 1 月。

院校，坚持“产学研用”一体化，引进具有国际领先水平的影视教育教学资源，推进人才培养模式的创新，在这些学校里做一些联动和推动。第二个集聚区，是影视开发投资功能集聚区，包括环上大国际影视产业园区、金沙江路互联网影视产业集聚带、漕溪北路影视制作集聚区、西岸传媒港、静安影视产业基地，浦东国际影视产业园等等。在“3”里面重点聚焦影视制片、宣传发行、影视金融、影视产品开发等环节，形成影视产业的多元集聚功能和产业链上下游的联动开发。第三个集聚区，是影视取景拍摄功能的集聚区，包括车墩影视基地、胜强影视基地、盐仓影视基地等，探索加强影视取景拍摄与区域旅游的融合发展，组织设计影视主题旅游线路，进一步提升影视旅游发展能级。“X”是指统筹分布在徐汇、闵行、普陀、宝山、嘉定、崇明等地的拍摄和制作资源，让这些地方的资源加强联动，形成互补，协调发展。

上影集团是目前中国最具规模和实力的现代电影集团之一，由上海电影制片厂、上海美术电影制片厂、上海电影译制厂、上海科学教育电影制片厂、上海电影技术厂、上海东方电影频道、上海电影股份有限公司、上海影视乐园、上海美术设计公司等单位组成。自2003年全面推进转企改革以来，上影集团坚持“开放促改革、合作促发展”战略，倡导多片种繁荣，以影视产品创作、生产、宣传、销售、发行、放映等为主营业务，兼营影视相关产业，初步形成了电影电视剧制片、发行放映、技术服务、媒体传播、拍摄基地和电影教学等相互支撑的完整产业链。2016年，上影影片票房超过52亿元，同比增长30%，市场份额占比9%，其中国产影片16部，总票房42亿元。上影联合五大院线成立的“四海电影发行联盟”，掌控市场份额占到全国票房的20%以上，其发行电影《盗墓笔记》票房超过10亿元，得到政府嘉奖。2016年，上影集团共获得国内外各类重要奖项28项。上影出品的电影《山河故人》和《天将雄师》同时获得华表奖优秀影片提名。同年，上影集团完成“上海电影”主板上市工作，成为第一批上市国有电影企业。2017年，上影集团第七次获得“全国文化企业30强”荣誉。集团全年营业收入30.80亿元、主营业务收入28.74亿元，保持10多年持续增长的良好态势；利润总额4.16亿元，归属于母公司的净利润2.61亿元，圆满完成上海市委宣传部3年任期考核目标，营收收入增长30%，实现了国有资产保值增值和企业持续健康发展。上影出品共获得国际国内包括“五个一工程奖”、“金鸡奖”、“飞天奖”等在内各类重要奖项37项。在党的十九大召开期间，上影出品的《彭德怀元帅》《亮剑》《开天辟地》《焦裕禄》等电视剧在央视各频道重播，营造出良好的文化氛围。此外，上影集团积极参与国家重点文化工程"京剧电影工程"，联合拍摄的京剧电影《勘玉钏》获第七届北京国际电影节"特别贡献"荣誉称号。

作为中国唯一的非专门类竞赛型(A类)电影节，上海国际电影节是上海这座城市的文化名片，吸引着全世界的目光。世界一流的电影人才，通过电影节的平台来到上海；中国一流的电影人才，同样通过这个平台走向国际。"文创50条"第33条明确提出，要巩固和提升上海国际电影电视节等文化创意重大节展活动在国际同类活动中的领先地位，这也意味着，包括上海国际电影电视节等一批节展活动，将进一步做大做强，成为提升城市吸引力、竞争力、影响力和软实力的重要动力。1993年，这座城市首先创办了上海国际电影节，经过二十届的发展，无论是专业性、国际性和惠民性，还是办节规模、展映数量、参与人次、社会影响，都获得了国内外同行的好评和影迷观众的认可，被海内外媒体称为"成长最快的国际电影节"。

目前，无论影视基地数量、影视剧产量、制作主体规模，还是上市影视公司保有量，浙江均居全国前列。中国影视"北有北京、南有浙江"的格局初露峥嵘。2004年，中国首家国家级影视产业实验区——浙江横店影视产业实验区成立。此后，浙江又有多家国家级影视基地成立。回望浙江在影视产业发展"十字路口"的抉择，其充满智慧的"浙江方案"，带来了如今的喜人成果：仅2016年，浙江共制作电影60部，电视剧57部2 576集，动画片45部21 574分钟，制作主体超2 200家，主体规模占中国影视制作主体总量的20%以上。同时，浙江影视剧精品也不胜枚举。《父母爱情》《烈日灼心》《老炮儿》分别在"飞天奖"和金鸡百花电影节上获奖，《喜马拉雅天梯》获第四届全国优秀国产纪录片长篇奖，创内地纪录片电影票房新高。

在先行探索之下，浙江民企成为影视产业发展主角，享受着影视产业大发展的契机。在浙江众多影视制作主体中，99%为民企，其中37家上市影视公司逐鹿资本市场，该数量约占中国上市影视公司总数的一半以上。先行者"电视剧第一股"华策影视创立于2005年，总部位于浙江杭州，2010年登陆创业板，成为国内第一家以电视剧为主营业务的上市企业，2013年并购全国第二大影视公司上海克顿传媒成为行业龙头企业，目前专注打造电视剧、电影、综艺三大精品内容,年产精品电视剧 1 000 集、电影数十部、综艺十余档,规模产量、全网播出量、市场占有率、海外出口额稳居全国前列,在全国电视台收视和视频网络排名前十部电视剧中占比 30%,网络年总点击量破 1 000 亿次①。2018 年,华策影视营业收入为 57.97 亿元,同比增长 10.52%。在移动互联网蓬勃兴起和消费升级的大趋势下,华策集团“内容为王”的产品矩阵有了新内涵。华策正着力以“内容+”为抓手,完善内容多元运营体系,连接“内容+消费”“产品+电商”“文化+科技”“影视+产业”等全产业通路,实现内容的全方位、多层次开发,彰显文化旗舰领军企业的实力势能。后来者如无极资本总裁汪士钧,三年前其团队以 6 000 万元投资古装电视剧《六扇门》,终获 1.2 亿元回报。浙江影视产业蓬勃发展还吸引归国华侨金王来,其公司合作团队曾参与制作《中国合伙人》《抗日奇侠》《拐个皇帝回现代》《大梦西游》等影视剧。

2017 年,浙江省委、省政府把“努力建成全国影视产业副中心”写入《关于加快把文化产业打造成万亿级产业的意见》《关于推进文化浙江建设的意见》,浙江省政府办公厅出台《关于加快促进影视产业繁荣发展若干意见》,为打造影视副中心提供了有力的政策支持。

无锡是江苏发展影视产业的龙头地区。早在 1987 年,无锡就成为中国首批影视外景拍摄城市之一,每年都有五六十部影视作品在央视影视基地取景拍摄。以此为契机,央视影视基地还大胆创新了影视剧拍摄与文化旅游相结合的模式,每年接待 200 多万中外游客,开创了中国影视和旅游业的多个第一。在相对保守的 20 世纪 80 年代,无锡的影视产业就先行一步,为今后的多元化发展奠定了坚实基础。2010 年无锡国家数字电影产业园成立,用“科技拍摄和后期制作”这一独辟蹊径的园区定位,成功避开传统影视基地建设老路,迅速抢占中国“数字电影”产业发展先机和制高点。如今的国家数字电影产业园,建成了包括水下特效棚、1.2 万平方米超大影棚在内的专业影棚 15 座,引得各大剧组纷至沓来,时常上演“影棚争夺战”;制作方面,与国家超算中心、蓝海创意云等合作建立的影视数据中心,为企业后期制作提供了技术支撑。产业园的数字科技实力全国领先,其转型发展是对

---

① http://www.huacemedia.com/index.php/about/index.html.

无锡文化创意产业发展新道路的艰难求索，更是对中国影视产业发展路径的大胆探索。园区目前已吸引了包括星皓影业、亿和影视、圣世互娱等600余家国内外知名企业入驻，累计承接了“变形金刚”系列、“美国队长”系列、《魔兽世界》等影视剧的制作。依托大量优质企业和优质影视项目，该园区产值快速增长，从2013年开园之初的1.8亿元一举跃升至2016年的32亿元，年均增幅超160%。

第二节　网络文化产业

2016年底，国务院正式公布《“十三五”国家战略性新兴产业发展规划》，网络文化产业首次被纳入国家战略性新兴产业发展规划。2017年，网络文化产业热度持续提高。4月，文化部发布首个“网络文化产业”概念的政策文件——《关于推动数字文化产业创新发展的指导意见》，向社会发出国家鼓励网络文化产业发展的明确信号，到2020年，预计网络文化产业将成为产值规模达8万亿元级的新支柱产业之一。

随着知识产权保护环境的改善和网络用户付费习惯的养成，网络文化产品的消费潜力和市场价值也得到进一步挖掘。从网络文学、网络音乐到网络视频，越来越多的网络文化产品走进日常生活。

2017年年底出台的“文创50条”中，上海提出要把网络文化产业作为驱动上海文化创意产业创新发展的新动能。围绕巩固国内网络文化龙头地位，2018年上海网络视听产业主体持续壮大，产业环境日益优化。视听领域发展潜力巨大，哔哩哔哩、PP视频等深耕垂直市场。3月28日哔哩哔哩成功在纳斯达克上市，上市后企业市值达41亿美元，同比增长64%，成为二次元领域头部平台。PP视频精耕体育领域，2018年企业估值107亿，同比增长33.8%，成为行业内的主要竞争力量。音频知识付费快速增长。喜马拉雅FM、蜻蜓FM、阿基米德三家音频网站占据超过80%的全国音频行业市场份额。喜马拉雅FM激活用户4.7亿，并以5.12%的渗透率、75.1%的知名度位列全行业第一。蜻蜓FM目前市场估值60亿，同比增长50%，2018年，上海音频网站付费用户预计将突破3 000万。内容质量不断提升，网络剧《寻人大师》、纪录片《极地》、动画片《中国唱诗班》等优秀视听节目涌现。

喜剧脱口秀领域“独角兽”笑果文化连续打造《吐槽大会》《周六夜现场》等节目，企业估值达 50 亿，同比增长 316.7%；绘梦动画专攻二维动画创作，企业估值 12 亿，同比增长约 70%。此外，腾讯影业、企鹅影视、时悦、兴格等企业生产的网络剧数量、质量不断提升，上海内容制作机构增速超越全国增速，发展势头强劲。

网络文学近两年备受资本市场关注，一方面是因为 IP 当道。围绕一些热门 IP 进行动漫、影视、游戏、衍生品开发成为潮流，网络文学则是 IP 最主要源头，其中的头部内容更成为各方追逐的焦点。另一方面，近几年网络的迅速普以及技术提升给网络文学带来的巨大发展契机。据中国互联网络信息中心的统计，截至 2017 年 6 月，网络文学用户规模达到 3.53 亿，较 2016 年底增加 1 936 万，占网民总体的 46.9%，其中手机网文用户规模为 3.27 亿，较 2016 年底增加 2 291 万，占手机网民的 45.1%。在庞大的市场中，总部位于上海的阅文集团是其中的佼佼者。阅文集团由腾讯文学与原盛大文学整合而成，成立于 2015 年 3 月。作为国内引领行业的正版数字阅读平台和文学 IP 培育平台，阅文旗下囊括 QQ 阅读、起点中文网、新丽传媒等业界知名品牌，已成功输出《鬼吹灯》《盗墓笔记》《琅琊榜》《全职高手》《扶摇皇后》《将夜》等大量优秀网文 IP 改编而成的影视、动漫、游戏等多业态产品。阅文集团发布的数据显示，截至 2017 年 6 月，其平台及自营渠道的月平均活跃用户为 1.918 亿人，其中月均付费用户为 1 150 万人，付费率为 6%，每名付费用户支付约 122.8 元人民币。其财务报告显示，阅文集团的收入主要来自三块，在线阅读、版权运营与纸质图书。2017 年 10 月 26 日，阅文集团赴香港招股，股份于 11 月 8 日上午九时在联交所开始买卖，发行价为 55 港元，为此前的区间上限，上市首日，阅文开盘价为 90 港元，较发行价 55 港元上涨了 64%，盘中一度高达 109 港元，总市值接近千亿港元。

2016 年 1 月，浙江发布《浙江省“互联网＋”行动计划》，提出大力发展网络文化产业，重点发展数字阅读产业、网络视听产业、手机游戏、网络动漫、网络艺术品等产业；形成具有影响力的文化创意产业集群，打造一批全国一流的数字阅读基地、动漫游戏基地；加强数字出版产业发展，推动传统出版业向网络化升级，推进国家数字出版产业基地建设。

杭州目前是国内网络文化产业的重镇，早在 2015 年，为促进网络文化产业蓬勃发展，杭州从文创专项资金中拿出 8 192 万元，专门用于扶持网络文化产业的发展并探索组建网络文化产业投资引导基金。2017 年，杭州网络文化产业实现增加值 1 870 亿元，同比增长 28.5%，占 GDP 比重 14.9%。2018 年杭州网络文化产业实现增加值 2 098 亿元，同比增长 15.8%，约占全部文化创意产业的 63%，占杭州 GDP 比重达 15.5%，成为杭州文化创意产业乃至杭州经济发展重要的新增长点。

网络音乐是指以数字化方式进行创作、编辑、存储，通过互联网和无线网络传播的音乐形式，主要分为在线音乐和移动音乐两大类。根据中商产业研究院发布的《2017—2022 年中国音乐产业市场调查与投资咨询报告》中显示：截至 2017 年 6 月，网络音乐用户规模达到 5.24 亿，较 2016 年底增加 2 101 万，占网民总体的 69.8%。其中手机网络音乐用户规模达到 4.89 亿，较 2016 年底增加 2 138 万，占手机网民的 67.6%。2015 年国内网络音乐产业市场规模达到 498.2 亿元，约占核心层规模比重的 74.9%。杭州是国内网络音乐的重镇，网络音乐领域的两大巨头网易云音乐、虾米音乐总部均位于杭州。网易云音乐 2013 年 4 月正式上线，凭借音乐社交属性异军突起，成为音乐行业的新生力量。2016 年 7 月，用户数破 2 亿。2017 年 4 月，获得 7.5 亿元 A 轮融资，上海广播电视台、上海文化广播影视集团领投，芒果文创、中金佳泰基金参投，融资后，网易云音乐估值为 80 亿元，成功跻身独角兽行列。2018 年 9 月，网易云音乐宣布入驻平台的独立音乐人数量超过 7 万，成为国内最大的独立音乐人平台。虾米音乐现为阿里巴巴旗下企业，目前稳居音乐类应用排行榜前 5，月活用户数约 4 000 万人。

网络文学也是杭州网络文化产业一大亮点。据了解，杭州目前已有一大批网络文学作家和网络文学作品，网络文学创作水平处于全国前列。如南派三叔的《盗墓笔记》，自 2007 年以来系列总销量近 2 000 万册；流潋紫的《后宫·甄嬛传》，自 2011 年出版至今已印刷 15 万套、90 万册。从产业上看，杭州网络文学作品在影视、动漫、游戏以及衍生品市场受到广泛青睐。2017 年 12 月，首个“中国网络作家村”落户杭州市滨江区白马湖，中国作协网络文学委员会主任、中国作协网络文学研究院院务委员会主任陈崎嵘被聘为名誉村长，网络作家唐家三少成为首任村长，授牌仪式上，唐家三少、月关、管平潮、蝴蝶蓝、猫腻等五位知名网络作家上台签约，正式“驻村”。目前，还有玄色、沧月、匪我思存、少封、善水、疯丢子、苍天白鹤、谋逆、寂寞剑客、莲青漪、司马圣杰、风少羽等知名网络作家也已经签约入驻。杭州高新区（滨江）有关负责人介绍，滨江将以“中国网络作家村”为载体，全力打造一个集网络文学作品创作、项目孵化、版权交易、作品改编、互动交流、影视动漫游戏衍生开发等完整的产业生态链，努力建设中国网络文学事业和网络文学产业发展的核心区和示范区。

江苏是文学大省，也是网络文学大省，21 世纪以来江苏网络文学蓬勃发展，2017 年，江苏网络文学出版产业营业收入超过 10 个亿，约占全国近十分之一。涌现出跳舞、天使奥斯卡、番茄、天下归元、雨魔等为代表的一大批网络作家群体，成为公认的全国四大网络文学重镇之一。

2018 年 7 月，“江苏网络文学谷”落户南京市秦淮区，由江苏省作协、南京市委宣传部与秦淮区政府共同打造，以原创网络文学精品为源头，以 IP 版权转化为纽带，集网络文学创作、影视、网剧、游戏、动漫、出版、舞台演艺、移动阅读、有声读物、周边产品等文、艺、娱一体的 IP 全产业链园区。园区将规划建设“网络作家之家”、“网络文学客栈”以及“最美网络书店”等，致力于打造成为中国网络文学精品展示地、网络粉丝向往地、风投资本追逐地、文学大神集聚地、正能量输出地，成为江苏对外讲好中国故事、江苏故事，传播中华优秀文化，展示文化旅游魅力的枢纽和窗口。苍天白鹤、跳舞、天使奥斯卡、雨魔、骠骑、姞文、巧嫣然、八异、霉干菜烧饼、一起成功、麦苏、朽木可雕等 12 名网络作家成为首批入驻江苏网络文学谷的作家。红薯网、逐浪网等成为首批入驻江苏网络文学谷的企业。

第三节　出版产业

长三角文化底蕴深厚，上海、浙江、江苏、安徽的出版产业均具有相当实力，近年来，出版行业体系出现分化与重建，数字出版产业迅猛发展，智能出版、定制出版初见端倪，出版产业正成为长三角文化创意产业的亮点。

上海是中国近现代出版业的发源地。据统计，1912 年至 1949 年间，全国 80%以上共 300 余家出版机构集中在上海；列入中国近现代学术名著的千余种图书，近 95%为上海出版。经过百余年发展，上海构建了中国学术文化出版的制高点,确立了“中国出版重镇”历史地位。在2017年出台的“文创50条”中,出版产业也名列上海文化创意产业八大重点产业之一。

围绕建设出版产业新格局,上海不断努力,巩固在古籍、辞书、社会人文、科学技术、文学、美术、音乐等出版领域的全国领先优势。国家重点出版物规划有效实施,目前共有191项入选国家“十三五”重点出版规划,全部完成率20%,部分完成率27%;2018年完成国家“十三五”重点出版规划第二次增补,上海共申报230余个项目。上海学术·专业出版中心建设深入推进,年内完成对20家已挂牌中心的评估,通过评审拟新增5家。国有民营合作平台搭建完善,业内“单品王”读客图书与上海文艺出版社、上海文化出版社开展合作。上海数字出版产业加快发展,世纪出版集团推进《辞海》数字出版云平台建设。绿色印刷以中小学教材为重点,实施中小学教材绿色印刷全覆盖,将教材绿色印刷成本自2018年起纳入教材定价,目前上海共有少儿图书25种228 000册、少儿期刊4种2 331 000册实施绿色印刷。着力破解按需印刷推进过程中图书数字化标准问题,推广“基于POD可操作标准下的图书元数据规范化管理系统”解决方案。实体书店建设升级发展,复旦大学、东华大学(松江校区)等9所高校完成实体书店建设;全国首家无店铺创意书店——未来书店、源自“思南书局·概念店”的思南书局、以“深阅读、漫生活”为经营理念的简屋书店、钟书阁绿地缤纷城店等投入营运,上海实体书店加快步入“布局合理、结构优化、业态多元、充满活力的新型实体书店发展新格局”。各区推动出版印刷产业发展,金山区发布《上海市金山区印刷产业发展蓝皮书》,推动金山国家绿色创意印刷示范园区引进绿色印刷及相关(RFID、影视、3D打印等)企业1 300余家。青浦区提升印刷传媒产业发展能级,编制实施《上海市青浦区创建绿色印刷创意产业园区发展规划》。

上海出版产业的龙头企业是上海世纪出版集团。上海世纪出版集团成立于1999年2月,是经中宣部、原新闻出版署批准成立的全国第一家出版集团。目前,上海世纪出版集团集书刊出版、印刷印务、新型实体书店、艺术品经营四大业务板块于一体,拥有25家直属单位,包括12家出版单位、2家图书零售企业、2家对外出版企业、2家投资及房产经营管理企业、1家物流企业、1家网络出版企业、1家综合性艺术品产业集团、1家印刷产业集团、1家海外母公司、2 家事业单位，是国内最具影响力的文化生产和内容提供企业之一。2017 年，世纪出版集团切实按照习近平总书记致信祝贺集团《大辞海》出版暨《辞海》第一版面世 80 周年作出的“坚定文化自信，坚持改革创新，打造传世精品”的重要指示及上海市委“唯有全面深化改革，才能不断开创新局面”“全力打响上海文化品牌”的工作要求，锐意进取、埋头苦干，很好地实现了“双效统一”。在社会效益方面，《布罗镇的邮递员》获第十四届精神文明建设“五个一工程”奖；“十三五”国家重点出版规划列选总量数在全国出版集团位列第一；国家出版基金资助项目继续居全国出版集团首位。在经济效益方面，集团努力克服各种不利因素影响，经营业绩总体良好，全年实现主营业务收入 35.31 亿元，同比增长 9.6%；利润总额 2.10 亿元，同比增长 2.94%。2017 年末，集团总资产达 75.06 亿元，比年初增长 15.68%；净资产达 42.38 亿元，比 2016 年增长 8.78%，达到历史最高水平。2018 年 5 月 10 日，光明日报社和经济日报社在第十四届中国(深圳)国际文化产业博览交易会上联合发布了第十届“全国文化企业 30 强”名单，上海世纪出版集团上榜。这是世纪集团首次入选“全国文化企业 30 强”，实现了历史性突破。

创办于 2004 年的上海书展被公认为全国最具影响力书展之一。文化品位是上海书展的灵魂，多年来，上海书展一直将首发新书与阅读活动作为并列主角，致力于为“品质”搭台。2008 年，上海书展首次打出“上海首发、全国畅销”概念，意在通过上海书展的品牌优势和上海的市场优势，吸引全国新书到上海首发，再从上海推向全国市场，逐步将上海构筑成全国出版业的高地和新书、重点书的聚集地。2018 年，500 种新书、200 场首发活动在第十五届书展期间亮相。“首发机制”已成为上海书展服务读者、提升产业能级的有效手段。

浙江是文化大省，浙江出版产业也在国内处于第一梯队。据《2016 年新闻出版产业分析报告》，浙江出版骨干单位在同类排名中位居前列，其中，浙江日报报业集团居全国地方报刊出版集团第 2 位，浙江出版联合集团居全国图书出版集团第 7 位，浙江省新华书店集团有限公司居全国发行集团第 4 位，浙江印刷集团居全国印刷集团第 5 位。

浙江出版联合集团是浙江出版产业的龙头企业。浙江出版联合集团成立于 2000 年 12 月份，2007 年完成整体“事转企”改制，现有 16 家直属单位，全资和控股法人单位 130 余家，各类从业人员 8 800 余人。连续十次入选全国文化企业 30 强，2016 年首次入选世界出版 50 强(第 18 位)，是全国文化体制改革先进单位、全国新闻出版“走出去”先进单位、全国首批数字出版转型示范单位和中国服务业 500 强企业。2016 年，浙江出版联合集团资产总额达到 172.7 亿元，净资产 105.2 亿元，合并主营业务收入 117.6 亿元，增长 14.1%，利润总额 11.98 亿元，增长 17.2%。集团推进“万千百十”出版提升工程，出版核心主业收入超 20 亿元。全年出书品种保持万种以上，市场新书 2 500 余种，增长 6.5%，百余种图书入选全国各类奖项和重点资助项目，创利百万元以上的畅销图书 35 种，在全国图书零售市场码洋占有率上升到第 8 位。集团紧紧围绕“一带一路”建设，大力推动出版“走出去”，26 个项目入选 2016 年丝路书香工程重点翻译资助项目，12 个项目列入 2016 年经典中国国际出版工程资助图书，入选品种均列全国出版集团第一位。2017 年，浙江出版联合集团资产总额达 205.5 亿元，净资产 135.0 亿元，合并主营业务收入 130.8 亿元，增长 11.35%，利润总额 13.8 亿元，增长 18.01%，连续 7 年保持“双十”增长，出版主业对营收、利润的贡献率均保持在 70%以上。传统出版取得新业绩。《党的十九大报告辅导读本》发行量居全国第一；12 个项目入选 2017 年度国家出版基金资助项目；10 种出版物、1 家单位和 1 名个人入围第四届中国出版政府奖(含提名)。“走出去”开创新局面。2017 年，集团“走出去”重点项目不断增加，34 个项目入选 2017 年中国图书对外推广计划、丝路书香工程、经典中国国际出版工程，对非合作继续走在全国前列。

江苏的出版产业有着良好的基础，“十二五”时期，数字出版产业增长迅猛，五年间营业收入增长到近 300 亿元，年均增长率超过 30%，江苏列入国家重点出版规划项目共 164 个，列入《2011—2020 年国家古籍整理出版规划》项目共 60 个，获国家出版基金资助的项目共 66 个，获国家古籍整理出版资助项目共 48 个，均位居全国前列。获“五个一工程”奖、中国出版政府奖、中华优秀出版物奖数量在全国名列前茅。

江苏出版产业的龙头企业是凤凰出版传媒集团。凤凰出版传媒集团涉及出版、发行、印务、影视、文化酒店、文化地产、金融投资、艺术品经营等板块。集团控有凤凰传媒、凤凰股份两家主板以及新广联等两家新三板上市公司。连续十届入选“全国文化企业 30 强”。据《2017 年新闻出版产业分析报告》，凤凰出版传媒集团蝉联总体经济规模综合评价第一（表 3-1）。

表 3-1　　总体经济规模综合评价前 10 位的图书出版集团

综合排名	集团名称	综合评价得分	2016 年排名	排名变化
1	江苏凤凰出版传媒集团有限公司	3.154 5	1	0
2	江西省出版集团公司	1.710 4	3	1
3	湖南出版投资控股集团有限公司	1.487 0	2	－1
4	中国教育出版传媒集团有限公司	1.404 1	4	0
5	浙江出版联合集团有限公司	1.205 8	7	2
6	安徽出版集团有限责任公司	1.044 8	6	0
7	山东出版集团有限公司	1.036 0	11	4
8	湖北长江出版传媒集团有限公司	0.892 5	5	－3
9	中国出版集团公司	0.869 4	10	1
10	河北出版传媒集团有限责任公司	0.460 1	8	－2

说明：综合评价得分系选取主营业务收入、资产总额、所有者权益和利润总额四项指标，采用主成分分析方法，通过 SPSS 直接计算所得，仅用来显示各单位的相对位置，负数并不代表负面评价。

2017 年，凤凰出版传媒集团深入实施文化出版精品战略，努力提高质量，出版主业展现出喜人发展态势。紧紧围绕重大主题，集团先后出版了一批迎接党的十九大、庆祝建军 90 周年等为主题的精品图书，其中 4 种图书入选总局主题出版重点出版物，数量居全国出版集团前列。2017 年，集团入选第四届中国出版政府奖 16 个奖项，居全国出版集团第二、地方出版集团首位；12 个项目入选第六届中华优秀出版物奖；4 种图书入选“大众喜爱的 50 种图书”；3 种图书入选央视“中国好书”；2 种图书、3 种报刊分别入选总局向全国青少年推荐百种优秀出版物、优秀少儿报刊；4 家企业、2 个项目分别入选“2017 年度—2018 年度国家文化出口重点企业、重点项目”；7 部作品获江苏省第十届“五个一工程”奖。

依托文化资源平台，凤凰出版传媒集团正全力打造“一云多端”的智慧教育平台。2018 年，凤凰传媒的上线“凤凰易教”“凤凰享学”等网络产品，用户数达 100 多万。读者传媒微信平台新增用户 110 万，增长 32%，用户数达 460 万①。

在 2018 年“全国文化企业 30 强”名单中，安徽出版集团和安徽新华发行集团双双上榜，这是两家企业第 9 次入选，其中新华发行集团还 3 次入选中国企业 500 强。作为安徽文化创意产业的领军企业，两家企业在出版领域深耕细作，致力于挖掘安徽文化资源，走出了文化自信，也走出了做大做优的创新之路。

安徽出版集团成立于 2005 年 11 月，是全国第一家组建集团同时完成转企改制的国有大型文化企业。集团成立以来，累计获中宣部“五个一工程”图书奖、中国出版政府奖、中华优秀出版物奖共 99 项，位居全国前列；根据 2017 年公布的《2016 年度新闻出版产业分析报告》，集团总体经济规模在全国出版集团中位居第六位；连续 12 次入选全国服务业企业 500 强。2017 年，安徽出版集团转型升级步伐更加坚实，逐步迈入高质量发展新阶段。2017 年，实现营业收入 190.21 亿元，较上年增长 4.7%，其中主营业务收入 190 亿元，较上年增长 5.03%；实现利润总额 5.52 亿元，净利润 5.01 亿元。截至 2017 年底，集团净资产达 106.16 万元。13 种出版物荣获第 6 届中华优秀出版物奖，获奖数量位居全国出版集团第 3，出版上市公司第 1。10 种图书和项目荣获第四届中国出版政府奖大奖，获奖总数位居全国出版集团前 5，上市公司前 3，是全国唯一同时荣获图书奖、先进出版单位奖、优秀人物奖和优秀编辑奖的地方出版集团。安徽出版集团还积极助推中华文化走出去，2017 年完成版权输出 485 项（含简转繁），5 个项目入选总局“丝路书香”工程重点翻译资助项目。成功举办“唱响主旋律，迎接十九大主题出版物丝路行”签约活动。在国新办、国家新闻出版广电总局联合公布的“中国图书对外推广计划”2016 年度综合排名中，公司位列全国第二，在全国地方出版企业“走出去”单位中位居第一。

安徽另一家文创巨头安徽新华发行集团过去几年以改革、创新、发展为主题，聚焦核心主业，提升发展质量，经营业绩再创新高。2017 年，实现销售收入 396.02 亿元、利润总额 13.16 亿元、资产总额 302.92 亿元，同比分别增

① 国家新闻出版署：《2018 年新闻出版产业分析报告》，2019 年 8 月。

长 18.65%、5.52%、14.57%，进一步巩固了在全国同行业的领先地位。安徽新华发行集团再次作为全国出版发行行业唯一一家单位入选“中国企业500强”，位列第 422 位，比上年排名晋升 73 位；总体经济实力连续四年保持全国同行第一；集团旗下核心企业皖新传媒作为全国为数不多的传媒股入选 MSCI，获得国际权威认证。此外，安徽新华发行集团顺应共享经济的发展趋势，推出全国首家“共享书店”，读者只需用手机扫码下载 App，注册并缴纳 99 元押金，就可以每次借两本图书，免费借阅 10 天，“在新华书店拿书不要钱、多看还有奖”已经成了安徽人的文化产业“红包”。目前安徽新华发行集团在全国共开设了 43 家共享书店，首家共享书店日均客流量比去年同期增长 96%，书店营业收入增长近 20%，一度困难重重的实体书店，重新焕发出勃勃生机，实现社会效益和经济效益双丰收。

第四节　艺术品产业

过去几年，围绕建设世界重要艺术品交易中心的目标，上海设立“促进上海艺术品产业发展资金”，支持龙头企业发展，推动重点项目建设，实现以画廊、艺术博览会为主体的一级市场和以艺术品拍卖机构为主体的二级市场共同发展。市场主体增长明显，截至 2018 年三季度，上海艺术品经营单位备案数 318 家，文物商店、古玩城 32 家。画廊行业转型升级，外资画廊逐渐增多，本土画廊在市场定位、经营理念、运作模式等方面逐渐接轨国际，形成了成熟画廊的经纪代理模式。艺术品拍卖交易稳中有升，上海继续保持以海派书画等为主的拍卖特色，截至 2018 年 9 月底，据不完全统计，上海艺术品拍卖成交结算金额 24 亿元，同比上升 3.5%。艺术品对外贸易持续增长，随着自贸试验区艺术品保税仓储、保税展示等政策实施，上海已成为国内艺术品进出口贸易的重要口岸。前三季度，上海各口岸进出口艺术品总计 505 批(次)，艺术品进口 4 987 件、出口 4 895 件，分别同比增长 15%和 55%。艺术博览会稳步发展，西岸艺术与设计博览会、ART021、上海艺术博览会等本土艺博会品牌影响力不断提升，呈现出不同层次、针对不同消费群体的市场细分。各区推动艺术品集聚区建设，浦东新区推动上海国际艺术品保税服务中心建设，为佳士得、邦瀚斯、保利、嘉德等海内外文化艺术机构提供专项便利化服务。徐汇区依托西岸艺术品保税仓库建立国际艺术品物流服务平台，形成艺术品交流全产业链服务体系。①

浙江杭州则依托西泠印社等名社、中国美术学院等名校资源，培育一批鉴赏、收藏、拍卖、交易等行业领军企业。积极支持线上艺术品交易平台发展，构建线上线下艺术品交易协同发展机制，办好杭州文化产权交易所，探索搭建文化金融专业化交易平台，着力打造全国一流的艺术品交易中心。

江苏南京也正在大力发展艺术品产业，据《南京市创意文化产业空间布局和功能区发展规划(2016—2020 年)》，南京提出依托高淳陶瓷文化创意产业园、江宁方山文化艺术创意产业园、江宁凤凰山艺术园、浦口求雨山书法艺术园、浦口四方当代艺术湖区、十竹斋艺术园区等园区和基地，打造文化艺术品创作、生产、展示、交易、消费、体验全产业链条。

(一) 拍卖行

1993 年 6 月，上海朵云轩艺术品拍卖公司举行首届中国书画拍卖会。这是上海开埠 150 多年来举办的首场大型艺术品拍卖会。据统计，目前，上海有艺术品拍卖机构 80 家，其中具有文物艺术品拍卖资质机构 58 家，全年举办专场拍卖会 293 场，拍卖额为 34.26 亿元。②

大体而言，上海的拍卖行虽然数量不少，但整体实力比较平均，与香港、北京相比，还存在一定差距，但其中也不乏亮点，如 2013 年创立的上海明轩，是上海拍卖行业的一枝新秀，此前一直以书画拍卖为主攻方向，2015 年 6 月首创“一间屋”特色概念型专场。传统的拍卖往往壁垒分明，按照书画、瓷器、篆刻等进行分类，而在这个专场，拍品不再正襟危坐般分类摆放、待价而沽，而是整合进一个雅致的空间，古今中外、字画瓷杂，打破原有的拍品分类，以空间将各种拍品统和起来。在历时将近 1 个小时 10 分的竞拍中，该专场以近 9 800 万元的总成交额、97.8%成交率，成为当年上海春拍的一大亮点。而“一间屋”的试水成功，也意味着这种新颖的概念型专场的文化效应受到市场的肯定。

---

① 中共上海市委宣传部文化改革发展办公室、上海市文化事业管理处:《2018 年上海文化产业发展报告》,2019 年 1 月。

② 《上海年鉴》编辑部:《2017 上海年鉴》,2017 年 10 月。

此外，针对艺术品拍卖存在购买赝品的风险，上海的嘉禾拍卖独辟蹊径，推出海派名家专场，包括谢稚柳、陈佩秋、程十发、陆俨少、刘海粟等，由名家后裔负责鉴定真伪，虽然这种鉴定方式从学术上来说存在一定争议，但从市场反馈看，还是得到了认可，目前嘉禾拍卖的海派名家专场成绩较为理想。

位于杭州的西泠印社拍卖是目前南方规模最大的拍卖行。西泠印社拍卖依托百年名社西泠印社，成立于 2004 年 12 月，从时间上来说，成立的时间较晚，但 2005 年的第一场春拍，便交出一份骄人的成绩单：5 个专场、1 236 件拍品、1 181 个成交件、总成交率 94.16%、总成交额 1.97 亿元，创下当时国内艺术品首拍的最高纪录，受到业界瞩目。此后，着眼于艺术的广度与深度，西泠印社拍卖不断细分和开拓拍卖门类，至今已推出 17 个“中国首届”创新专场，引领市场，屡开先河。如 2014 年推出中国首届青铜礼器专场，这个彰显金石文脉的特别专场，无疑对促进青铜器等文物回流具有积极意义。2015 年，在国内首创的近现代西方大师作品专场，备受全球藏家青睐，莫奈、高更、雷诺阿等西方艺术英杰的作品在 100 多年中辗转全世界多个艺术机构、多位不同身份的藏家怀抱，谱写出又一部宝贵的收藏艺术史。在 2017 春拍中，兮甲盘以 2.127 5 亿人民币成交，创古董艺术品在中国境内拍卖纪录。西泠印社拍卖总经理陆镜清认为：“艺术品是一种精神的慰藉。只要有人类的存在，艺术品市场就存在，因为人们都有精神上的需求，那么这个市场就一定会存在。”①

西泠印社（绍兴）拍卖有限公司入驻绍兴“书圣故里”，为西泠印社品牌进一步发展壮大开启了新的篇章。2015 年西泠印社绍兴首拍隆重举槌，并积极地、常态化地参与到“中国兰亭书法节”这样的社会重大文化活动之中，每年举行春、秋两次拍卖会。

此外，西泠印社拍卖还试水网络拍卖，2016 年 10 月上线线上拍卖平台——“艺是网拍”。首届拍卖共推出千余件拍品，成交总额逾 1 500 万元，总成交率 90%，首拍溢价倍数最高，创国内网拍首拍之纪录。西泠印社拍卖总经理陆镜清认为，“从时间上，日常拍卖和线下大拍交替互补，随着拍卖场

---

① http://zjrb.zjol.com.cn/html/2016-01/22/content_2944110.htm?div=－1.

次的增加，覆盖的人群也逐步扩大，尤其是网络拍卖，突破了地域的限制，扩大了艺术品拍卖的参与度。”

2018 年 8 月，第三届中国文物艺术品拍卖排行榜（青花奖）颁奖典礼上，凭借 2017 年度优良业绩，西泠印社拍卖荣获“十佳企业”、“规模奖”、“创税奖”、“结算能力奖”、“盈利能力奖”五项大奖，继续保持行业领先。“青花奖”始于 2016 年，是我国文物艺术品拍卖领域的最高奖项，旨在鼓励拍卖企业有质量、擅专业、能担当、守诚信地健康发展。

位于江苏南京的南京经典拍卖在业内也小有名气，南京经典拍卖成立于 1997 年，是江苏省内最早以从事艺术品拍卖为主营项目的大型拍卖企业。2007 年 11 月，在南京市第五届文化产业“金梧桐奖”颁奖典礼上，名列文化创意企业 10 佳。在 2018 年度全国文物拍卖企业增值税排名中，南京经典拍卖位列第 15 名。成立以来，南京经典拍卖对艺术品市场进行精微分类、深度挖掘，成功推出多个富有特色的专场项目，如“大美——中国古代书画”、“一代草圣——林散之书画”、“三百年来第一流——吕凤子书画”、“禅画宗师——圆霖法师书画”专场等。2014 年 1 月，茅盾手稿《谈最近的短篇小说》经过 44 轮竞价，在南京经典 2013 秋拍最终拍出 1 050 万元的价格，刷新了中国文人手稿拍卖成交价的记录①。

（二）艺博会

自 90 年代的“双年展热”之后，21 世纪的开端全球迈入了“艺博会时代”。艺博会如雨后春笋般在全世界各大城市蔓延开来，而在上海每年的 11 月，上海艺术博览会、西岸艺术与设计博览会、ART021、上海城市艺术博览会、上海青年艺博会如同秀场与舞台，繁荣的艺术市场和城市文化呈现出不同样式，面向不同消费群体。这或许正应和了许多人的期待：上海的艺术市场可以承载不同类型的多个艺博会，市场的细分已然开始。其中历史最长的无疑是已经走过二十一个年头的上海艺术博览会，从 2016 年开始，上海艺博会从世贸商城移师世博展览馆，更大的展览面积、百余家画廊、数千件艺术品参与交易。目前，上海艺术博览会将目前群体定位为普通人，展览中虽不乏吴湖帆、谢稚柳等名家的经典作品，但更多作品的定价在 1 万至 2 万人

① 竞拍人最后并未履约向持有人支付价款，拍卖未能最终成交。

民币，降低了普通市民购置艺术品的门槛，为家居添一抹亮色，满足生活审美，这也让越来越多的工薪阶层走进上海艺博会、消费艺术品。

2013 年，ART021 团队选择在极具上海风情的外滩源中实大厦举办首届艺博会，填补了当年上海艺术博览会的空缺。据 ART021 创始人之一的周大为介绍，初创时有赖于一些国际画廊的信任，而如今 ART021 已经有了一个专业的筛选机制，在筛选中看重的也不只是画廊的名气，更考量带来的项目和作品，当然也特别注重画廊对藏家的后续服务和保障。由于在上海大获成功，ART021 团队在 2018 年进军北京，推出 JINGART 艺览北京。在北京劝业场文化艺术中心的首秀，除了有卓纳画廊、豪瑟沃斯、贝浩登等国际知名画廊首次进京，还加入了设计、瓷器、老家具、珠宝、钱币等品类。经营古代佛教和明清宫廷艺术品的正观堂带来数件清宫瓷器，日本京都艸居则主推旗下艺术家的当代瓷器作品，GALLERY ALL 展出了当代艺术家具和设计品，上海白盒子收藏展出数枚珍贵钱币，同时还有两家珠宝商参展。

如果说 ART021 是画廊与藏家的桥梁，那么西岸艺博会更像一个个带有学术性的个展，包括阿拉里奥画廊、北京现在画廊、博而励画廊、大田秀则画廊、豪瑟沃斯画廊、蜂巢当代艺术中心、长征空间、马凌画廊、贝浩登、赛迪 HQ 画廊、香格纳画廊、空白空间画廊、Leo Xu Projects 等十多家画廊同时参加了两个艺博会。或因为 ART021 和西岸博览会同期举行、参展画廊也相似，经常被拿来比较。事实上，看似同类的两个艺博会个性愈发鲜明，吸引的收藏家群体有所不同。西岸艺博会创始人、艺术家周铁海如此描述西岸艺博会的特点与追求，“博览会在展位的尺度、展墙的厚度，灯光照明等展示方面，提供给参展画廊最专业的服务，使得作品可以更好呈现。艺博会对于整体氛围和参观体验的规划，让藏家和观众能够在舒适的节奏和环境下欣赏作品，有更多时间了解作品，和画廊交流”。

（三）画廊

国内画廊的历史不到三十年。据雅昌艺术市场监测中心发布的《中国画廊行业调研报告 2017》中显示，全国画廊共 4 399 家，其中，北京地区的画廊占总量的 31%，上海位居第二，占比 17.56%。上海的画廊大致经历了三个阶段：

(1) 2000年前后的初生期——如香格纳(1996年)、华氏画廊(1997年)、艺博画廊(1999年)、视平线画廊(2001年)、奥赛画廊(2003年)等。这些画廊主是沪上初尝螃蟹的人。市场运作上,他们摸索着画廊和艺术家的代理机制,并在拥有二十多年历史的上海艺博会上累积经验;画廊运营上,他们辗转多个空间,见证沪上艺术园区M50、红坊的诞生和转型。奥赛画廊创始人蔡彭城曾说:"中国大部分画廊分两类。一类是开关画廊,一类是搬家画廊,奥赛画廊就属于后者。"据蔡彭城回忆,十多年来,奥赛画廊已"搬家7次"。

(2) 2005年至2010年的高峰和转型。2005后,沪申画廊(2005年)、阆风艺术(2006年)、原曲画廊(2007年)、艾可画廊(2008年)等先后创立,并逐步形成各自的经营方向。这一时期的画廊已相对建立了与艺术家合作的方式。同时,M50依然是画廊入驻上海的首选之一。

(3) 2010年后的多元发展期。2010年后,伴随华府艺术中心(2010年)、天线空间(2013年)、没顶画廊(2014年)等画廊的加入,沪上画廊的业态更加丰富。另一方面,上海西岸的成功运作,各大民营美术馆以及两大当代艺博会——ART021和上海西岸艺术与设计博览会的迅速发展,让当代艺术在上海持续升温。这为上海画廊业的分布带来两大结果:首先,继北京后,上海成为港澳台和海外画廊进入中国大陆地区市场的窗口:2006年,来自香港的林明珠在沪开设第一家艺术门画廊;2010年,在台湾经营过龙门画廊的李亚俐选址思南公馆,创立龙门雅集;2009年,来自法国的杜梦堂画廊来到上海,是沪上为数不多的法国画廊;2011年,创立于1980年的法国菲利浦画廊落沪,选址M50;2013年,韩国学古斋画廊在M50开设分支;2014年,曾试图在北京拓展中国市场的阿拉里奥转战上海,选址当年开业的新地标衡山坊,2017年,该画廊成为第一家进驻西岸的海外画廊,随后,来自香港的马凌画廊、来自日本的大田画廊也在西岸安家。其次,在当代艺术画廊日益与国际接轨的同时,经营海派、新海派以及传统书画为主的画廊也在持续发力,其中的代表有敬华艺术空间、八号桥艺术空间等。不过,相较当代艺术画廊逐渐形成的"联合"形式(如空间聚集西岸、M50,如举办联合开幕展),海派和传统画廊更独立,通常各自为家。此外,经营当代和传统的画廊对对方的了解并不深入,属"两个圈子"。

香格纳画廊是上海画廊的佼佼者。1996 年 6 月，香格纳画廊在上海波特曼酒店的走廊正式成立，并在这里举办了艺术家丁乙的首个个展。2000 年，香格纳画廊成为中国第一家参展巴塞尔艺术展的画廊。此后，还先后参加西班牙艺术博览会、墨尔本艺术博览会等。中国的当代艺术正是通过香格纳画廊被西方艺术界认识和熟知。如今，香格纳画廊已经与 104 位艺术家合作了 205 个展览，在上海、北京、新加坡均设立空间，每年参与十余场艺博会。其创始人劳伦斯认为："坚持初衷最重要，但是随着时代变迁运作画廊的观念是要改变的，尤其是中国有着跟国外不一样的环境，画廊的运作模式也不是一成不变。"①

杭州是国内顶尖的艺术院校中国美术学院所在地，曾走出吴冠中、赵无极等享有国际声誉的艺术家，但在画廊方面，杭州一直缺乏重量级的画廊。由浙江信雅达文化艺术发展有限公司打造的信雅达・三清上艺术中心是杭州本土画廊的代表，位于钱塘江南岸，面积 3 000 平方米，集展览、创作、讲座、论坛等功能为一体，致力于发掘、培植、推广优秀艺术家及作品，培养当代书画艺术收藏群体，为艺术家、收藏家、艺术机构三者之间构建一个诚信、公平、透明的和谐互动平台。创办至今现有 5 位签约艺术家，60 余位合作艺术家，共举办展览 80 余场。和维画廊（HDM GALLERY）则是首家入驻杭州的国际性画廊②。和维画廊 2009 年成立于北京 798，由 Laurent Dassault 和 Hadrien de Montferrand 创办，曾参加 Art Brussels、Art Shenzhen、Expo Chicago、Art Basel HK 和 ART021。在北京成功运营四年后，画廊第二个空间于 2013 年在杭州成立，致力于为中国的年轻艺术家提供展示和发展的平台。

第五节　动漫产业

动漫产业是中国目前最具活力的文化创意产业门类，深受青少年群体欢迎，据艾瑞咨询 2018 年的中国动漫行业报告显示，截至 2018 年年底，我国

---

① https://www.thepaper.cn/newsDetail_forward_1904383.

② 和维画廊杭州空间已于 2017 年 7 月闭馆。

动漫产业产值已突破 1 500 亿元，在线内容市场规模近 150 亿，动漫产业产值能力巨大；泛二次元用户规模近 3.5 亿，在线动漫用户量达 2.19 亿，中国动漫产业市场需求也已十分庞大。长三角动漫文化氛围浓厚，过去几年，动漫产业也取得了长足的进步。

2017 年 12 月 14 日，上海市发布了《关于加快本市文化创意产业创新发展的若干意见》，其中提到上海将深挖动漫游戏产业市场发展潜力，提升动漫游戏原创能力，深化动漫游戏公共服务，加快全球电竞之都建设。政策支持和内生因素带动了上海动漫产业的迅速发展，目前上海共有动漫企业约 250 家，其中，经文化和旅游部、财政部、国家税务总局认定的动漫企业 30 家①。龙头企业包括炫动传播、上海美影厂、淘米动画、米粒影业、风炫动画、京鼎动漫、阅文集团、哔哩哔哩等。

数据显示，2017 年上海出品动画电影上映 8 部，票房合计 4.254 6 亿元。其中《十万个冷笑话 2》《大卫贝肯之倒霉特工熊》《赛尔号大电影 6—圣者无敌》票房均过亿；共出品动画片 18 部，比上一年也有所增加。活跃的动漫游戏会展平台及庞大的衍生品消费市场显示，动漫游戏产业的市场发展潜力不容小觑。②

动画方面，上海 2017 年共出品 18 部作品，多部作品获得国家和市级奖项，而在动画电影领域，上海出品动画电影上映 8 部，票房合计 4.254 6 亿元。新媒体作品也表现亮眼，《一人之下 2》《灵契—黄泉之契》等作品推出，《一人之下 2》更成为全网点击量突破 20 亿的现象级作品。在动画作品中，由优酷与上海左袋文化传播有限公司联合出品的原创动画《艾米咕噜》入选巴塞罗那动画节 Cartoon360 最佳学龄前儿童内容，并作为该动画节的开幕动画，也入选了国家新闻出版广电局 2017 年度第二季度优秀动画片推荐。由上海今日动画影视文化有限公司所创作的《百变马丁》第二季动画片于 2017 年 10 月在全国各大卡通卫视播出，在全网总播放量达 11 亿次，并入选国家新闻出版广电局 2017 年度优秀动画片推荐。上海俪薇杰影视文化有限公司制作的

---

① 中共上海市委宣传部文化改革发展办公室、上海市文化事业管理处：《2018 年上海文化产业发展报告》，2019 年 1 月。

② 上海市文化传播影视管理局：《2017 上海动漫产业年度报告》，2018 年 7 月。

《新成龙历险记》由知名演员成龙监制，该作品入选国家新闻出版广电总局2017年第三季度优秀动画片推荐。

在电影作品方面，由上海炫动传播股份有限公司、万达影视传媒有限公司等联合出品的动画片《十万个冷笑话2》于2017年8月在国内上映，获得票房共1.33亿元，成为当年国产动画电影的票房亚军。由淘米网络科技有限公司出品的奇幻冒险类动画电影《赛尔号大电影6：圣者无敌》票房总计1.03亿。

而在漫画、连环画上，上海京鼎动漫科技有限公司的《大中华寻宝记》系列图书全套共34册，品牌效益在逐年积累中开始爆发。截至2017年底，该系列图书突破了800万册销量。由京鼎动漫制作的《植物大战僵尸》系列图书已经形成了200多本的体量，是国内漫画销量最高的系列作品。上海风炫动漫传媒有限公司2017年授权腾讯和爱奇艺等多家互联网平台连载的漫画《斗罗大陆》，在平台排名前列。

作为文化创意产业发展的重要引擎，上海动漫产业呈现三大特点。

一是新媒体动漫快速发展。阅文、刀刀狗、哔哩哔哩等公司在新媒体动漫发展方面领跑全国。其中阅文集团作为其中的佼佼者，出品的《择天记》《全职法师》等作品均是目前互联网上点击率最高的新媒体动漫作品。

二是行业快速融合，动漫与游戏、演艺、旅游、科普等领域迅速融合发展，衍生出众多新兴产业形态。如哔哩哔哩利用自身二次元粉丝众多的优势，在演艺、旅游、游戏运营等方面均有不俗表现，成为一家二次元娱乐全产业链公司。

三是动漫消费蓬勃发展，动漫展会、动漫周边商品、动漫表演等新兴消费形态日趋兴盛。第十四届中国国际动漫游戏博览会面积达5.5万平方米，吸引了迪士尼、阅文、腾讯动漫、寿屋、万代等350余家海内外展商参与。除中国国际动漫游戏博览会外，包括上海漫控潮流博览会、由哔哩哔哩所举办的BILIBILI WORLD等多场针对不同细分观众的动漫展会也举办得如火如荼，其中BILIBILI WORLD吸引了6万以上的现场观众，以及1 000万以上的直播观众共同产生出超过150万条的弹幕。

杭州以打造“中国动漫之都”为目标，自2005年起，率先在全国范围内推出了动漫产业扶持政策，并设立动漫游戏产业专项资金5 000万元，用于对动漫游戏产业的奖励、资助、贴息等。此后专项资金最多达到 7 000 万元。2017 年，杭州推出了《关于推进杭州市动漫游戏产业做优做强的实施意见》(市委办发〔2017〕77 号)，这是杭州时隔三年再次推出的动漫游戏产业新政，也是自 2005 年以来针对动漫游戏产业推出的第五轮政策。杭州动漫游戏产业政策的五轮调整，体现了国内动漫行业发展由量到质、由内销到出口的变化缩影，而杭州动漫游戏企业也在不断的大浪淘沙中，坚持自主原创，坚持打造精品，2018 年上半年，杭产动漫 6 部精品获得总局推优，成为全国推优作品最多的城市。目前，杭州已有 30 家动漫游戏企业获得国家级(文化部、财政部、税务总局)动漫企业认定，数量稳居全国前列，已形成一家主板上市(电魂网络)，一家创业板上市(顺网科技)、一家美国纳斯达克上市(斯凯网络)、多家新三板挂牌(遥望网络、中南卡通、喜悦动漫、诺游动漫、蜂派科技、智玩科技、齐顺科技、掌动科技)的产业集聚。

通过动漫节的成功举办来推动动漫产业的发展，已经是业界公认的杭州模式。中国国际动漫节自 2005 年以来永久落户浙江杭州，已经成为杭州文化建设的金名片。2018 年举办的第十四届中国国际动漫节，效益、产值、国际化水平再创新高。共有 85 个国家和地区参与，2 641 家中外企业机构、5 760 余名客商展商和专业人士参展参会，143.35 万人次参加了动漫节各项活动，其中主会场 36.28 万人次，单日观展人数创新高，达到 11.1 万人次。一年一度的中国国际动漫节为浙江带来源源不断的人才流、信息流、技术流、资金流，成为中国动漫界的年度盛事。此外，MIP China 第二届法国戛纳电视节中国国际影视高峰论坛继续在杭州举办，为杭州乃至全国优秀动漫作品走出去开辟新路径。据统计，145 家影视制作机构的 506 名中外代表出席了本届论坛，来自美国、英国、日本等 18 个国家和地区的 39 家国际企业和 52 家境内影视动画企业共进行了 796 场一对一精准洽谈，现场达成合作意向 150 个。全球最大的电影和电视娱乐制作公司之一华纳兄弟、美国第三大传媒公司维亚康姆等国际大牌企业都参与了第二届 MIP CHINA，向国内动漫影视企业分享宝贵经验，进行交流洽谈，寻求合作机会。

近年来，江苏动漫产业链条渐显雏形，产业开发展现成效，江苏广电总台优漫卡通频道实现上星播出，成为全国具有重要影响力的卡通专业频道。一大批具有中国风格和国际影响的国产动漫品牌脱颖而出，《神秘世界历险记》《诺诺森林》《小狐狸发明记》《恐龙宝贝》《梦飞纸客国》《茅山小道士》《粉墨宝贝》《成长不烦恼》等动漫品牌受到国际国内的广泛关注，一大批动漫作品已在各类传统产业领域具备了衍生开发能力。其中《粉墨宝贝》《成长不烦恼》已在央视播出。

江苏动漫产业起步于 20 世纪 90 年代中期，主要是一些中小企业以代工的方式，承接外来制作订单。“十一五”期间，江苏省政府和地方政府通过多种政策措施的推动，形成了“政府主导、园区集聚”的江苏动漫产业发展模式，其特点如下：

一是出台了一系列扶持和奖励政策。2006 年出台《关于加快动漫产业发展若干意见》，2009 年颁布《关于深化文化体制改革，加快文化产业发展的决定》，将动漫游戏作为江苏文化产业发展的九大门类之一，2010 年出台《省政府关于加快文化产业振兴若干政策的通知》，进一步明确支持动漫产业的发展。江苏省文化产业引导资金把动漫游戏作为四大重点扶持行业之一，南京、常州、苏州、无锡每年都分别安排资金用于扶持动漫产业发展。

二是搭建公共技术服务平台。江苏动漫产业园区通过建设公共技术服务平台和产学研结合等方式，使得入园的动漫企业在共享园区公共技术平台服务的基础上，能够降低成本、提升效率、加强合作、快速壮大规模。

三是提高服务能力，加强人才培养。江苏省文化厅、财政厅、国税局、地税局联合成立江苏省动漫企业认定管理工作办公室，指导江苏省动漫企业及动漫产品的认定管理工作。江苏省文化厅开展多层次的人才培训工作，为企业的产品出口做好辅导服务，已成功推荐 8 家动漫企业成为“2009—2010 年度国家文化出口重点企业”以及“2010 年度重点服务贸易出口企业”。

如今，江苏已经成为中国动漫制作的高产区域，无论是产业资源集聚程度、动漫原创数量，还是自主优秀品牌数量，都走在全国的前列。江苏拥有全国最多的国家级动漫产业基地，即南京、无锡、常州、苏州国家动画产业发展基地和昆山、张家港国家影视动漫实验园，影视动漫相关企业超过三百家，开设动漫相关专业的大专院校超过六十所①。江苏的动漫企业在业内也

① 张为付：《江苏文化产业发展研究报告(2017)》，南京大学出版社 2018 年版，第 11 页。

颇有影响力，如原力动画现已成长为亚洲最大的动画制作公司，成功跻身全球动画制作第一梯队，先后与微软、美国艺电、索尼、腾讯、网易、梦工厂、迪士尼等行业巨擘建立起长期合作伙伴关系，制作完成《阿凡达》《驯龙高手》《极品飞车16：亡命狂飙》《侠盗猎车手5》《逆战》等作品。2013年，有"动画奥斯卡"之称的国际动画领域最高荣誉"安妮奖"在美国加州大学洛杉矶分校举行了第四十届颁奖仪式，原力动画公司两位高级动画师石子木和闫加壮凭借参与制作美国梦工厂电视动画片《驯龙记：伯克岛的龙骑手》，入围"安妮奖"电视类动画片最佳角色奖，这是该奖项自1972年设立四十年以来，中国动画人首次获得提名，充分体现了原力动画的制作水准。同时，原力动画也在进行全球化战略布局，并实现了由制作加工到创意、制片、制作全流程开发的战略转型。2014年4月，原力动画在洛杉矶组建创作团队，邀请到海内外动画电影制作顶尖人才，为自己的第一部原创电影《妈妈咪鸭》奠定了稳固的基石。其后，两国团队又共同开发了《*Old Zilla*》《*Where The Mountain Meets The Moon*》两部自主知识产权的原创动画。据悉，原力动画还制定了每十八个月便创作一部原创动画电影的长期战略规划，坚持围绕IP进行全产业链布局的方针。2018年4月，第一批南京市独角兽、瞪羚企业榜单发布，原力动画榜上有名（表3-2）。

表3-2　2018年第一批南京市培育独角兽名单

序号	项目名称	项目全称	行　业	公司轮次	成立时间	区（园区）
1	苏宁体育	苏宁体育产业集团	文化体育	A轮	2015	雨花台区
2	华捷艾米	南京华捷艾米软件科技有限公司	智能硬件	A轮	2014	雨花台区
3	车置宝	江苏车置宝信息科技股份有限公司	汽车交通	C+轮	2010	雨花台区
4	八天云商	江苏八天校园云商有限公司	消费生活	C轮	2013	雨花台区
5	前沿生物	前沿生物药业（南京）股份有限公司	医疗健康	C轮	2013	江宁区

（续表）

序号	项目名称	项目全称	行业	公司轮次	成立时间	区（园区）
6	小视科技	南京甄视智能科技有限公司	人工智能	B轮	2015	江宁区
7	物联智能家居	南京物联传感技术有限公司	智能硬件	B轮	2009	江宁区
8	南京传奇生物	南京传奇生物科技有限公司	医疗健康	未披露	2014	江宁区
9	车享购	江苏车享购二手车交易市场有限公司	汽车交通	未披露	2015	玄武区
10	好享家	好享家舒适智能家居股份有限公司	房产家居	B轮	2009	玄武区
11	BYTON 拜腾	南京知行新能源汽车技术开发有限公司	汽车交通	A轮	2017	栖霞区
12	诺唯赞	南京诺唯赞生物科技有限公司	医疗健康	B轮	2012	栖霞区
13	康众汽配	江苏康众汽配有限公司	汽车交通	B+轮	2013	高淳区
14	世和基因	南京世和基因生物技术有限公司	医疗健康	C轮	2013	江北新区
15	原力动画	江苏原力电脑动画制作有限公司	文娱传媒	D轮	2010	建邺区
16	开沃汽车	开沃新能源汽车集团有限公司	新能源汽车	B轮	2010	溧水区

来源：南京市独角兽、瞪羚企业白皮书。

2016 年江苏原创电视动画片产量为 23 部 8 913 分钟，精品迭出。2016 年 5 月，国家新闻出版广电总局公布 2015 年度少儿节目精品及国产动画发展专项资金项目评审结果，江苏优漫卡通频道及《茅山小道士》《粉墨宝贝》等 13 个动画项目获奖。其中，昆山粉墨文创发展有限公司带来的大型昆曲元素 3D 动画《粉墨宝贝》，由台湾著名漫画家林政德带队主创，首次将人类口头与非物质文化遗产的中国百戏之母昆曲艺术与现代动漫的表现形式相结合，被誉为最能代表中国动漫产业“未来”的动漫精品，并获得国家广电总局“中国梦”动画项目荣衔及国内外 60 余项动画奖项。

从 2006 年起，江苏每年还组织动画产业基地、企业和学校、播出发行机构以“江苏动画”整体形象统一组团参展中国国际动漫博览会，组织动画机构参展法国戛纳电视节、昂西动画节、日本东京动画节、韩国动画节、深圳文博会等国内外知名展会，广泛对接行业和市场，展示江苏动画的品牌形象和江苏作为动画大省的整体实力。

2007 年 11 月，国家新闻出版总署下发了《关于同意在安徽省合肥市、芜湖市建设动漫产业发展基地的批复》。此后，安徽动漫产业得到了迅猛发展，取得了骄人成绩。

合肥动漫产业发展至今，已有多家企业打响国内外品牌。原创漫画图书《三国演义》获得“国家新闻出版总署原创动漫重点扶持项目图书类第一名”，并在日本发行；《黑脸大包公》先后在美国麒麟、日本大富、台湾正东等电视台热播，并与加拿大、新加坡、马来西亚等国家电视媒体签署了播放协议，实现了安徽本土动漫电视剧打开海外市场的“零”突破；《量子王国的故事》是国内第一部介绍量子物理学知识的科普动画片，将知识融于故事中，情节幽默、趣味盎然，引发广大青少年的兴趣和思考。合肥国家级动漫和服务外包产业基地，以新兴动漫、网络游戏、虚拟现实、影视制作和服务外包等产业为发展方向。据统计，2009 年，其动漫产业已实现总产值 1.5 亿元，服务外包产业实现总产值 4 亿元；2010 年，动漫和服务外包产业基地的各类动漫和服务外包企业达 200 家以上，动漫和服务外包总产值实现 20 亿元，税收达 1 亿元，其中，动漫产业总产值不少于 5 亿元，服务外包总产值不少于 15 亿元。目前，合肥国家动漫产业发展基地已被列入安徽省“861 计划”及合肥市“1346”行动计划，不仅合肥市内一批动漫企业积极要求进入合肥国家动漫产业发展基地，海内外也有不少动漫企业积极联系，了解合肥国家动漫产业发展基地的有关支持政策和投资环境情况，为入驻合肥国家动漫产业发展基地做着积极的准备工作。

芜湖在动漫文化产业发展中起步较早，2006 年，芜湖以招商引资的方式引进深圳华强集团，投资建设一座亚洲最大的第四代主题公园——方特欢乐世界。它拥有完全自主知识产权，集文化科技旅游为一体，被誉为中国

“迪士尼”。开业一年，接待游客达 192 万人次，仅门票收入就超过 2 亿元，成为安徽省游客人数仅次于黄山的第二大景点。得益于方特欢乐世界的强力带动，2007 年 11 月，芜湖被国家新闻出版总署授予“国家动漫产业发展基地”称号。2008 年，安徽省设立“合芜蚌自主创新综合配套改革试验区”，芜湖成为试验区的重要城市。芜湖市委、市政府进一步提出，在现有三大支柱产业之外，发展装备工业、环保设备、文化创意三大战略性支柱产业，培育新的经济增长点。以动漫产业为代表的芜湖文化创意产业，一出生便呈现出蓬勃的发展生机。在方特欢乐世界主题公园建成之后，芜湖以国家级动漫产业发展基地授牌为契机，着力打造动漫产业发展基地的步伐不断加快。2008 年底，总投资 25 亿元的芜湖华强文化科技产业园项目开工建设。该项目集创意、设计、生产、研发、销售、人才培养于一体，是芜湖动漫产业发展的又一重要引擎。此后，依靠以文化为内核，以科技为引领，以旅游为市场，创造性地打造符合地方实际的“芜湖模式”，让芜湖在国内动漫产业发展的区域竞争中，完成了一次“弯道超车”的精彩跨越。2013 年春节期间，由方特制作的《熊出没之过年》在央视少儿频道首播以来，十几天的时间里多次重播，以 3.85％的超高收视率创下央视少儿频道的收视纪录。时长 55 分钟的片子，方特芜湖基地承担了 40 分钟的创作量。随后，为满足市场需求，方特梦幻王国主题公园大量引入“熊出没”元素，将动漫与主题公园和文化衍生品结合起来，打造完整的动漫产业链。此外，芜湖新华联大白鲸海洋公园也是动漫的海洋，其主打海洋元素，吸引儿童群体，与方特形成差异化竞争。同时，新华联还在打造鸠兹古镇，弘扬芜湖铁画等地方优秀传统文化。而芜湖本土的互联网知名企业三只松鼠也在悄然布局动漫产业，松鼠萌工场动漫文化公司通过“三只松鼠”品牌形象动漫化战略，将品牌 IP 延伸至文化产业，52 集原创动漫片《三只松鼠》已获国家新闻出版广电总局备案。

此外，安徽省“十二五”规划中还将马鞍山、淮南两市也纳入了动漫产业基地建设。在第二届中国国际动漫创意产业交易会上，淮南市的动漫原创《淮南子传奇》备受瞩目，和中央电视台动画公司签下合作大单，成为安徽原创长篇动漫一支“轻骑兵”。

第六节 创意设计产业

2014 年，国务院出台《关于推进文化创意和设计服务与相关产业融合发展的若干意见》，着重强调创意设计产业是新型、高端服务业的重要门类和典型代表，提升其发展水平并与相关产业深度融合，有利于增强先进制造业和现代服务业的产业层次、人文内涵和核心竞争力，对促进创业创新，拉动就业意义重大。在国务院的推动下，创意设计产业广受重视，有力提升了我国设计的质量和水平。与此同时，北京国际设计周等活动的举办，也使得各种创意产品层出不穷，设计热潮持续涌动，甚至催生出了一些新产业、新业态。据统计，我国文化创意和设计服务业呈现蓬勃发展势头，2016 年实现增加值 5 843 亿元，比 2013 年增加 2 127 亿元，年均增长 16.3%；从营业收入看，2017 年规模以上文化创意和设计服务业营业收入为 11 891 亿元，比上年增长 8.6%。

长三角在这一领域目前处于国内领先水平。如早在 2010 年 2 月，上海就加入联合国教科文组织“创意城市网络”，被联合国教科文组织授予“设计之都”的称号。从上海设计之都活动周、上海时装周到室内设计周，每年上海都会迎来各类设计类博览会与活动，通过这些交流平台，创意设计产业正在成为上海文化创意产业的重要组成部分，并渗入了城市生活的方方面面。与此同时，各类创意园区中不同的企业集聚，也为创意设计产业的发展提供了机遇。未来，上海将继续大力发展创意设计，加快实现由“中国制造”向“中国智造”的转变。

在创意设计行业，一系列活动与博览会的举办营造了促进行业发展的多元平台。上海每年举办设计之都活动周、上海时装周、中国国际工业博览会设计创新展、上海高级定制周等活动，从不同侧重角度，为企业搭建产业合作交流平台，营造良好氛围。中国国际服装服饰博览会自 2015 年起移师上海，是亚洲地区最具规模与影响力的时尚服装专业展会。2017 年上海设计之都活动周，主场展览面积 13 000 平方米，吸引了 3.5 万观众参观，120 余家展商参展，系列配套活动共计超过 100 场。被誉为中国室内设计发展“风向标”的中国室内设计周自 2017 年起由北京移师上海，与上海国际室内设计节合并举办，这是继上海与国际室内建筑师设计师团体联盟共同发布《IFI（上海）设计宣言》后，上海建设“创意城市—设计之都”工作所上的又一台阶。据了解，2017 年，以广告服务、设计服务为主的创意设计类实现增加值 454.45 亿元。①

多方的资源与平台推动了上海创意设计产业的发展，另一方面，创意设计也融入到了产业转型升级、城市建设更新、关爱改善民生、国际交流合作、促进可持续发展等方方面面。比如中国商飞设计研发中心承担了 C919 中型客机的工程设计任务和技术抓总责任，以工业设计和集成创新引领，集合全球众多企业之力，2017 年 5 月完成了 C919 客机成功试飞，11 月完成了长距离转场飞行。又比如中外建筑设计事务所通力合作，总高 632 米的上海中心大厦落成，成为又一地标；此次 BIM 技术完整地引入到项目设计、施工与管理的全过程之中；大厦首层 132 米长的琉璃墙体装饰《心相山水》和三十七层 480 平方米无缝珐琅地板为上海工艺美术大师作品。“世博城市最佳实践区”的后续设计开发坚持绿色低碳、生态环保理念，集创意设计、交流展示、产品体验等为一体，获得 LEED-ND 铂金级认证，在节能、节水、减少二氧化碳排放、提高室内生活品质及节材方面有突出的绩效。

未来，随着政策的扶持与企业自身的探索，上海的创意设计产业将逐渐提升本土自信，推动中国设计走向国际，并在国际上占据一席之地。下一步，上海将重点以“设计之都”、“时尚之都”、“品牌之都”建设为抓手——从工业设计、建筑设计、服务设计、广告设计着手强化设计驱动，着力建设国际“设计之都”；聚焦时尚服装、工艺美术、美丽健康、时尚家居、时尚数码等领域，加快建设国际“时尚之都”；从上海城市品牌塑造与产业集聚区的打造切入，迈向品牌经济，构建国际“品牌之都”。

浙江在发展创意设计产业上有诸多创新。如“设计浙江”是浙江省经信委、浙江省科技厅为贯彻落实浙江省推进工业设计产业发展现场会精神，按照《关于共同推进浙江省工业设计与技术创新融合发展的合作协议》有关要求而建立的面向全省设计基地、设计机构和设计人才等工业设计产业链上

① 中共上海市委宣传部文化改革发展办公室、上海市文化事业管理处：《2018 年上海文化产业发展报告》，2019 年 1 月。

所有合作伙伴的网上服务平台。浙江省创意设计协会成立于 2010 年 1 月 9 日，是全国首个省级“创意设计”协会，由从事创意设计教育、培训、创意设计产品开发、推广等相关产业、院校、科研机构的人士按照自愿平等的原则组成具有独立法人资格的非营利、专业性、全省性社会团体。浙江还专门打造了一个创意设计为定位的特色小镇梦栖小镇。据良渚新城官方网站显示，梦栖小镇的“核心区(创新设计区)面积约 2.96 平方公里”，其坚持“有核无边”的空间布局，“东至网周路，南至古墩路，西至美丽洲路，北至莫干山路”，可以说与杭州核心区相接紧密。2016 年 12 月 1 日，首届世界工业设计大会(WIDC)在梦栖小镇召开，这场大会是杭州在继 G20 峰会后，再次迎来的世界级盛会。此外，这里还是意大利金圆规奖永久颁奖地、中国设计原创奖永久颁奖地，是中国唯一一个以设计为核心的工业小镇。与其产业定位相称，梦栖小镇的镇名“梦栖”，取自沈括《梦溪笔谈》的谐音，为“设计梦想栖息之地”之意。良渚是沈括的故乡，梦栖小镇的气质，从其名便可见一斑。整个梦栖小镇核心区紧邻杭州城主干道，便于其内交通往来，有着最为基础的区位优势，在 2015 年便引进创新设计相关产业项目 200 个，集聚引进创业、设计人员 3 000 名。梦栖小镇的品质提升还在于其产业链的完善，从而为更多的人才降低了进入行业的门槛。比如小米生态链谷仓学院，其立意之一便是“帮助传统制造企业转型升级，挖掘本地创业团队，经谷仓学院的孵化和深度介入，提升创业成功率，最优质的团队可以被推荐进入小米生态链家族”。如今，浙江的创意设计企业也较有实力，如 2017 年，位于浙江杭州的杭州未末工业设计有限公司设计的汽车脚垫荣获德国红点奖。

江苏对创意设计产业较为重视。2015 年 4 月，江苏召开全省提升文化创意和设计服务产业发展水平工作推进会，会议印发了《关于加快提升文化创意和设计服务产业发展水平的意见》(苏政发〔2015〕39 号)、《关于提升文化创意和设计服务产业发展水平行动计划(2015—2017 年)》(苏政办发〔2015〕31 号)，对江苏提升文化创意和设计服务产业发展水平作出全面部署，提出到 2020 年创意设计产业增加值占江苏文化产业增加值 25% 以上。据悉，2015 年，江苏创意设计产业增加值达到 772 亿元，同比增长 7.9%，占江苏文化及相关产业增加值的 24.1%；创意设计法人单位 36 202 家、从业人员 434 715 人，营业收入 1 985 亿元，成为江苏文化创意产业的中坚力量①。南京高校资源丰富，大量优秀文创设计类专业大学生为南京的创意设计产业发展集聚了巨大潜能。自 2015 年起，南京创意设计周就成为向世界传递南京创意设计主张的重要平台，是国内极具影响力的创意设计展示、推介、交流及交易平台。南京创意文化设计中心也在南京市委宣传部、南京市发改委等部门指导下成立，是南京市文化投资控股集团牵头出资设立的非营利组织（NPO），是南京文创设计产业发展的助推器，致力于构建协同创新的综合平台，培育创意设计人才，打造城市创意品牌，促进文化创意产业的高质量发展，运用设计与创新为城市创造更多价值，为打造全国重要文化创意中心城市服务。南京的创意设计产业主要集中在玄武区，得益于丰富的科技人才资源、独特的文化旅游资源等配套支撑，玄武区创意设计产业一直保持稳步发展的良好势头，近 3 年来城乡规划设计、建筑设计等高端工程设计产业年均增幅超过 20%。2018 年，玄武区年设计产值超过 30 亿元，创意设计产业已成为玄武经济新的增长极②。

安徽的创意设计产业基础较好，数据显示，2015 年，安徽设计服务业法人单位约有 1.23 万家，居全国第 7 位③。2018 年 6 月，安徽省工业设计产业联盟在蚌埠市正式宣告成立。安徽省工业设计产业联盟由安徽省经信委担任理事长单位，有关高校、政府部门、国家级工业设计中心企业担任副理事长单位，理事单位由相关 24 所高等院校、155 家省级工业设计中心以及相关企业、协会组成。联盟成立后，将推动安徽有关产业政策的制定，加大对工业设计产业发展的推动力度，营造良好的工业设计产业发展环境。同时，整合政府、企业、高校、科研院所等多方资源，实现联盟企业间的资源共享、人才互补，以及技术、资金和产品的合作，探索政产学研用相结合的产业创新有效机制，搭建产业基地、技术服务、市场对接等平台，提高工业设计成果的转化。据介绍，安徽省工业设计产业联盟将促进设计创新带动产业创新，促进工业设计与产业融合，把设计创新融入品牌培育、产品研发、生产制造和商业运营，推动“设计＋品牌”、“设计＋科技”、“设计＋智造”等模式，打造

---

① http://www.ce.cn/culture/gd/201703/16/t20170316_21056989.shtml.

② http://dy.163.com/v2/article/detail/EG16F72C0514BDCJ.html.

③ http://epaper.anhuinews.com/html/ahrb/20150720/article_3335691.shtml.

“设计+”产业链，帮助企业提高产品核心竞争力。同时，发挥产业联盟桥梁、纽带的功能，帮助解决单个企业不能解决的共性、普遍问题，共同推动安徽工业设计创新升级快速发展。

第七节　演艺产业

党的十九大报告强调，中国特色社会主义进入新时代，我国社会主要矛盾已经转化为人民日益增长的美好生活需要和不平衡不充分的发展之间的矛盾。美好生活需要文化，文化创造美好生活，文化供给水平的提升和文化消费潜力的释放，对于提升人民群众的获得感、幸福感具有举足轻重的作用。在文化创意产业门类中，演艺产业可谓最具幸福感的产业。近年来，随着国民经济的快速发展，我国演艺产业也呈现空前活跃的局面。数据显示，2018 年国内演艺市场总体规模达到 514.11 亿元，较上年上升 5.03%。其中演出票房收入（含分账）182.21 亿元，同比上升 3.03%；农村演出收入 29.02 亿元，同比上升 10.22%；娱乐演出收入 78.56 亿元，同比上升 1.99%；演出衍生品及赞助收入 35.68 亿元，同比上升 5.16%；经营主体配套及其他服务收入 52.89 亿元，比 2017 年降低 3.89%；政府补贴收入（不含农村惠民）135.75 亿元，比 2017 年上升 9.07%。①

在 2017 年 12 月出台的《关于加快本市文化创意产业创新发展的若干意见》中，上海提出推动演艺创作从“高原”走向“高峰”，向世界呈现中国元素、讲述中国故事，着力打造亚洲演艺之都。2018 年，上海年演出场次超过 3 万场，观众人次超过 1 600 万，演出收入约 18 亿元。创作演出能力有效提升，全市各文艺院团加强创作，舞剧《永不消逝的电波》、芭蕾舞剧《闪闪的红星》、纪录片《大上海》《理想照耀中国》、京剧《北平无战事》、沪剧《匿名者》《敦煌女儿》《一号机密》、话剧《追梦云天》、歌剧《晨钟》《田汉》等 12 部重点作品完成创作并上演。伦敦交响乐团、音乐剧《猫》等国际顶级演出成功引进，《不眠之夜》《时空之旅》等驻场品牌形成品牌影响力。上海大剧院、东方艺术中心、国际舞蹈中心等成为“上海首演计划”主要舞台，全年上演世界首演

① 中国演出行业协会：《2018 中国演出市场年度报告》，2019 年 7 月。

剧目 10 余场、中国首演剧目 20 余场。演艺市场主体发展壮大，国有文艺院团"一团一策"改革不断深入，民营院团扶持力度加大，2018 年全市共有剧团 329 家，其中，市级国有院团 18 家、区级国有院团 3 家，民营院团 308 家，民营院团占剧团总量的 93%；演出经纪机构 1 511 家，绝大部分为民营演出公司。剧场设施布局不断完善，全市共有剧场 152 个，其中 800 座以上的大型剧场占 20%。年演出场次超过 200 场的剧场有 20 家左右。重点区域项目建设有序，2018 年 11 月，市区加强联动，将上海人民广场演艺区正式定名为"演艺大世界"，成立领导小组，制定三年工作计划，加快区域剧场群的综合改造，推动成立演艺大世界联盟。浦东新区推动世博园区旅游演出剧场群建设，深化前滩信德文化演艺中心、宝钢大舞台、世博文化公园等项目建设。静安区以美琪大戏院作为现代戏剧谷核心剧院，联动周边剧场群，做强静安戏剧文化品牌。虹口区以上海音乐谷国家音乐产业基地为重点推动剧场群建设，引进上海音乐产业促进会，举办中国音乐产业发展论坛。

浙江演艺产业实力强劲，如被认为是"演艺产业第一股"的宋城演艺就是浙江的上市公司。2009 年，浙江出台《关于加快发展民营文艺表演团体的意见》，调动社会力量参与文化大省建设，积极推动演艺产业发展，加强文化与旅游业的融合。近年来，浙江扶持了宋城演艺等一批在全国有影响力的民营文化龙头企业，对《宋城千古情》《印象西湖》《印象普陀》等大型演艺项目的策划、选址、招商、引资以及营销推广等，政府都给予了大力支持，提供了良好的政策环境和优质服务，充当了浙江演艺产业发展的坚强后盾。宁波城市职业技术学院伍鹏认为，深度挖掘民族文化和地方特色文化，借鉴国内外经典演出的艺术表现手法来表现演艺主题是浙江演艺产业得以成功运作的关键①。如《宋城千古情》《吴越千古情》《西湖之夜》《印象西湖》都注重深挖杭州本地文化的内涵，表现杭州的人文景观和历史文化经典；《印象普陀》依托"海天佛国"普陀山，以观音文化与海洋文化为主题，展现了普陀厚重的观音文化和海洋文化；《千岛湖·水之灵》以全景水舞台的方式展现了淳安深厚的历史文化和浓郁的地域特色以及千岛湖的形成历史。此外，要想使一个演艺品牌经久不衰，更离不开持续性的创新发展。因此，浙江的演

① 伍鹏：《旅游演艺产业发展的"浙江模式"》，中国旅游报 2014 年 4 月 8 日。

艺产业不断坚持改革创新。如《梦幻太极》作为横店影视城的标志性演艺秀，自 2007 年推出以来，已经历了 6 次改版。《宋城千古情》从诞生到现在，始终坚持每天一小改，每年一大改的产品创新原则，并根据不同时期旅游团队的构成调整演出剧目和内容，以满足不同游客的文化需求。在营销方式上，浙江演艺产业注重与旅行社等企业联动对接，随时根据市场的晴雨表及时做出有效反应。《印象西湖》《西湖之夜》《印象普陀》等旅游演艺都十分注重与旅游企业的联动对接，合作建立风险共担、利益共享的机制。杭州也以打造“中国演艺之都”为目标，数据显示，截至 2017 年底，杭州有文艺表演团体 182 家，演出场所 97 家，演出经纪机构 290 家。作为著名旅游城市，杭州在 2017 年全年旅游人口 1.6 亿，其中国际游客 400 万，国内游客平均停留 2.97 天，国际游客平均停留 3.2 天，这些数据为剧院建设和产业链构建提供了强大的消费支撑。根据大麦网的数据，杭州的演唱会票房已经超过广州，紧随北京和上海。杭州市内剧院演出的平均票价，不低于甚至会略高于北京和上海。正是因为近年来杭州演艺市场的不断扩大，各路资本纷纷抢滩杭州演艺市场。2015 年 6 月，加拿大蒙特利尔太阳马戏团决定在新天地工业遗存厂房区域内，开辟出一个面积约 13 000 平方米、容纳 1 450 座席的梦幻演出空间，2018 年正式开演，每年演出 450 场，票房达 50 万人次。2017 年 3 月，来自美国百老汇的倪德伦环球娱乐公司正式签约杭州城市之星国际文化旅游综合体项目，落户杭氧杭锅老厂房原址，未来将把百老汇的经典剧目引入杭州。2018 年，保利剧院公司正在规划进入杭州市场。显然，杭州的演艺市场已经成了各路资本眼中的“香馍馍”。

近年来，江苏的演艺产业成果丰硕。截至 2016 年底，昆剧青春版《牡丹亭》已在海内外演出 320 余场，其中在美国、英国、新加坡、希腊、突尼斯等国家和地区演出 60 余场。淮剧《小镇》几乎拿下戏曲类全国各大奖项。话剧《雨花台》在全国高校巡演 100 多场。歌剧《运之河》、京剧《青衣》、苏剧《国鼎魂》、锡剧《大风歌》、昆剧《顾炎武》、扬剧《史可法·不破之城》等广受好评。江苏演艺集团是江苏演艺产业的领军企业，旗下拥有歌剧舞剧院、京剧院、昆剧院、话剧院、锡剧团、扬剧团、交响乐团、民族乐团、评弹团、木偶团等 10 个院团（涵盖 12 个艺术门类）和舞美中心、江苏省演出公司、江苏资产管理经营公司、江苏演艺传媒中心、江苏苏演艺术培训中心、江苏演艺艺术发展公司等 6 个子公司。集团四度蝉联“全国文化企业 30 强”，七度获得“国家文化出口重点企业”称号。江苏省演艺集团创作积累了一批优秀文艺作品，获国际及国内奖项数百项。京剧《骆驼祥子》、昆剧《牡丹亭》、大型民间歌舞《好一朵茉莉花》、扬剧《王昭君》、锡剧《珍珠塔》、评弹《唐宋古韵忆江南》等剧（节）目在国家级评比中名列前茅，话剧《枫树林》获第十四届“文华大奖”，民乐“茉莉花组合”获第九届中国音乐金钟奖民乐组合比赛金奖，昆剧《1699・桃花扇》获全国“五个一工程”奖、“文华大奖特别奖”，现代京剧《飘逸的红纱巾》先后获全国“五个一工程”奖、第五届中国京剧节现代戏金奖榜首和“文华优秀剧目奖”。不拘泥于以精彩纷呈的剧目打开市场，江苏演艺集团还高度重视海外市场，大力推动文化走出去战略。演艺集团紧紧抓住在日本、比利时两家海外分公司落地生根的契机，以国际化的推广和运营模式努力与国际演出市场对接，推动具有江苏特色、中国风韵的舞台艺术产品进军海外。

安徽的演艺产业也较为发达，安徽在《安徽省文化厅“十三五”文化产业发展行动计划》中提出要做强演艺产业，推动符合条件的演艺企业上市融资，助推民营艺术院团打出品牌、做强做大，支持安庆黄梅戏、蚌埠泗州戏及花鼓灯、临泉杂技、宿州马戏等安徽特色演艺品牌发展壮大。安徽演艺集团是安徽演艺产业的龙头企业。2010 年 2 月，由安徽省黄梅戏剧院、歌舞剧院、杂技团、话剧院、徽京剧院、安徽大剧院、演出总公司等组建成安徽演艺集团，打破了安徽省属院团原来“小而全”“散而弱”的分散格局，形成不同领域、不同样式的优势互补、多环节协同发展的规模效应。成立以来，安徽演艺集团在改革创新中焕发出强大生命力：集团组建后的短短两年，就排演新剧（节）目 59 台，完成演出 4 320 场次，演出收入达 7 219.2 万元，经营收入 8 618 万元，真正实现了“出戏、出人、出效益，全面解放艺术生产力”的改制目的；黄梅戏纪实情景剧《安徽好人颂》、融入新业态的 3D 全息黄梅戏《牛郎织女》、徽韵动漫剧《小红帽梦幻奇遇记》《黑脸大包公》、舞台剧《徽班》、话剧《万世根本》等都实现了口碑与票房双赢的良好效果。不少剧目不仅演出时场场爆满，而且屡屡获得国内外大奖。一大批演员在舞台上崭露头角，渐渐为全国观众熟知。近年来，安徽演艺集团又顺应“互联网＋”发展大势，在全国首创推出“有戏安徽”专区，构建剧场、电视、网络、手机“四位一体”戏曲传播新模式，让观众通过 PC 端或移动端即可免费观看剧场演出直播。此外，安徽演艺集团积极实施文化“走出去”工程，推动黄梅戏、杂技、民乐、徽剧等具有徽风皖韵的特色文艺样式走出国门。2018 年 9 月，安徽演艺集团所属安徽省歌舞剧院、黄梅戏剧院演出团赴美交流，先后在明尼苏达州明尼阿波利斯市圣・凯瑟琳大学剧场和匹兹堡市匹兹堡大学剧场精彩上演《明州月故乡情》大型文艺演出和《皖风徽韵》花鼓灯、黄梅戏大型文艺演出，演出受到当地观众的热烈欢迎。在美演出期间，安徽省歌舞剧院和安徽省黄梅戏剧院的演员们还与当地舞蹈学校的师生们进行了艺术交流，省歌舞剧院的舞蹈演员不仅向当地的舞蹈学生展示集训、技巧和古典舞身韵，还示范教学、教授当地舞蹈学生傣族、汉唐等舞蹈的技巧。

第四章　长三角文化创意产业的载体

第一节　文化创意园区

自 2004 年以来，长三角地区创意园区迅速崛起，就发展的速度、规模和影响力而言，已位居国内前列。上海、杭州、南京、无锡等地的创意产业园区具有相当规模与特色，并已经形成了以上海为龙头，带动杭州、南京、合肥的长三角文化创意产业园区共同发展，以动漫游戏、广告设计等为优势行业的文化创意产业集聚态势。

（一）长三角文化创意园区发展的历史沿革

上海在全国首创园区建设与历史建筑保护相结合的发展模式，于 2005 年 4 月为第一批文化创意园区授牌。20 年来，上海文化创意产业园区始终是上海推进文化创意产业发展的重要载体和抓手。截至 2018 年，上海共有 137 家市级文化创意园区，其中 20 家为市级示范园区（表 4-1），总面积达到 717 万平方米，入驻文化创意企业总数近 2 万余家，入驻企业创造税收超过 300 亿元。品牌连锁运营成效显著，德必、越界和 8 号桥等一批有条件的园区在实施专业化运营和深度服务企业的基础上，积极建立可复制可推广的管理服务标准，打造自身的品牌价值和影响力。发展生态呈现多元化态势，在文化创意企业集中办公和文化创意资源集聚的基础上，产业园区、公共社区、城市街区“三区融合”的开放型园区正逐步涌现，江南智造、金山嘴渔村等积极探索，因地制宜叠加更多文化创意体验和生活休闲等功能。

表 4-1　上海市文化创意产业示范园区

序号	园区名称	运营单位
1	上海张江文化创意产业园区	上海张江文化控股有限公司
2	国家对外文化贸易基地(上海)	上海东方汇文国际文化服务贸易有限公司
3	上海 8 号桥文化创意产业园区	上海八号桥房屋租赁有限公司
4	德必易园	上海德必易园多媒体发展有限公司
5	800 秀创意产业集聚区	上海八佰秀企业管理有限公司
6	上海天地软件园	上海天地软件创业园有限公司
7	M50 艺术产业园	上海 M50 文化创意产业发展有限公司
8	花园坊节能环保产业园	上海花园坊节能技术有限公司
9	中国(上海)网络视听产业基地	上海紫竹数字创意港有限公司
10	中广国际	中广国际广告创意产业基地发展有限公司
11	南翔智地	上海南翔智地企业投资管理有限公司
12	金山国家绿色创意印刷示范园	上海金山绿色创意印刷示范园发展有限公司
13	创异工房	上海佳利特实业有限公司
14	中国梦谷——上海西虹桥文化创意产业园	上海五天实业有限公司
15	越界・田林坊	上海锦和商业经营管理股份有限公司
16	城市概念软件信息服务园	上海睿置投资管理有限公司
17	中版创意设计产业基地(IF 如果)	上海昇禾水润文化投资有限公司
18	智慧湾	上海智慧湾投资管理有限公司
19	海阔东岸文化创意园	上海林泉高致文化发展有限公司
20	术界创 e 园	上海术界文化发展有限公司

1998 年，我国台湾地区建筑设计师登琨艳先生租下位于上海南苏州河路 1305 号约 2 000 平方米的旧日杜月笙粮仓，将其改建为工作室；同年，陈逸飞入驻泰康路 210 弄的弄堂工厂创办工作室，并带动黄永玉、尔冬强、王劼音等一批艺术家入驻；1999 年，留美的北京建筑设计师刘继东先生租下约 5 000 平方米苏州河北岸的四行仓库，除自留工作室，还将多余的空间出租

给同行，吸引了国内外知名设计公司落户。这是上海文化创意产业园区的雏形。

其中，位于卢湾区泰康路 210 弄的田子坊在当时引起争议。原本在旧城改造中面临拆迁，在街道、入驻艺术家、社会有识人士、媒体多方的呼吁下，最终得到政府的支持，田子坊作为文化创意园区得以保留至今。沪上著名学者厉无畏在《人民日报》撰文指出，“泰康路地块面积不大，但人文价值很高。从建筑而言，有典型江南乡村民居、西式洋房、中式石库门建筑和新式里弄建筑，还有 20 世纪 70 年代前后的工业厂房建筑，记录了上海开埠以来社会经济发展的历程。近几年，中外创意产业机构纷纷在这里落地生根并不偶然，它唤醒了被人淡忘的海派文化意象。这种对人文、对历史的召唤，有弥足珍贵的社会意义。全国大多数城市的旧城改造，几乎无一例外地破旧立新，不加选择地对目标地块实施商务性、市场性整体开发，以求经济效益和数字政绩的大幅提升，缺乏文化追求。商务性、市场性开发容易实现，而人文性、传统性遗存却是后天难求的。所以，泰康路最有前景的发展之路是打造创意产业，而不是实施并无竞争优势的商务性、市场性房地产开发”。①

厉无畏的观点引起了巨大的社会反响，引发了“田子坊效应”，不仅掀起了上海文化创意产业发展的热潮，也为政府日后引导上海文化创意产业有序发展提供了前瞻性思路。

2005 年 4 月 28 日，在上海市经济委员会等部门的组织下，“首批上海创意产业集聚区授牌仪式暨项目推介会”召开，标志着上海市文化创意园区开始成型。首批推介的文化创意产业园区共 18 个，占地面积 487 亩，建筑面积 41 万平方米。这 18 个文化创意园区共入驻了来自 30 多个国家和地区的 826 家文化创意企业，从业人数达 1 万多人。短短两年，文化创意园区进入迅速扩张期，几乎“遍地开花”，截至 2006 年，上海正式授牌了 75 家创意产业集聚区，集聚区总建筑面积达 221 万平方米，涉及 30 多个国家和地区的创意设计企业 3 500 多家，从业人员达 2.7 万人，人均产出达到 60 万元。但“创意园区缺创意”受到各方批评。为规范上海市创意产业集聚区的发展，避免快

① 厉无畏：《构筑上海的“苏荷”》，《人民日报 · 华东新闻》2004 年 7 月 8 日。

速扩张的内涵缺失和地产化倾向，2007 年停止授牌并对前四批集聚区实施年检。2008 年，上海市经济委员会出台了《关于印发上海市创意产业集聚区认定管理办法（试行）的通知》（沪经规〔2008〕375 号）。截至 2008 年底，前四批授牌的集聚区中共有 69 家通过年审，建筑面积为 207.2 万平方米，入驻企业 3 965 家，从业人员 8.4 万人，营业收入 229.6 亿元，总税收 16.2 亿元。

2009 年，上海市经济和信息化委员会对上海创意产业集聚区进行了第五次授牌，2010 年上海评选出 15 家"管理规范、特色鲜明、产业集聚、功能突出、贡献显著、品牌知名"的创意产业示范集聚区。2010 年上海创意产业集聚区已经超过 80 家，建筑总面积逾 268 万平方米，入驻企业 6 110 家，从业人员 11.47 万人，营业总收入 422.2 亿元，比 2008 年增长 84%，总税收 25.35 亿元，比 2008 年增长 56%。

2010 年上海世界博览会的举办，以及上海加入联合国创意城市网络并获"设计之都"称号，成为推动上海文化创意产业发展的强劲动力，文化创意园区在空间维度上呈现从集聚到辐射带动的集群化发展态势。如黄浦区结合街区改造，整体规划江南智造集聚区"一区六园"的产业形态；环同济创意设计集聚区在原有的基础上，重点打造以功能性服务平台建设为主体的设计一场项目，成为上海建筑设计的核心区；静安区对昌平路沿线的 18 家创意产业集聚区进行资源整合，建设昌平路时尚设计集聚带；长宁区整合区内上服集团、世贸商城、东华大学及其周边共计 14.2 平方公里的核心区域，打造环东华时尚创意产业集聚区。第一批创意产业集聚区"田子坊"被列入创意社区进行试点，划定了南起泰康路、北至建国中路、东临思南路、西迄瑞金二路的范围，通过文化创意园区的发展拉动周边相关产业和社区的和谐发展，实现创意园区与城市社区的互动，打造真正意义上的创意城区。截至 2013 年底，上海市挂牌的创意产业集聚区数量达 87 家。

2014 年，出台《上海市文化创意产业园区管理办法（试行）》，整合原 50 家市级文化产业园区和 87 家创意产业集聚区，有 106 家获"上海市文化创意产业园区"称号。园区整合以后，形成国家数字出版基地、环同济建筑设计基地、环东华大学等产业门类集聚、功能定位明晰的产业基地式园区，及张江文化创意产业园、江南智造等注重与科技、创意、贸易、金融、旅游等跨界融合的园区；各类文化创意产业园区呈现出专业化、特色化、品牌化特征；园区能级进一步提升，SOM 建筑和规划事务所、GAP、大众点评、木马、洛可可等国内外知名企业入驻后，产生良好生态效应。目前上海市已认定的 137 家市级文化创意产业园区，基本覆盖全市，总建筑面积近 700 万平方米，入驻文化创意企业 2 万余家，入驻企业总营收近 5 500 亿元。带动就业近 50 万人。

2015 年，上海市评选出“上海文化创意产业示范园区”，这些园区成为上海的“明星”文化创意产业园区，体现了政府鼓励的园区发展方向，即经济产出保持健康快速增长，产业集聚和带动效应显现，园区公共服务能力强，同时对促进产城融合发展、城市工业记忆保留与建设更新等方面都起到积极作用。

2016 年，上海发布《上海市文化创意产业发展三年行动计划（2016—2018 年）》，提出要推进文化创意产业园区实施品牌化、特色化和连锁化发展战略，促进园区发展提质增效，建设国家对外文化贸易基地、中国工业设计研究院等十余个国家级文化创意产业基地，上海张江文化创意产业园区、8 号桥等百余个市级文化创意产业园区，上海国际时尚创意楼宇、方糖小镇等千余个文化创意楼宇和众创空间，构建基地、园区、楼宇、众创空间等互为补充的产业载体布局。

2017 年，《关于加快本市文化创意产业创新发展的若干意见》明确提出：提升文化创意园区发展能级。深化部市共建，强化上海张江国家级文化和科技融合示范基地、国家对外文化贸易基地（上海）、上海张江国家数字出版基地、中国（上海）网络视听产业基地、金山国家绿色创意印刷示范园区、上海国家音乐产业基地、国家级文博创意产品开发生产基地、中广国际广告创意产业基地、江南智造等国家级基地的引领示范作用。支持南上海文化创意产业集聚区建设。加快市级文化创意园区专业化、品牌化、特色化发展，实现园区品牌输出。加强市级文化创意园区和示范楼宇、示范空间的规划建设和认定管理。支持符合条件的现有市级文化创意园区、新增重大文化创意园区开展公共服务平台建设和小微企业孵化、贷款担保等专业服务应用推广。推动建设市文化创意园区行业协会。

目前，空间形态上的上海文化创意产业呈现“一轴两带”的发展格局。“一轴”是指“延安路城市发展轴”，“两带”是指“黄浦江滨江集聚带”和“苏州河滨河集聚带”。“一轴”集合了大虹桥商务区、上海国际舞蹈中心、环东华时尚产业集聚区、静安时尚创意产业示范区、静安现代戏剧谷、淮海中路国际时尚消费区、南京东路—环人民广场文化旅游消费区、陆家嘴金融贸易旅游会展集聚区、张江国家数字出版基地、张江文化科技创意产业基地和动漫谷、临港新城文化装备制造业基地等上海市文化创意产业发展重要节点，该集聚带中段形成了以专业会展、广告创意、商贸咨询、数码制作、文化贸易、工艺礼品、高端演艺、特色娱乐等商务型文化创意服务为主要特征的服务全国、辐射长三角的产业发展轴。随着中国博览会会展综合体、中国北斗产业技术创新西虹桥基地等一批重大功能性平台项目落户西虹桥，延安路城市发展轴西端正加快拓展，比如青浦区重点围绕“建设生态宜居现代化新青浦”，立足“产城一体、水城融合”，正在加快形成集“生态、生产、生活”等综合功能于一体，具有水都特色和历史文化底蕴的文化创意新城镇。“黄浦江滨江集聚带”汇聚了包括上海国际时尚中心、杨浦滨江工业设计功能区、北外滩航运中心咨询策划功能区、十六铺上海码头文化创意旅游功能区、世博园区城市最佳实践创意区、江南智造创意设计功能区、徐汇滨江文化传媒和博物馆群落功能区在内的，以研发设计、会展、广告、旅游、咨询、时尚消费、文化创意展示、演艺娱乐、主题观光等为特色的上海市文化创意产业发展重要节点。“苏州河滨河集聚带”分布了一系列上海市文化创意产业发展的重要节点，包括普陀长风生态文化园、M50、长宁湖丝栈创意园、静安苏州河沿线时尚体验区、闸北苏河湾、虹口上海音乐谷在内，主要以设计、媒体、艺术、广告、动漫、游戏等为特色的，形成了体现仓库文化与沿岸工业文化相融合、集旅游休闲与创意体验功能于一体的文化创意产业集聚带。

浙江目前建成各类文化创意园区有 143 个，吸纳文化企业近 1.8 万家，吸纳就业 40 余万人，总产出近千亿元①。这些文化创意园区集中分布在杭州、宁波等城市。园区发展模式呈现多元化特征，旅游景点配套、特色楼宇打造等形式的创意园区纷纷出现，打破了只能由工业遗存改造为创意园区的传统观念，初步形成一批在影视动漫、文化创意等领域的具有较强影响力的特色文化产业集群。

---

①　李思屈：《2016 浙江文化产业发展报告》，浙江工商大学出版社 2017 年版，第 124 页。

杭州市文化创意产业在 2018 年实现增加值 3 347 亿元,占 GDP 比重达 24.8%,这种发展成果离不开杭州市文化创意园区的贡献。2005 年,杭州第一个文化创意园区 LOFT49 在运河边正式诞生,其集聚了美国 DI 设计库、潘天寿环境艺术研究院、江南布衣等 20 多家创意设计公司,涉及日用品设计、建筑设计、服装设计、广告策划、商业摄影、景观设计、美术雕塑、装饰设计等多个创意门类,完成产值超过 1 亿元,被认为是文化创意产业与工业历史建筑和运河文化保护开发相结合的一个典范。此后,杭州的文化创意园区如雨后春笋般涌现。2007 年,浙江省文化创意产业实验区挂牌成立。浙江省文化创意产业实验区一期面积 8 万平方米,坐落于杭州萧山的休博园内,是目前中国规模最大的文化创意园。实验区同时囊括了广告设计、建筑设计、艺术和工艺品、时尚设计、影视传媒、表演艺术和出版等多种创意产业形态。为尽可能将其打造成引领浙江文化创意产业发展的龙头,当地政府在工商、财政和融资等方面都给予了相当多的优惠政策。政府部门还为实验区专门搭建了包括政府领导小组、专家顾问团队以及信息交流、投资咨询、人才储备、展示交易、后勤服务和国际交流等在内的公共服务平台。

近年来,杭州文化创意园区的发展颇具亮点。2017 年底,国家新闻出版广电总局批复同意杭州萧山区创建浙江国家音乐产业基地。该基地的目标是弥补杭州音乐产业的发展短板,优化全国音乐产业发展布局,让音乐产业成为杭州文创产业的新特色和新增长点。被称为“影视新硅谷”的中国(浙江)影视产业国际合作实验区管委会于 2017 年 12 月正式揭牌,全国 10 家代表影视产业中坚力量的媒体企业在大会上成立“中国电视剧(网络剧)出口联盟”。中国(浙江)影视产业国际合作实验区是由国家广电总局批复成立的全国唯一一个以出口为导向的国家级影视产业园区,未来浙江华策影视的总部也将迁址于此。2018 年 6 月,《之江文化产业带建设规划》发布。之江文化产业带以钱塘江杭州段为轴线,以上城、江干、西湖、滨江、萧山、富阳等 6 个沿江分布的主城区为核心,并向上游和下游区域延伸拓展,未来将成为辐射带动浙江文化创意产业发展的核心区域和国内外知名的文化产业集聚地。根据规划,之江文化产业带总体构建“一带一核五极多组团”的空间开发格局。核心是“之江发展核”,位于之江转塘及紧邻的富阳银湖区块。

该区域将结合之江文化中心、中国美术学院、浙江音乐学院以及西湖艺创小镇、云栖小镇、龙坞茶镇等文创资源，重点谋划建成“之江数字文化产业园”。未来，它将成为三大数字文化产业组团中心：全球“互联网＋”数字文化产业中心、全球影视产业集聚中心和全球演艺娱乐中心。依托阿里巴巴、西湖高等研究院等企业科研机构，“之江发展核”还将建立以“文化＋科技”为特色的全省数字文化产业公共技术服务平台，并筹划建立电影学院。此外，滨江（白马湖）、奥体（湘湖）、上城、九乔和富春“五大发展极”，将成为产业带沿江扩展的重要支撑点和发展增长极。

截至 2017 年底，杭州已有国家级文化产业园区（基地）10 家，依托工业旧厂房、旧仓库、旧建筑、农居等资源，打造了西溪创意产业园、之江文化创意园、运河天地文化创意产业园、白马湖生态创意城等市级文化创意产业园 24 个，建成面积 854.31 万平方米，集聚企业 5 770 家①。

目前，杭州市文化创意园区的建设背景可分为三类：一是由工业遗存如工业老厂房、老仓库改造而成。如 LOFT49、山南国际创意园、凤凰国际创意园、经纬国际创意园等均属于此类；二是由旧农居改造的园区，如白马湖生态创意城中的柴家坞农居 SOHO 创意园和外桐坞艺术村等；三是新建的园区，如西溪创意园、江虹国际创意园、凤凰创意大厦、白马湖创意生态城等。杭州文化创意园区的经营模式也在不断提升，经历了纯租房子的 1.0 时代、“租房＋简单服务”的 2.0 时代、“租房＋多项服务”的 3.0 时代、“租房＋保姆式服务＋举办创意大讲堂等各种公益性交流活动”的 4.0 时代。过去三年，杭州文化创意园区一直在发展，成绩也是显而易见的。

宁波的文化创意园区起步较早，2008 年 7 月，宁波市的首家市级创意产业园“新芝 8 号”开园，这是一个集创意、设计、文化为一体的文化创意园区。随后，文化创意园区在宁波遍地开花，如江北区结合旧城改造等城市建设项目，推出了甬江北岸工业遗存文化创意园区、创意 1956 园区等文化创意园区，使一批老工业厂房获得新生。海曙区盘活启运路 86 号等闲置地块，成为文化创意产业平台。梅山保税港区投资 30 多亿元，建立中国（宁波）广告交易中心有限公司暨文化创意产业创新基地，内有文化创意产业园、文化

① 杭州市人民政府地方志办公室：《杭州年鉴（2018）》，2018 年 12 月。

创意产业创业孵化中心等。这些园区通过培育、引进文化创意企业，有的已经形成了文化创意产业集群。镇海区常住人口仅 20 万余，但在过去几年，有 1 000 多家文化创意企业落户，汇集了上万名文化创意从业人员，累计营业收入达 32 亿元。这些企业多以工业设计为推手，促进宁波企业由制造向智造转变，由产品向品牌转变。2016 年上半年，宁波出台了《宁波市级文化创意产业园区认定及管理办法》，宁波音乐港等 15 家文化创意园区获评首批“宁波市级文创产业园区”。截至目前，宁波共评定两批 20 家市级文创产业园区。位于海曙区的宁波启运 86 微电影主题产业园是宁波文化创意园区的佼佼者，该园区 2013 年底建成，是宁波市第一个由民营资本进行全额投资、改造、招商、运营和管理的文化创意园区，以“微电影”为主题，兼具室内影视剧拍摄、制作以及其他影视文化服务，先后荣获首批“海曙区文化创意产业园区”、首批“宁波市级文创产业园区”。

近十年来，江苏文化创意产业快速发展，涌现出一批主题不同、形态多样、功能互补的文化创意园区。自 2009 年到 2015 年，江苏省文化创意产业园呈现阶梯式增长，园区数量由 2009 年的不足百家迅速增加到 2015 年的 202 家，增加比例达到 100%以上。江苏文化创意产业园的建设不仅仅数量上增加，在园区建设质量、主题设定及组织模式上也都有了较大的提升。其中，“南京秦淮特色文化产业园”入选第五批国家级文化产业试验园区，实现江苏零的突破。江苏文化创意园区的效益也增长显著，营业收入从 2013 年的 167.2 亿元增长到 2016 年的 243.2 亿元，增速超过 10%。这也进一步说明文化创意产业作为一个新兴产业所具有的巨大发展潜力。

目前，江苏的文化创意园区以南京和无锡最有特色。

南京借鉴国内外文化创意产业发展的先进经验，并充分分析南京当前文化资源状况和文化创意产业发展状态，提出重点发展和扶持建筑设计、广播影视、工艺美术、计算机软件设计、动漫游戏、广告设计、时尚设计、表演艺术、出版发行、工业设计等十大文化创意产业。为了发挥文化创意产业的集聚效应，引导其在空间上的合理分布，避免重复、分散化建设，南京提出结合老城工业旧厂房和住宅区功能改造、近代建筑保护，重点建设“一带、五片”共六个文化创意产业集聚区:石头城文化创意产业带、高新区软件园动画产业基地、江苏工业设计园、晨光文化创意产业园、幕府山国际休闲创意产业园、世界之窗创意产业园，拟将南京建设成为全国有影响的文化创意产业基地。

无锡的文化创意产业以影视产业为主，2012 年，无锡的影视制作公司尚凤毛麟角。经过几年发展，在由轧钢厂改造而成的无锡国家数字电影产业园里，聚集的影视企业已达 600 余家。如今，无锡国家数字电影产业园目前已经成为无锡影视产业的重要推手。作为一个由国家新闻出版广电总局和江苏省人民政府合作共建的国家级电影产业基地，无锡国家数字电影产业园自 2013 年开园以来，牢牢把握影视产业未来发展方向，围绕“数字影视科技”这一关键要素布局谋篇，以“科技拍摄”和“后期制作”为核心，着力打造现代电影工业产业链。产业发展特色鲜明，成果斐然，并先后被评为“国家级科技与文化融合示范基地”“中国重要制片基地”“国家 AAAA 级景区”等。统计显示，2017 年，无锡国家数字电影产业园共承接影视剧拍摄制作达 200 多部，完成影视剧立项申报 125 部，招引了 80 余个剧组制景拍摄。众多园区影视企业的作品纷纷登陆大小荧幕，其中如电影《战狼 2》《变形金刚 5》等获得不俗的票房，电视剧《人民的名义》《那年花开月正圆》成为 2017 年的爆款，收视率创下了历年之最。近年来，园区先后开发建设完成了数字电影科技馆、5D 光影秀、品啦明星馆、航天太空体验馆、电影科技馆、民国风情小镇影棚体验馆等 10 多个影视主题互动体验项目。同时还充分依托现已建成的文旅项目和高端影视产业平台，结合教育培训、团队拓展等元素，研究开发了“电影工业深度之旅”特色产品以及“小演员成长记”主题亲子游产品，在上海、苏州、南京等地广受欢迎，成为现代文化旅游的新潮流、新方式。园区每年举办旅游节庆活动 10 余场，“星月光影”主题派对活动、万圣魔幻嘉年华主题活动、圣诞、春节等特色活动，景区逐步成为长三角地区“最电影”的文化潮流体验中心。未来，园区还将紧紧围绕打造“现代影都”加快二期项目开发建设，强化品牌推广，作优体验式产品细节，充分放大产业明星效应，打造“最电影”的时尚潮流星地带。

近年来，为推动文化创意产业快速发展，安徽较为重视文化创意园区建设，2012 年 12 月，原新闻出版总署批准同意安徽省建立国家级数字出版基地，全国第十个国家级数字出版基地落户安徽，以“一基地两园区”的形式设立合肥园区和芜湖园区。2013 年，安徽确立芜湖方特非遗文化游乐园、池州九华山大愿文化园、黄山徽文化艺术长廊、宣城中国宣纸文化产业园、亳州老子文化生态园、安徽出版集团数字印刷文化产业园、蚌埠星宇文化创意产业园、滁州中国文具产业示范园、合肥国家级文化和科技融合示范基地以及芜湖国家级动漫产业基地等首批10家省级文化产业示范园区。2014年5月，安徽又确定合肥万达文化旅游城、宿州市钟馗文化园、蚌埠龙子湖文化产业园、阜阳印刷包装产业园、淮南文化设备用品和创意产业园、芜湖复兴之路爱国主义教育基地、中国（宣城）文房四宝产业园、铜陵天井小镇文化旅游区、池州市杏花村文化旅游区、安庆市五千年文博园和合肥国家广播影视科技创新实验基地11家重点扶持的文化产业示范园区（基地）。2014年12月，安徽省蚌埠大禹文化产业示范园区成功晋升第五批国家级文化产业示范园区，成为国家级文化产业示范园区十大园区之一。在《“十三五”时期文化改革发展规划》中，安徽提出要“创建2至3个国家级文化产业示范园区，建设10个省级文化产业示范园区，评选命名100家省级文化产业示范基地。”

从安徽各地级市分布情况来看（图4-1），园区数目多且发展较快的城市有合肥、芜湖、马鞍山、阜阳、淮南、宿州和六安，园区数多达54个，占园区总数的74%。其中，合肥、芜湖的文化创意园区主导产业明确，公共服务平台和设施相对完备，产业链相对完整，示范作用比较明显，吸引着大批文化企业集聚发展，已涵盖了艺术、传媒、动漫、影视等各个领域。

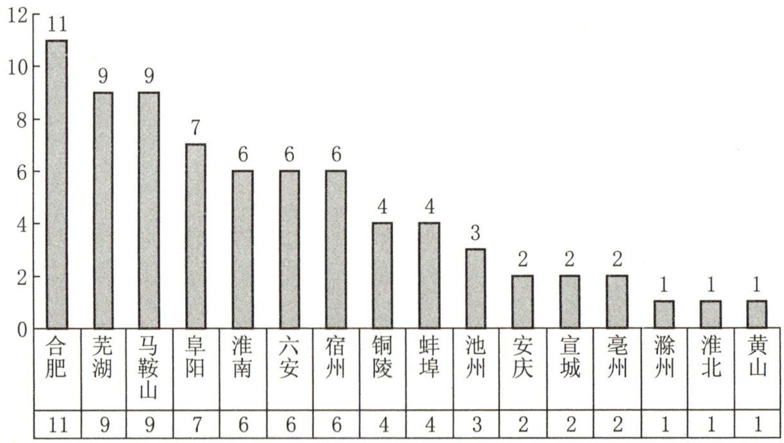

图4-1　2014年安徽省16个地级市文化创意产业园区分布情况

合肥高度重视文化创意园区的产业示范、辐射和带动作用，近几年，先后申报了国家文化和科技融合示范基地、国家广播影视科技创新实验基地、国家文化出口基地等7个国家级文化产业示范基地。依据2014年7月出台的《合肥市文化产业示范基地评选管理办法》，首批20家市级文化产业示范基地已正式挂牌。

目前，合肥重点建设的文化创意园区有：以动漫游戏、数字出版、影视制作、智能语音为重点的国家级文化和科技融合示范基地；以新兴动漫、网络游戏、虚拟现实、影视制作和服务外包等产业为发展方向的国家级动漫和服务外包产业基地；以广电技术、新媒体、影视制作、广播影视节目为主要内容的国家广播影视科技创新实验基地等，涵盖了文化制造业、文化服务业等多个门类，汇集研发、生产、营销及衍生品开发等各个范畴，充分发挥了产业集聚的溢出效应。

文化创意产业一直都是芜湖市重点发展的支柱性产业。目前，芜湖市引进了方特旅游度假区、新华联海洋公园、鸠兹古镇、腾讯电竞小镇等一批文化旅游项目，打造了1个国家数字出版基地和12个省级文化产业示范园区，先后建成方特、雨耕山、大砻坊等一批文化创意园区，动漫、游戏、影视等文化互娱产业呈现良好发展态势。安徽国家数字出版基地芜湖园区代表了芜湖文化创意园区的高度，按照规划将被打造成具有特色的差异化发展的数字出版产业集群，建设成为“立足芜湖、辐射全省、影响全国”的知名数字出版产业基地。园区主基地以芜湖华强文化科技产业园和鸠江文化创意产业园为依托，以数字出版内容创意为核心；辅基地以芜湖服务外包产业园、新华印务产业基地和高教园区为依托。华强文化科技产业园以文化产业多项领域生产研发基地与主题公园组团结合的方式形成大型文化科技产业园区，是一家集创意、设计、研发、生产、展示、经营及人才培训于一体的国际一流的文化科技产业基地。基地以动漫为主题的大型文化主题公园“方特梦幻王国”已经建成运行，投资18亿元的动漫主题公园芜湖“方特欢乐世界”门票收入屡创佳绩，成为我国第四代动漫主题公园的新标志。“方特梦幻王国”和“方特欢乐世界”成为安徽“天造黄山、佛造九华、人造方特”三大旅游品牌之一，跻身中国旅游景区前百强。华强动漫产量居全国前列，生产的《熊出没》系列动画片收视率居高不下，曾经连续7周在央视少儿频道收视率排名第一。安徽国家数字出版基地芜湖园区2016年营业收入、纳税总额分别达50亿元和2.47亿元,同比分别增长15.5%和38.8%。

(二)长三角文化创意园区发展的典型案例

由上海锦和商业经营管理股份有限公司打造的“越界”是上海文化创意园区著名品牌。锦和商业成立于2007年,一直以来致力于对城市既有商用物业提供全价值链一站式服务。目前,锦和商业累计服务商用物业达35个,已投入运营和正在改造面积累积近80万平方米,其连锁品牌“越界”被评为文化创意产业园区运营管理领域的首个“上海市著名商标”,业务规模更是覆盖了长三角最活跃的上海、杭州、南京、苏州等城市。旗下最大的项目——越界创意园,原为上海金星电视机总厂,地处上海市徐汇区田林地区。锦和商业将老厂区打造为8.2万平方米的创意空间,2008年5月开始对外运营。目前已有超过千家企业入驻锦和商业开发的文化创意园区,包括58同城、德国毕克加特纳(上海)公司、光韵达3D打印、篱笆网、芳草地画廊等知名企业。产业集聚效益产生以后,“越界”与徐汇区政府和腾讯在园区内共建了腾讯上海创业基地,以上海为中心建设了全国产业型众创平台。截至2015年底,共孵化项目60个,总估值16亿元,融资31个项目,就业8 000余人。一批中小企业从园区起步,逐渐成长为品牌企业,登陆资本市场。如唯品会2015年登陆纽交所,游族影业2014年成为A股上市游戏第一股。这些企业都从“越界”走出。此外,园区在公共服务建设上想了很多新招,打造了园区公关服务平台i越界,为园区中小文创企业提供急需的招商融资、人才培训、政策宣讲、商务服务、法律咨询、品牌推广、党群服务等配套服务。2016年至2018年,锦和商业营业收入分别为5.3亿元、6.44亿元、8亿元,归属净利润分别为1亿元、1.18亿元、1.77亿元。

国内文创园区连锁经营领先品牌德必从2006年起投资运营文化创意产业园区,现已在全球拥有70多家文科创产业园,遍布上海、北京、南京、成都、苏州、杭州等国内主要城市以及美国硅谷、意大利米兰和佛罗伦萨,即将在泰国曼谷、英国伦敦布局。从为小微企业提供拎包入住的“DoBe·Space”系列,到迎合中小企业需求的生态办公“易园”系列,再到适应国际化企业发展需求的“WE″系列”,经过十五年的探索,德必现已形成个性不同的品牌条线。园区共集聚1万多家文创企业,平均出租率超过98%,文创企业集聚度超过

85%。德必创始人贾波是记者出身。十五年来，德必已成为中国最知名的文化创意园区连锁经营品牌之一，经营面积超过百万平方米，服务全球20多个国家的1万家文化创意企业和20万白领，其中估值超过10亿元人民币的企业超过100家，甚至率国内之先，把文化创意园区开到了海外。眼下，德必又将在泰国曼谷、英国伦敦等全球创新创意之都布局。

2003年，上海科房投资有限公司借上海产业转型之际，从房地产企业转型为一家创意空间服务企业，先后在虹口、宝山、杨浦、徐汇等区域建立起了以明珠园、半岛湾、智慧湾、凤城巷、长阳谷等为代表的品牌园区，并形成了创业孵化、增值服务等特色服务，集聚和培养了一支优秀的园区管理和服务团队，从企业入驻伊始到发展壮大，为各类型企业提供了便捷高效的服务，如今已在上海建立了16个园区，服务1 500多家企业，拥有园区产业孵化器共20个，在孵项目达300多个。成立至今，科房公司最大的优势是集成与创新，2016年，科房公司对淞沪铁路江湾站旧址进行了改建升级，使其变身为大柏树集装箱创客走廊，使用集装箱激活闲置高架空间，引进了多家文创和科技的创新型创客，使大柏树集装箱创客走廊成为虹口科创中心的重要承载地。目前，国内著名众创空间"蜂巢孵化器"、火车模型展示体验中心、以铁路文化为主题的旅行书吧、"日食记"等多个"网红"创客都已入驻。如今，借着上海"文创50条"发布的东风，科房公司也在研究如何融合科创和文创，推动文化创意园区转型升级。

2017年10月，文化部公布了第一批10个获得"国家级文化产业示范园区"创建资格的园区，位于杭州的白马湖生态创意城位列其中，它是长三角唯一入选的园区。近年来，白马湖生态创意城举办了中国国际动漫节、海峡两岸文化创意产业高校研究联盟论坛、世界休闲产业博览会、杭州文博会等一系列具有国内和国际知名度的重要会展，打响了白马湖的品牌知名度。此外，中国网络作家村于2017年12月落户白马湖生态创意城，目前，已集聚了唐家三少、管平潮、月关、猫腻等多位"大神"级网络作家和悦蓝泛娱、掌维科技竺网络平台，同时吸引了集数资本、江盛资本等专注网络作家和作品的创投基金。未来，它将努力打造成具有最美都市乡村风情的中国网络文学第一村。

1865创意产业园是南京文化创意园区的典范。自2007年开园以来，已引入 210 余家设计创意、科技研发、文化传媒、艺术品展销等类企业，受到市场青睐。2016 年，1865 创意产业园的营业收入突破 30 亿元。它的前身是清末时任两江总督的李鸿章于 1865 年在南京创办第一家近代工业企业——金陵机器制造局。园区修旧如旧，完整保存并集聚了清朝建筑 9 栋、民国建筑 22 栋、1949 年后建筑 20 余栋、当代建筑 10 余栋，堪称一座反映中国工业建筑历史演变的博物馆。如今，这里有小资情调的咖啡馆、风味独特的酒家饭店、隐秘的私人会所、收藏、绘画、古董与艺术的云集，还有充满童趣的动漫和极富创造力的 IT 行业，已经成为生活休闲、商业办公和艺术集锦三合一的小资场所，被称为“南京最文艺的地方”。

2016 年 8 月，创意文化产业集聚发展合肥基地正式获批，包河区成为安徽省战略性新兴产业集聚发展基地中首个创意文化产业集聚发展基地。国家新闻出版广电总局三院安徽分院、中国广电设备认证分中心等研发创意项目先后落地，中财新媒体产业基金、合肥中电科国元产业投资基金、安徽数字创意产业联盟等项目相继入驻。当年，即共完成创意文化产业产值 433 亿元，税收 12.2 亿元，固定资产投资 113 亿元①。一个个优质项目的引进，推动该基地逐步形成了特色产业优势。如今，以国家广播影视科技创新实验基地、安徽广电传媒产业集团为代表的下一代广播电视网国家战新技术和广播影视业，以安徽新华发行集团和安徽出版集团为代表的数字出版发行业，以安达创展科技股份有限公司、佛光集团等为代表的创意和设计服务业，以万达文旅城、安徽演艺集团为代表的创意和休闲娱乐业，在基地实现蓬勃发展。文化创意产业已成为包河区最具潜力的主导产业之一，文化软实力日益增强。

（三）长三角文化创意园区发展存在的问题

文化创意园区是长三角发展文化创意的重要载体，如今较为普遍，但大体而言，仍处于较低的水平。自上海首创文化创意园区以来，不少开发商一拥而上，利用资本优势获取对工业性质土地的开发权，由于开发商“坐拥”工业用地的“土地红利”，因此并无运营压力，也无转型升级的动力，导致长三角主题鲜明、品牌突出的示范园区为数不多，同质化现象比较普遍。如上海

① http://epaper.hf365.com/hfrb/html/2017-04/06/content_283995.htm.

尽管市级层面的文化创意园区已经超过一百家，整体水平也在国内处于领先，但除M50、8号桥等少数园区主导产业集聚度较高之外，多数园区的入驻企业行业相对分散，园区也并无创意的氛围。上海尚且如此，则长三角的其他城市更可以想象。

长三角的文化创意园区还缺乏规划和有效管理，园区处于低层次运作，重复建设严重，造成了资源的巨大浪费，甚至出现了入驻企业与文化创意产业无关的情况，与设立园区的初衷不相吻合。部分园区缺乏整体配套设施，主要依托一般性的物业配套服务和收取租金盈利，没有相关的平台给予企业以便利的运作环境。企业之间缺少整合，各自为政，管理部门之间缺乏协调，不能形成一体化的产业链。

（四）长三角文化创意园区发展的展望

从长三角地区的做法看，在历史文化底蕴挖掘、平台打造、品牌特色以及对区域发展的影响力和带动力方面，文化创意园区有很大的潜力可挖。长三角文化创意园区在调结构、促转型、提能级、增活力等方面可从以下方面入手：

促进文化创意产业带状连片集聚发展。从上海市看，文化创意园区发展的关键是规模化和品牌化，这既是园区集聚企业的需要，也是文化创意产业形成产业链的必要条件。产业氛围不足，制约了文化创意产业发展的整体带动效应。借鉴上海大场地区和张江地区的经验，带状连片的组团式布局和产业投资式的运营模式是发挥规模效应的可行之路。将文化创意与挖掘文化底蕴结合，对沿街绿化带、支马路改造赋予更多历史人文元素，融合产业园区与生活社区的功能，营造集聚带内“创意式生活”氛围。同时，建立各园区间、园区内外企业间的互通合作机制，以实现全区创新创意类园区信息共享。根据“定位不同，政策不同”的原则，将政府有限的资源聚集到原创型、平台型、孵化型园区，鼓励打造公共服务平台，提升文化创意产业发展总体水平。

此外，可以实施“走出去”和“打开来”战略。“走出去”是指加强与外省市的沟通，通过租赁合营、股权投资等多种合作方式，打造文化创意园区分园，提高市场竞争力和对区域经济的贡献度。“打开来”是指在今后的园区发展运营中，有必要充分利用现有资源，因地制宜、资源共享，推进文化创意园区与校区、社区融合。如向周边社区居民发放免费票或优惠券,鼓励周边社区居民更多地参与到园区中来。还可以在社区介绍或征集最新的文化创意,在公共宣传栏、社区走廊打造文化创意产品展示平台,让文化创意融入居民生活。

第二节　文化创意企业

(一) 上市文化创意企业

过去几年,长三角文化创意企业发展迅猛,显现了巨大的活力和存在感。

上海文化创意企业品牌影响力不断增强,在细分领域逐步构建了一批有标识度的新兴上海文化品牌矩阵,建立起全球、国家、市级三个层次的自主品牌梯队。形成以澎湃、上观新闻、文汇、新民、界面新闻、第六声、上海日报"SHINE"、东方网等为代表的新闻媒体品牌,以喜马拉雅、蜻蜓、哔哩哔哩等为代表的新兴网络视听新媒体品牌,以世纪出版集团、阅文集团、读客文化为龙头的上海出版品牌。2018 年,上海制定《全力打响"上海文化"品牌加快建成国际文化大都市三年行动计划(2018—2020 年)》,旨在打造"上海文化"品牌。5 月,第十届全国"文化企业 30 强"名单公布,东方明珠新媒体、上影集团、世纪出版入选"文化企业 30 强",其中世纪出版集团首次入选。10 月,第二届"上海文化十强十佳十人十大品牌活动"名单公布,阅文信息、新文化传媒、德必集团等荣获文化企业十强,风语筑、开心麻花、笑果文化等荣获文化企业十佳。

上海目前正在大力发展网络文化产业,而哔哩哔哩是网络视听产业的领军企业。2018 年 3 月 28 日,哔哩哔哩成功在纳斯达克上市,上市后企业市值达 41 亿美元,同比增长 64%,成为二次元领域头部平台。据财报显示,2018 财年哔哩哔哩总营收达 41.3 亿元人民币,同比增长 67%。其中 2018 年第四季度营收为 11.6 亿元人民币,同比增长 57%,超市场预期。截至 2018 年年底,哔哩哔哩的月均活跃用户再创新高达 9 280 万,其中移动端月活用户为 7 950 万,分别同比增长 29%和 37%。

哔哩哔哩的前身是创立于 2009 年的 MikuFans,名字取自日本虚拟偶像初音未来(Hatsune Miku)，2010 年 1 月被正式命名为“哔哩哔哩”。哔哩哔哩持有一系列日本动漫播放权，如《火影忍者剧场版：博人传》《你的名字》等。据艾瑞咨询的报告显示，哔哩哔哩已购买大量日本动漫新番版权，持有量超过腾讯和爱奇艺，为所有中国视频平台最多，自 2015 年 1 月至 2017 年 7 月，哔哩哔哩已持有超过 300 部日本动漫新番版权。目前哔哩哔哩的受众主要是热衷发弹幕的 90 后、00 后，也就是哔哩哔哩招股书中提及的“Z 世代”，不仅催生了哔哩哔哩的 IPO，也带来了一个潜力巨大的产业——二次元①文化产业。而成功登陆纳斯达克的哔哩哔哩，也因此被称作“90 后第一股”。

根据艾瑞咨询发布的数据，截至 2017 年，我国二次元用户整体规模达 3.1 亿，核心二次元用户 0.8 亿人，泛二次元用户 2.3 亿人，人群规模不断增长，泛二次元用户规模越来越大，直接拉动了二次元文化产业的发展。《中国二次元行业调查分析及市场前景预测报告》也提出，2017 年国内二次元市场规模已达到 1 000 亿元人民币，并且预计五年后将迎来 1 000 亿美元的市场规模。

有分析认为，“Z 世代”作为未来国内娱乐消费市场的主要推动力，也使得哔哩哔哩的潜力被持续看好。自 2018 年第四季度以来，哔哩哔哩获得腾讯增持与阿里巴巴入股，并分别与双方达成战略级合作。2018 年 10 月，哔哩哔哩与腾讯共同宣布在 ACG 领域达成战略合作，双方将在包括动漫、游戏联运等一系列内容产业链上展开深度合作，如在版权方条件许可的情况下互相开放动画片库，并在动画项目的采购、参投、自制方面，建立深度联合机制等。2018 年 12 月，哔哩哔哩与阿里旗下淘宝宣布在内容电商以及哔哩哔哩自有 IP 的商业化运营方面达成合作，以更好地打造贯穿线上线下的内容、商品、用户的生态体系。

“十二五”以来，浙江的文化创意产业与资本市场对接持续深入，浙报传媒、长城影视、思美传媒、海伦钢琴等一批文化创意企业成功登陆资本市场，

① 二次元，来自日语的“二次元(にじげん)”，意思是“二维”，引申为在纸面或屏幕等平面上呈现的动画、游戏等作品中的角色。二次元文化产业，则泛指由动画(Animation)、漫画(Comic)、游戏(Game)、小说(Novel)构成的“ACGN”产业及其衍生产业。

浙江设立了东方星空、杭州文投等一批文化创意产业投资基金，杭州市、宁波市、温州市、嘉兴市、绍兴市、台州市则设立一批文创银行。浙江的文化创意企业也较有实力，如浙江出版联合集团、宋城演艺、华策影视等都是全国文化企业30强的常客。截至2018年，浙江已有39家上市文化企业，100家挂牌新三板融资文化企业。这些企业横跨新闻出版、广播影视、文化演艺和文化旅游等多个领域，各有各的精彩。从区域来看，杭州是浙江上市文化创意企业最集中的城市，截至目前，杭州共有30家文化创意企业上市，新三板挂牌累计100家，其中"中国电视剧第一股"华策影视、"中国数字电视内容综合平台第一股"华数传媒、"中国民营广告第一股"思美传媒、"中国网吧服务软件第一股"顺网科技等龙头企业引领行业发展。杭州文创在实践当中造就了一批领军企业，企业的力量不断为杭州文创的发展增添动力。

宋城演艺是浙江上市文化创意企业的代表。它被认为是中国演艺第一股[①]，连续十届获得"全国文化企业30强"称号，创造了世界演艺市场的五个"第一"：剧院数第一、座位数第一、年演出场次第一、年观众人次第一、年演出利润第一。目前宋城演艺正以"演艺宋城，旅游宋城，国际宋城，科技宋城，IP宋城，网红宋城"为战略指引，在杭州、三亚、丽江、九寨、桂林、张家界、西安、上海、佛山、西塘、澳大利亚等数十大旅游区已建成和在建三十大主题公园、上百台千古情及演艺秀，并拥有千古情演艺谷等数十个文化娱乐项目。2018年，宋城演艺实现营业收入32.1亿元，同比2017年增长6.20%；实现利润总额15.4亿元，同比2017年增长18.89%。其中，营业收入构成中显示，现场演艺占比为52.13%，同比增长11.60%；互联网演艺占比38.42%，同比增长为−0.53%。

自2010年上市以来，宋城演艺营收以及净利润连续十年保持增长。更令人惊奇的是宋城演艺超高的毛利率和净利率甚至可以碾压主题公园界的鼻祖——迪士尼。以2018年数据为例，宋城演艺营业收入32亿元，净利润

---

① 宋城演艺发展股份有限公司(原名宋城股份)，2010年12月9日在深圳交易所挂牌上市，成为国内"演艺第一股"。2011年《文化产业导刊》第一期发布了《国内旅游演艺第一股诞生，旅游演艺已成资本追逐热点》的行业新闻，对中国演艺第一股的诞生进行报道。

12 亿元。毛利率和净利率高达 72%和 40%，而迪士尼毛利率和净利率只有 45%和 22%。其他同行包括华强方特、海昌海洋和三湘印象的毛利率、净利率均低于宋城(图 4-2)。

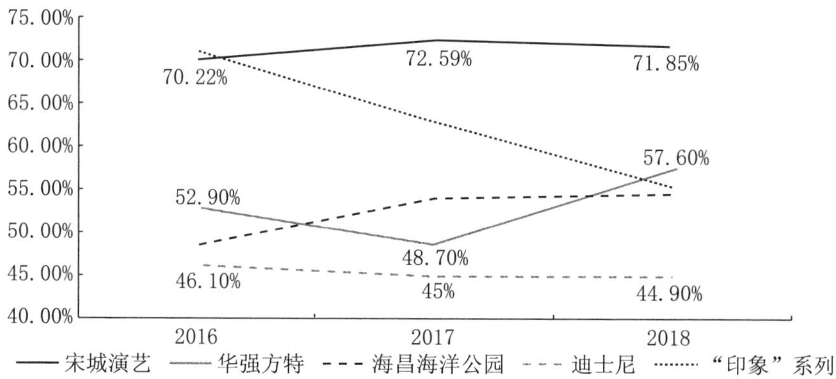

图 4-2 毛利率同业对比(来源:Wind、界面新闻研究部)

宋城演艺的高毛利率和其独有的超大剧场不无关系。因为每台演出成本是固定的，如果观看人数越多，毛利率则越高。宋城剧院的座位数平均在 3 700—4 700 个之间，杭州、三亚和丽江千古情座位数均为 4 700 个，九寨千古情座位数为 3 700 个。对比国内大多数旅游演艺包括"印象"系列演出的座位数大多在 800—1 500 个左右。而且，宋城的演出不受天气影响，全天都可上演。而"印象"系列则是以实景演出著名。例如，同处杭州的"印象"西湖演出一般每天晚上表演两场。即便是新开业的张家界"千古情"演出每天也可以达到 4 场。到目前为止，宋城还保持了世界大型旅游演艺节目单日最高演出场次 18 场的纪录。

如果只有超大剧场而没有上座率保证，也无法实现高毛利。那么，宋城是如何保证高上座率的呢？这就要归功于宋城的强大销售能力。前往宋城的游客以团客为主，长期以来宋城的团客收入占比保持在 85%以上。为了吸引旅行团，宋城一直采用高票价高返佣的策略，返佣比例往往可达 50%以上。到了年底，宋城还会根据旅行社的带客量再进行返点。这样一来，宋城和旅行社就形成了互利共赢的合作关系。导游愿意推宋城线路，宋城也可以获得稳定客源。除了广铺旅行社渠道外，宋城揽客的另一特点是深入基层。宋城往往通过不断地商谈、拜访各地的酒店、茶楼等等最底层渠道，与他们达成销售协议，形成一个巨型销售网络。这样，游客在各地都能看到宋城投放的宣传资料。同样，宋城也给予底层渠道很高的返点，使其在推荐旅游线路时重点推荐宋城。

宋城演艺的经营数据也可以反映这种高返佣的销售模式。因为宋城演艺 95%以上的演艺收入都来自门票。我们根据宋城演艺披露的游客人次和各项目的营业收入，计算得出宋城的平均票价只有不足 50 元。而我们发现不论是携程还是宋城官网，宋城景区门票（附带千古情演出）都在 260 元至 300 元左右。靠着如此强大的赚钱能力，宋城演艺账上的货币资金和交易性金融资产节节攀升，截至 2018 年年末，已经达到了 16.57 亿元（图 4-3）。

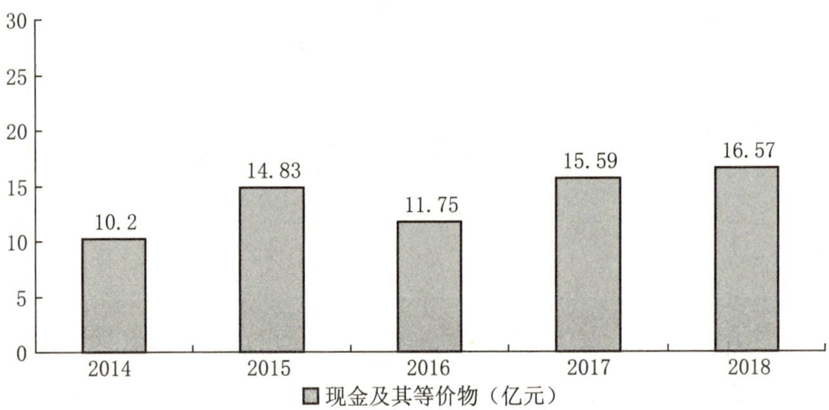

图 4-3　现金及其等价物（来源：Wind、界面新闻研究部）

宋城演艺 2015 年以后频频进行跨界收购。2013 年 12 月，宋城投资约 1.2 亿元获得电影《小时代》制片公司大盛国际的 35%股权，涉足影视行业。2014 年，宋城投资 210 万元购买杭州宋城本末映画创意有限公司 60%的股权。2015 年，宋城斥资 26 亿全资收购六间房，开始了互联网平台直播和现场演艺双轮驱动的业务模式。除了并购之外，2016 年起，宋城演艺多次尝试轻资产输出之路，并把轻资产业务作为支撑公司长期发展的又一品牌业务板块。轻资产输出业务是向合作方提供品牌授权、规划设计、导演编创、托管运营等服务，并通过收取一揽子服务费用及受托经营管理费的方式实现业务收入。“炭河千古情”是宋城演艺的第一个轻资产项目，于 2016 年 6 月签约。宋城演艺凭借品牌管理和创意输出等一揽子服务获得 2.6 亿元相关服务费用，并在后续管理中收取管理费。2018 年 7 月，“炭河千古情”主题公园正式开园一周年，累计接待游客超过 400 万人次，营业收入突破 1.6 亿元，大型歌舞《炭河千古情》演出 1 000 余场。此后，宋城演艺又与佛山、明月山、新郑三地相继签约，公司轻资产“在手订单”超过 10 亿元。其中，《明月千古情》于 2018 年 12 月亮相。但佛山项目却从最初的轻资产输出转为由宋城演艺自主打造，预计总投资为 10 亿元。

“十二五”以来，江苏创新施策，助推创意、科技、金融“三驾马车”拉动文化创意产业发展，不仅创造了产业新业态，也找到了经济新空间。2010 年，江苏在国内组建了第一只文化基金——紫金文化产业发展基金，两期 40 亿元资金已投资 29 个股权项目。江苏的文化创意企业由此得到快速发展，也促使江苏的文化创意产业在全国排名前列，据中国人民大学发布中国省市文化产业发展指数(2018)排名，江苏排在了第三(图 4-4)，仅次于北京和浙江。其中，南京聚集了较多的上市企业，据了解，2017 年南京有文化企业逾 2.1 万家，挂牌上市文化企业 64 家[①]。

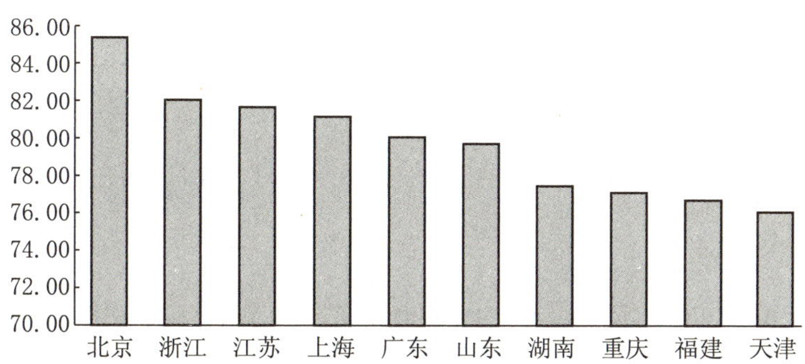

图 4-4　2018 年中国省市文化产业发展指数

连续十届入选“全国文化企业 30 强”的凤凰出版传媒集团是江苏文化创意企业的领头羊。凤凰出版传媒集团控有凤凰传媒、凤凰股份两家主板以

① http://www.cssn.cn/wenlian/201812/t20181203_4787433.shtml.

及新广联等两家新三板上市公司,拥有 9 家出版社、1 家都市类日报,涉及出版、影视、文化酒店、文化地产、金融投资、艺术品经营等板块。2018 年营业收入超过 180 亿元,同比增长 3%。凤凰出版传媒集团在国际拓展上颇有作为,2012 年 4 月,英国 2012 伦敦书展期间,凤凰出版传媒集团在海外成立首家实体企业凤凰传媒国际(伦敦)有限公司。2014 年以 8 000 万美元收购美国国际出版公司的童书业务,是中国出版业第一次用资本的力量收购完整的出版产业链,从主流渠道切入美国文化。8 000 万美元的价格创下了中国出版企业海外并购的最高交易额。PIL 公司童书业务在被并购后,至今运营稳定,出版的有声童书年销量居全美前列,年销售收入在 6 亿元以上。据悉,PIL 公司出版有 1 000 多种童书及儿童数字产品,与迪士尼、芝麻街、尼克国际儿童频道、华纳兄弟等国际品牌都有紧密的合作。通过此次收购,凤凰出版传媒集团获得了 PIL 公司丰富的有声童书出版资源,以及迪士尼等国际品牌形象的授权及其全球销售网络,为凤凰出版传媒集团开拓国际市场奠定了坚实的基础。2016 年版权输出 220 项,比上年增长 10%。40 个项目入选“中国图书对外推广计划”“经典中国国际出版工程”“丝路书香出版工程”等国家级项目。2017 年,旗下 4 家企业、2 个项目分别入选“2017 年度—2018 年度国家文化出口重点企业、重点项目”。凤凰出版传媒集团着力拓展与国际最具出版实力的出版集团、出版机构的战略合作伙伴关系。近年来,凤凰出版传媒集团与法国阿歇特出版集团、美国西蒙 · 舒斯特集团、美国圣智学习集团、德国斯普林格出版社、越南国家政治出版社等建立了战略合作关系,还与美国佩斯大学、英国伯明翰大学、英国伦敦艺术大学、澳大利亚墨尔本大学、匈牙利罗兰大学、佩斯大学孔子学院、智利天主教大学孔子学院等学术、文化机构开展战略合作。依托于此,凤凰出版传媒集团构筑多个平台为“走出去”助力。此外,凤凰出版传媒集团一直致力打造有特色的文化地产,以“筑造城市文化标杆”为目标,将文化主题落实到地产开发中,目前已开发和在开发的项目有苏州凤凰文化广场、南通凤凰文化广场、合肥凤凰文化广场、镇江凤凰文化广场、泰兴凤凰文化广场等。

近年来,安徽文化创意产业总体实力和竞争力不断提升,文化产业增加值连年保持两位数,正在成为推动经济高质量发展的新亮点。2017 年,安徽实现文化及相关产业增加值 1 088.3 亿元,首次突破千亿元大关,占 GDP 比重突破4%，居中部地区第1位。安徽文化创意企业也得到快速发展，2018年前三季度，安徽规模以上文化企业实现营业收入1 717.7亿元，同比增长7.9%。龙头文化创意企业发展稳健。截至2018年6月，安徽共有上市(挂牌)文化企业47家。安徽出版集团、安徽新华发行集团均十次入选“全国文化企业30强”；在中国企业联合会、中国企业家协会发布的“2017中国企业500强”榜单上，安徽新华发行集团成功入围，是全国文化娱乐类唯一一家入选企业；科大讯飞、时代传媒等3家企业成功上市；合肥城市云数据中心股份有限公司等5家文化企业成功登陆新三板。

安徽文化创意企业的代表是2005年成立的安徽出版集团。2018年，安徽出版集团经济规模在全国出版集团中位居第六，在中国服务行业500强中位居第235位，在安徽企业100强综合排名位列第22位，服务业100强排名位列第9位①。

当下，传统出版业备受冲击，市场低迷，网络阅读、手机端阅读、碎片化阅读渐成潮流，这已是一个不争的事实。安徽出版集团却依靠“精品战略”、“跨界融合”、“转型发展”等屡创辉煌，成为业界创新发展风向标。十多年来，安徽出版集团不仅获评“中国驰名商标”，跻身销售收入和资产总额双两百亿文化传媒企业，还是全国第一家出版主业整体上市、第一家发行企业银行中期债券、第一家拥有博士后科研工作站、第一家拥有国家认定企业技术中心的出版集团，创造了许许多多第一或唯一。

据了解，安徽出版集团自成立以来，累计有76个项目获“国家三大奖”，1 000多种图书获得各级各类奖项，332个项目入选“十二五”国家重点出版物规划等国家级重点出版项目，每年都有上百种图书登上各类畅销书排行榜。

2015年11月28日，时代少儿文化发展有限公司揭牌。这是全国首家以出版为核心、以产业为主体的跨国少儿文化产业集团。据悉，时代少儿成立后，将以出版业务为核心，辐射教育培训、数字新媒体、动漫、游戏、影视、文化创意、文化服务贸易、周边开发等少儿上下游产业，最终形成以合肥为中心，辐射京沪并向海外延伸的少儿产业发展格局，并努力打造中国最大的

① http://www.apgmart.com/apg/topic/39.

以出版为龙头的少儿文化产业服务综合体。

十年来，安徽出版集团“跳出出版做出版”，围绕大文化产业，寻求出版产业和其他产业的有效嫁接，先后重组省医药公司、省中国旅行社、市场星报、安泰科技公司，积极推进文化与物流、旅游、教育、绿色建筑等产业融合发展。与此同时，还投资入股读者出版、贵阳商业银行等 10 家出版传媒和金融证券企业，其中，徽商银行已在香港联交所上市。一系列跨界融合发展举措，使得安徽出版集团的社会影响力和产业渗透力不断提升。

作为自出版行业的领军者，2015 年 7 月，“时光流影”参加了第六届中国数字出版博览，“时光流影”和“一键成书”技术一举获得年度数字出版优秀品牌奖和年度数字出版创新技术奖两项荣誉，成为全国唯一一家同一个产品获得两个奖项的数字出版项目。

事实上，“时光流影”仅为安徽出版集团转型发展的一个缩影。与此同时，“时代 e 博”、E 时代三大课堂、ITV 频道、无纸化教材、“豚宝宝”互动阅读平台、时代书香网、时代教育在线、时光流影、时代健康保健咨询服务平台等一大批新项目业已成功运营，为安徽出版集团加快建设现代化、国际化、创新型文化传媒集团进行了有力铺垫。

（二）独角兽企业

独角兽是西方神话中虚构的生物，形如白马，额前有一个螺旋角，是象征纯洁、美好、神秘的吉祥之物。独角兽企业，是指成立时间在十年以内且估值达 10 亿美元以上的非上市公司。2013 年，“独角兽”一词出现，迅速流行于硅谷，并且出现到全球权威金融杂志《财富》的封面上。2017 年科技部公布中国独角兽企业上榜名单，2018 年各地资本市场均向独角兽企业抛出橄榄枝，将“独角兽”概念推向高潮，引发了广泛的关注和讨论。

据长城战略咨询发布的《2018 年中国独角兽企业研究报告》，2018 年中国独角兽数量达到 202 家①。京沪杭深仍是中国独角兽企业的主要集聚地，上述四个城市共有独角兽 156 家，占我国独角兽企业总数的 77.2%。值得关注的是，2018 年起，南京、广州、武汉、青岛等城市崛起，成为新兴的集聚地，

① 具体数字存在争议，如恒大研究院认为，截至 2018 年 12 月 31 日，中国地区广义的独角兽企业有 161 家。

其中南京拥有独角兽企业数量 9 家，在新兴集聚地的阵营中比其他城市略胜一筹。

从行业来看，文化创意产业排名第二，截至 2018 年年底，长三角文化创意领域的独角兽企业共有 5 家(表 4-2)，即上海的界面、喜马拉雅、灿星文化，杭州的网易云音乐，以及南京的连尚文学。

表 4-2　　长三角文创领域的独角兽企业

序号	名　称	成立时间	所在城市	所属领域	估值(美元)
1	界面新闻	2014 年 9 月	上　海	出版产业	13.85 亿
2	喜马拉雅	2012 年 8 月	上　海	网络文化产业	34 亿
3	灿星文化	2006 年	上　海	演艺产业	26.15 亿
4	网易云音乐	2013 年	杭　州	网络文化产业	35 亿
5	连尚文学	2017 年 7 月	南　京	网络文化产业	10 亿

注:数据截至 2018 年年底。

在互联网时代，信息逐渐走向透明化，获取知识途径从原来的传统媒体逐渐转到互联网媒介，信息大爆炸时代将催生更多的传统媒体向新媒体行业转型，一大批网络新媒体如雨后春笋般成长起来。以财经新媒体为例，前瞻产业研究院《2018—2023 年中国视听新媒体行业市场前瞻与投资预测分析报告》数据显示，2016 年财经新媒体行业整体市场规模为 53.1 亿元。2017 年，在交易数据类付费业务下滑、广告收入增速趋缓等不利因素影响下，市场规模仍达到 59.9 亿元，同比增长 12.81%。未来在需求侧和供应侧的双向驱动下，财经新媒体市场规模还将不断提升，预计到 2020 年超过 100 亿元，其中，内容付费占比约为 34.2%。

界面则是其中的佼佼者。界面由中国第一大报业集团——上海报业集团打造，上线于 2014 年 9 月，立足财经、商业新闻，面向城市中高端用户提供专业、权威的新闻资讯，持有 A 级新闻牌照的主流财经新闻集团和财经通讯社，旗下拥有精品新闻业务界面新闻、专业投资资讯平台摩尔金融。2015 年 9 月，界面完成近 9 000 万人民币 A 轮融资，投资方包括小米科技、360、海通证券、国泰君安、联想弘毅、卓尔传媒等。2016 年 3 月，界面完成近 3 亿元人民币 B 轮融资,由中石油旗下昆仑信托领投,不到一年,界面再次获得资本市场的认可。2017 年,界面被中央网信办评为“App 影响力十佳”。在科技部火炬中心、中关村管委会、长城战略咨询、中关村银行联合发布《2017 年中国独角兽企业发展报告》中,界面以 15 亿美元的估值排名第 65 位。2018 年 2 月,界面通过换股的方式,完成与蓝鲸·财联社的整体合并,集“媒体+资讯+数据+服务+交易”五位于一体,将打造成为中国移动财经客户端领先品牌。蓝鲸·财联社是由蓝鲸传媒与证券时报财经传媒集团共同打造的证券资讯终端,公司注册在上海,为 A 股投资者提供“快速、专业、精准”的信息服务。2016 年,蓝鲸传媒集团宣布已获由天风证券旗下天风天睿领投,小米、猎豹跟投的亿元 B 轮融资。从投资方成分来看,蓝鲸与界面关系匪浅。界面 A 轮投资方小米也是蓝鲸 B 轮投资方。从网站内容来看,界面与财联社存在较大的互补性。界面侧重资讯和深度内容,人文气息更重,新闻报道之外,还涉足了电商、内容付费、非虚构写作、纪录片等内容;财联社重信息和服务。目前界面拥有 33 个泛商业频道,报道每天覆盖约 200 家大公司,拥有超过 1 200 万注册用户。第三方机构艾瑞提供的数据显示,界面一直稳居商业资讯类移动 App 指数第一名。

数据显示,中国知识付费用户规模呈高速增长态势,2018 年知识付费用户规模将达 2.92 亿人。有咨询分析师认为,随着移动支付技术的发展和整个社会对知识的迫切需求,知识付费市场不断扩大,用户已逐渐养成知识付费的消费习惯。2012 年 8 月成立的喜马拉雅,总部位于上海浦东张江,2013 年 3 月上线音频分享平台。据媒体公开资料显示,2014 年 5 月,喜马拉雅拿到 1 150 万美元的 A 轮融资,当年底又完成 5 000 万美元的 B 轮融资,两次融资均成为中国互联网音频行业有史以来金额最大的融资个案。在开始几年里,喜马拉雅始终是完全免费的模式。通过上游内容的 PUGC 模式,将中游的大数据撮合,完成下游的智能终端分发,构建完整的音频生态圈。一直到 2016 年才开始改变。这一年被称为知识付费元年,分答、逻辑思维纷纷推出各自的知识付费产品,并在短时间内聚拢了大量的用户。2016 年 6 月,喜马拉雅和马东合作上线付费音频教程《好好说话》。上线首日,限时售价 198 元/年的课程在一天内共计售出 25 731 套,销售额突破 500 万。此后,喜马拉雅在知识付费领域一路狂奔,并借鉴电商促销模式造节,2017 年第二届知识付费节内容销售额达到 1.96 亿元，是 2016 年的 4 倍之多，其中，《蔡康永的 201 节情商课》销售额超过千万，位列榜首，成为又一个内容消费的爆款产品。根据易观发布的《2017 知识付费白皮书》，在 2017 年畅销内容平台分布情况中，喜马拉雅占比达到 57%，蜻蜓 FM 占比为 9%，仅这两家在线音频 App 便占据了整个知识付费领域的“半壁江山”以上，而喜马拉雅表现尤为抢眼。据胡润研究院发布《2017 胡润大中华区独角兽指数》，喜马拉雅以 100 亿元的估值排名第 35。成立至今，喜马拉雅共经历了六轮融资，投资方包括 SIG 海纳亚洲、华山资本、京东、腾讯等知名机构。2018 年 8 月 22 日，喜马拉雅已经完成 VIE 架构搭建，并完成新一轮融资，投资方包括春华资本、腾讯、泛大西洋投资、华泰证券、高盛和新天域，共计投资 4.6 亿美元，投前估值 29.4 亿美元，投后估值 34 亿美元。截至 2018 年 12 月，喜马拉雅总用户规模突破 4.8 亿，包括车载、穿戴、音响智能设备用户及 3 500 万海外用户，活跃用户日均收听时长达 135 分钟。平台有包括杨澜、郭德纲、王耀庆、姚明、郝景芳、梁冬、蒙曼等 3 000 多位知识网红入驻，覆盖财经、音乐、新闻、商业、小说、汽车等 328 类上亿条有声内容，行业占有率超 73%。值得一提的是，喜马拉雅的财务数据在 2017 年之后陷入增长乏力的状态，根据公开资料，2017 年喜马拉雅 41.26%的收入来自广告销售，50.1%的收入来自付费业务，智能硬件的收入占比仅为 8.64%。2017 年的毛利率为 57%，净亏损 1.08 亿元。此外，喜马拉雅也曾遭遇版权问题，2018 年 3 月，曾鹏宇发现自己撰写的《世上有颗后悔药》的全本有声书内容，用户可以免费下载和打赏主播，但却没有得到他本人和出版社的授权同意，直接影响到正版有声书的推出。随后，作家蔡春猪、唐小饭，编剧张瑶等纷纷表示，自己的作品也在未经授权的情况下，被用户制成有声书在喜马拉雅平台上线。这场风波最终以喜马拉雅在官方微博发布《关于版权投诉的公告》，并公开致歉告一段落。

灿星文化目前是国内最成熟的电视及互联网节目制作运营商，2006 年成立于上海市长宁区，主要经营范围为经营演出及经纪业务，电视节目制作、发行，文化艺术交流策划等业务。但走入大众视野，是 2012 年在浙江卫视播出的《中国好声音》，一夜之间唱遍大江南北。《中国好声音》开创了制播分离制度：灿星文化主导着购买了版权、投资与运作，浙江卫视更像一个播出渠道；打破“一口买断”的既有模式，两者采用了“联合制作，投资分成”的新商业模式。据悉，《中国好声音》投入 1 亿元，播出后仅广告收入就高达 3.5 亿元。2013 年，第二季《中国好声音》揽入 10 亿元广告费，平均收视率保持在 4.58%。

在以《中国好声音》打出音乐综艺第一枪后，灿星文化并没有吃老本，而是以此作为出发点，打造出了一系列爆款节目，如与浙江卫视合作的《中国好歌曲》《中国好功夫》，与广东卫视合作的《中国好男儿》等。除此之外，也许是因为《中国好声音》尝到了音乐竞技类综艺的甜头，灿星文化还与江苏卫视合作，在引进韩国《蒙面歌王》版权后，又接着打造了一档原创音乐综艺《蒙面唱将猜猜猜》，这些都收获了很好的收视率和口碑。2018 年，网综异军突起，《偶像练习生》《创造 101》《中国有嘻哈》成为网络热搜“常客”，灿星文化也摸索转型，与优酷联手推出网综《这！就是街舞》。其制作水准颇受认可，在豆瓣评分高达 8.6 分。

2016 年，灿星文化获得 A 股上市公司浙富控股投资，其财务数据得以披露。2015 年，灿星文化实现未经审计的营业收入 22.15 亿元、净利润 7.29 亿元。此次投资，浙富控股以现金 3 亿元现金增资灿星文化。交易完成后，灿星文化注册资本达到 456.73 万元，浙富控股占 6.069 8%。以此计算，灿星文化当时的估值已经达到 50 亿元。但市场普遍认为，灿星文化 50 亿的估值偏低。2017 年年底，时隔 21 个月，灿星文化再次获得 8.5 亿元增资，以 210 亿人民币估值完成 Pre-IPO 轮融资，并拟 2018 年登陆 A 股市场。2018 年 7 月，阿里和腾讯音乐分别增资 2 亿元和 1.6 亿元，获得灿星文化 1.17% 和 0.93% 的股权份额，进而成为灿星文化第七和第九大股东。但这次融资过程中，灿星文化的估值有所下调，仅为 170 亿元。在于灿星文化主要的收入贡献还是依赖已经老化的综艺 IP《中国好声音》（由于版权问题，现更名《中国新歌声》，2017 年取得 6.65 亿元收入，较 2015 年下滑了 42%），尚未制作出可以替代其收入水平的新节目。2015 年、2016 年和 2017 年，灿星文化归属于母公司的净利润为 8.06 亿元、7.32 亿元、4.51 亿元，呈现下滑之势。至 2018 年上半年，净利润为 800 万元，扣除非经常性损益后归属于母公司股东净利润为亏损 2 726.05 万元（表 4-3）。

表 4-3 灿星文化 2015 年至 2018 年上半年财务报表 单位:万元

项 目	2018 年 1—6 月	2017 年度	2016 年度	2015 年度
营业收入	26 470.18	205 841.98	270 603.59	246 188.33
营业利润	930.44	53 703.32	69 710.35	91 914.51
利润总额	1 140.03	53 833.70	87 771.64	95 055.75
归属于母公司股东的净利润	800.00	45 161.23	73 202.59	80 649.29
少数股东损益	−108.97	331.37	−342.63	−1.84
净利润	691.03	45 492.60	72 859.96	80 647.45
扣除非经常性损益后归属于母公司股东净利润	−2 726.05	39 024.37	66 300.13	78 870.99

灿星文化已于 2018 年 2 月向中国证券监督管理委员会上海监管局备案上市辅导,正式拉开了上市的帷幕。12 月 28 日,证监会披露了灿星文化的招股说明书申报稿,灿星文化拟在创业板上市,将募资 15 亿元用于补充综艺节目制作运营资金项目。

网易云音乐成立于 2013 年,以其精准的市场洞察、产品的创新和快速上升的口碑,成为在线音乐乃至中国互联网的一匹黑马。网易云音乐与其他音乐播放器有三个最大的不同:UI 跟其他产品完全不一样。网易云音乐用红色搭配黑色,用黑胶唱片作为 UI;实现内容上的差异化,引入 DJ 节目和人工推荐,为用户发现好音乐;加入了“歌单”,打破了过去最传统的歌曲以“华语男歌手、华语女歌手、日韩男歌手、日韩女歌手”进行分类的方式。2015 年 7 月,网易云音乐宣布其用户数突破 1 亿。2016 年 7 月,用户数破 2 亿。2017 年 4 月,用户数突破 3 亿,网易云音乐完成 7.5 亿元的 A 轮融资,由上海广播电台、上海文化广播影视集团(SMG)领投。网易云音乐的估值达到 80 亿元,成为新晋独角兽企业,也是当年中国唯一上榜的音乐公司。

网易云音乐在音乐市场一片红海的背景下进入,通过音乐+社交迅速找到了市场突破口,以 UGC、乐评、歌单、个性化为四大基本方向,为移动互联网的在线音乐产品提供了新的行业标杆,引领了行业发展潮流。2016 年 11 月,网易云音乐为了扶持独立音乐人,推出了 2 亿元的“石头计划”。该计划涉及推广、专辑投资、演出、赞赏、音乐培训、音乐人周边、音乐人指数成长体系等，一些独立音乐人的页面上，还开放了“打赏”功能。

在取得高速发展的同时，网易云音乐还保持了高口碑、高美誉度。2017 年以来，网易云音乐联合杭港地铁推出乐评专列、与农夫山泉联合推出全新音乐瓶身等，获得了极高的市场赞誉，成为教科书级别的经典营销案例，用户口碑爆棚。

版权是在线音乐平台的核心竞争力，一旦失去音乐版权，就将面临被用户抛弃的危险。2014 年末和 2015 年初，国内的在线音乐市场在经过十几年的混沌之后，终于开始重视版权。2015 年 7 月，国家版权局出台“最严版权令”。在政府部门大力整顿网络侵权盗版的主导下，互联网音乐版权秩序日益好转，大量未授权的音乐下架。因此不少曾经盛行一时的在线音乐平台或受限于资金、版权，或受限于用户流量而步履维艰甚至面临倒闭。网易云音乐自成立以来也在积极拓展版权。2018 年 3 月 6 日，阿里音乐与网易云音乐共同对外宣布，双方达成音乐版权互相转授权的合作。阿里音乐将滚石、S.M.、BMG 等优质音乐版权转授给网易云音乐；而网易云音乐则将天娱、爱贝克思(avex)、华研国际等优质音乐版权转授给阿里音乐。2018 年 10 月，百度宣布对网易云音乐进行战略投资，双方将在内容、流量和版权方面进行深入的合作。

数据显示，截至 2018 年 8 月，网络文学用户 1.97 亿，远低于网络视频的 6.09 亿以及游戏的 7.04 亿。而三四线城市人群“文字消费”的意愿更强。在这个尚未普及的市场，阅文已经占据了近六成的市场份额，掌阅、阿里文学也实力不俗。但是，挑战者仍然前赴后继，如位于南京的连尚文学。连尚文学成立于 2017 年 7 月，2017 年 8 月收购了老牌原创网站逐浪小说网。在本世纪初网络文学产业刚刚萌芽之时，逐浪小说网就曾登顶过“流量之巅”，与起点中文网、红袖添香等知名文学网站并驾齐驱。巅峰时期的逐浪小说网，站点在全球排名在 500 位之内，日均访问量超千万 PV，拥有 500 多万注册会员，日增过万。连尚文学旗下还拥有连尚读书、连尚免费读书等综合阅读 App。2018 年 7 月，猎豹全球智库发布 2018 年上半年中国 App 榜单，连尚文学旗下两款文学 App 一同闯入前 200 名，其中连尚读书排名 128 位，逐浪小说位列 190 位。两款 App 周活跃渗透率共达 0.786 7%，成为仅次于 QQ

阅读和掌阅的第三大网络文学移动端平台。2018 年 8 月，连尚文学获得厚朴基金领投的 A 轮融资，估值达到 10 亿美元，在资本寒冬的 2018 年，成为当年文化创意领域新晋独角兽。2018 年 10 月，连尚文学宣布完成对 MangaToon 的天使轮投资，正式拉开漫画出海的战略新篇章。MangaToon 是国内最早运营国漫出海的漫画平台，致力于将国内优秀的漫画作品推向海外用户。MangaToon 在海外 Googleplay 和 Appstore 上线仅三个月，已拥有近 200 万用户，在美国、英国、菲律宾、印尼、马来西亚等全球数十个国家和地区的动漫分类榜中居于前三。目前，MangaToon 已将 80 余部国漫作品翻译成英文，30 余部翻译成印尼语。漫画题材主要以爱情和玄幻为主，用户 80% 为 18—35 岁的海外成年人群。截至 2018 年 6 月，连尚文学全平台用户已超两亿，日活跃用户达 1 000 万，吸引原创作者 40 余万名，积淀原创作品 45 万余部。作为南京乃至江苏的首家文化创意类独角兽企业，连尚文学的发展之路，离不开在南京这座历史文化名城中的耳濡目染。南京不仅有着深厚的历史文化底蕴，在文学创新之路上也一直保持着加速度前进。在《2017 年度中国数字阅读白皮书》发布的十大数字阅读城市中，南京高居第二。2018 年中国文化竞争力十佳城市，南京位居第三。

第五章　长三角文化创意产业的市场

第一节　国内消费市场

文化创意产业的市场是文化创意产业发展的基础，也是文化创意产业发展的目的，更是扩大内需的重要组成部分。党的十八大以来，我国城镇化的持续推进和城市人口的不断增加带动了文化创意产业消费需求的增长。党的十九大报告指出，当前我国社会主要矛盾已经转化为人民日益增长的美好生活需要和不平衡不充分的发展之间的矛盾。随着生活水平提高，群众期待更加丰富、更具创意、更高品质的文化产品。

从中国人民大学发布的 2018 年中国文化消费指数来看，我国文化消费综合指数继续走高，由 2013 年的 73.7 增至 82.2。其中，文化消费环境、水平指数和 2017 年相比有所增长，满意度指数基本持平，文化消费意愿指数有一定程度的下降。

从年龄角度看，26—40 岁居民是文化消费的主力，文化消费能力和消费水平指数较为突出；17 岁以下居民的文化消费意愿指数最高，66 岁以上居民的文化消费环境和满意度指数最高。从学历角度看，不同学历人群的文化消费状况差异明显，其中硕士及以上人群的文化消费明显高于其他学历，且差距较往年进一步拉大，尤其是文化消费能力和水平。最受消费者欢迎的五大文化产品依次是：电视广播、网络文化活动、电影、图书/报纸/期刊、文化旅游（图 5-1）。和 2017 年相比，网络文化活动、文化旅游的受欢迎程度有所提升，文化旅游取代文化娱乐活动跻身前五位。在国内外文化产品的消费选择上,国内的旅游、电影和游戏等较受消费者青睐。其中,和国外电影相比,国产电影得到了超过六成居民的青睐,五年来受欢迎程度提升了近一倍。而动漫作品仍然是国外的更受欢迎,国内动漫作品任重道远。调查数据显示,居民消费支出最大的五大文化产品依次是:游戏、文化旅游、文化娱乐活动、电影、网络文化活动;市场成长空间最大的五大文化产品依次是:网络文化活动、文化娱乐活动、游戏、电影、文化旅游。关于更倾向政府提供哪种文化消费补贴方式的问题,打折卡和储值卡依然是居民最喜欢的两种补贴方式。政府财政补贴与举办文化惠民活动是居民比较喜欢的两种促进文化消费的举措。至于在希望将补贴用在哪些文化产品上,电视广播、图书/报纸/期刊、文化旅游排在前三位。

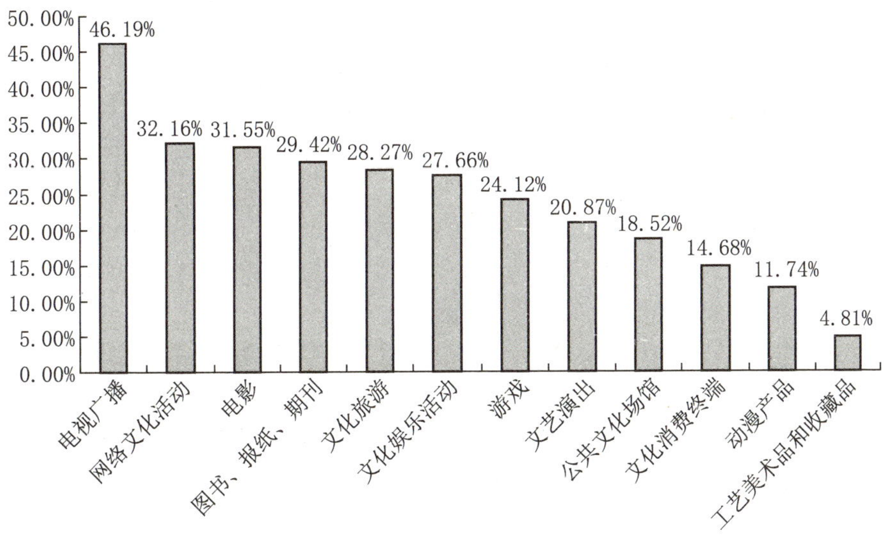

图 5-1 2018 年最受消费者欢迎的文化产品

(一) 长三角文化创意产业的消费现状

长三角是中国第一大经济区,也是中央政府定位的中国综合实力最强的经济中心、亚太地区重要国际门户、全球重要的先进制造业基地、中国率先跻身世界级城市群的地区。2016 年,中国国内生产总值(GDP)为 743 585.5 亿元。长三角地区的国内生产总值为(GDP)19.5 万亿元,占全国 GDP 的

23.7%。目前，中国文化消费综合指数排名前十的城市里，长三角占四席，分别为上海、杭州、苏州、南京。

总体而言，长三角三省一市在文化创意产业消费上有较大差异，上海是其中的龙头老大。自1999年上海城市居民人均可支配收入过万元以来，居民用于文化娱乐方面的支出一直呈现增长势头，年增幅保持在12%至13%之间。早在2011年，上海的文化创意产业增加值就达1 940亿元，约占全市GDP的10%。2012年，上海城市居民家庭人均可支配收入已达40 188元，年人均消费支出26 253元，其中文化娱乐服务支出2 482元，占当年家庭人均消费性支出的9.4%。2018年上海出品影片总票房突破100亿元，演出场次超过3万场，艺术品拍卖成交额近30亿元。

高雅艺术在上海有着可观的观众群。包括京剧、昆曲、交响乐、芭蕾在内的156家文艺团体，每年可向市民提供3万场以上的文艺演出。上海国际艺术节、上海国际电影节每年为市民带来近千批次、逾万场高质量的涉外演出。大众文化、民间文化更是广受青睐，上海每年组织的群众文化活动高达40多万场，参与人次超过3 200万。上海中心图书馆依托三级网络，以"一卡通"服务为手段，实现了通借通还书刊入藏量高达720.32万册。

广播电视是最受市民欢迎的兼具传统与现代特性的文化消费模式之一。上海从满足各类城市群体的视觉文化需求出发，以新媒体和网络文化为重点，积极发展为全国广电制作"又一中心"。据不完全统计，上海现有广电制作机构近800家，每天播出152套电视节目，其中数字高清节目18套。上海这些年制作的达人秀、梦之声、舞林大会等电视节目更是蜚声业界。

上海在国际艺术品交易市场中的地位越来越重要。一份2016年艺术品产业的数据统计中显示，上海艺术品经营机构426家，交易规模59.36亿元。其中专业画廊数量约300家，全年交易额约12亿元；艺术品拍卖机构80家，全年举办专场拍卖会293场，拍卖额为34.26亿元；上海市当年举办艺术品交易展会8个，艺术品交易额约8亿元；艺术集聚区3个，总占地面积10.1万平方米，吸引150余家艺术机构入驻。一个个数字呈现出了一个由艺术家、画廊、艺博会、拍卖机构架构起来的艺术市场凭借自身实力和自贸区开放效应稳步发展的过程。

上海的网络游戏市场也发展迅速。2016年，上海网络游戏以成熟稳健的态势进入新的发展阶段，移动游戏作为主要驱动力，推动市场以较快速度持续增长。移动电竞、VR游戏、游戏直播等热点领域，在沉淀用户、拓宽产业链方面发挥积极作用。全年上海网络游戏产业总产值457亿元，比2015年增长26.9%，占全国网络游戏总产值的27.3%。其中，移动网络游戏增长最为迅速，产值为127亿元，占上海网络游戏总产值的27.8%，比2015年增长68%。网络游戏经营主体方面，至2016年年底，上海持证网络游戏经营企业1 038家，相比2015年增加546家，这表明上海网络游戏行业面对资本市场有所收紧的情形，依靠政策的支持以及游戏企业的创新经营策略，2016年仍旧保持良好的发展氛围和持续活力。①

近年来，浙江积极探索扩大文创消费市场，各地围绕扩大文化产品和服务有效供给、推进惠民便民措施、提高文化消费便捷度等方面积极开展工作，成效显著。2017年2月，杭州入选文化和旅游部首批（第二次）国家文化消费试点城市创建名单。创建工作开展以来，杭州认真贯彻落实党中央、国务院《关于完善促进消费体制机制进一步激发居民消费潜力的若干意见》和“建设人民满意的服务型政府”有关部署，运用大数据、云计算、移动互联网等信息技术，分析用户需求，开发新型产品，推行智慧服务，精准对接文化消费人群，满足多元文化消费需求，激发市民群众文化消费潜力，以高质量的文化供给不断满足人民群众美好生活的新期待。2017年，杭州居民文化消费总额超过345亿元，居浙江首位，人均文化消费支出3 735元，较上年增长13.1%；2018年前三季度，文化消费总额近250亿元，预计至年底，文化消费总额增速将保持在10%以上。

杭州成立了全市文化消费试点城市创建领导小组，整合17家文化相关部门和单位资源，并依托文化类大企业大平台，注重文化类大数据的采集、挖掘和利用，认真分析文化消费群体及个人偏好，推动文化产品和资源供给更加精准。一是注重文化数据归集。以21个涉文化关键词为索引，打破政务部门界限，在杭州市数字资源管理局建立文化类信息资源数据库，目前已积累文化类企业信息14.4万条。联合阿里巴巴、华数传媒、咪咕数媒等行业骨干企业，分别建立演出消费、电影消费、数字电视消费、文玩艺术消费、网

① 《上海年鉴》编辑部：《2017上海年鉴》，2017年10月。

络文学消费用户数据库，为细分消费市场打下基础。二是开展用户数据分析。基于海量的文化消费数据，开展深度剖析，了解不同地域、年龄、性别用户的消费偏好。如在现场文娱方面，大数据显示观演人群有 90%集中于 18 至 40 岁，本科及以上学历占比达 88%，与东北观众喜爱曲苑杂坛不同，江浙一带用户更爱演唱会和话剧歌剧演出；而在文玩艺术品方面，30 至 50 岁是文化消费主力人群，相对于女性对物美价廉工艺品的专一偏好，男性在花鸟文娱、紫砂陶瓷、书画篆刻等发展型和享受型消费上呈现百花齐放态势。三是发布文化数据报告。运用文化领域各数据库平台及其在用户行为、行业分析上的经验优势，先后发布《杭州市文化市场发展报告》《杭州市文化产业社会消费数据白皮书》《数字阅读白皮书》《网络文学发展报告》等，预测消费趋势，为政府制定政策提供支撑。

杭州提出打造“全国数字内容产业中心”目标，支持鼓励文化企业发展数字阅读、数字印刷、数字出版以及游戏、点播等新型文化产品，运用大数据提升产品质量，丰富消费体验。前三季度，全市数字内容产业实现增加值 1 440 亿元，同比增长 16.8%。一是开发个性化服务产品。通过大数据挖掘技术将用户和内容进行匹配，实现“千人千面”的精准推荐和“心有灵犀”的消费体验。如咪咕数媒积极推进“数字阅读＋”计划，打造智能化、社交化数字阅读平台，拓展人工智能、文学阅读、专业出版、在线教育、有声阅读、媒体等细分领域。华数传媒则基于 300 万户家庭的直播收视样本，推出华数智家产品体系，试点推出“以家庭为单位全部终端一揽子打包出帐”的新型家庭产品。二是制订差异化营销策略。针对不同地域观众对演出、展览、赛事的不同喜好，大麦网及时调整市场策略，并将文化消费和跨城旅游相结合，至 2018 年 9 月，该平台服务场次、人次等各项指标已达到 2017 年全年总量。飞猪旅行等企业则推出未来景区一体化解决方案，通过技术能力和大数据，为消费者提供自助预定、专车接送、刷脸入园、口碑推荐、快递寄送、景区大脑等多项服务，全面推进消费体验升级。三是推动新零售业态落地。通过传统文化和智能设备相结合、线上线下互动，搭建文化消费新场景、新模式。2018 年 6 月，杭州启动文化诚信消费柜和无人值守文创书店项目。全市景区、地铁、公共图书馆等城市窗口已有文化诚信消费柜 48 组，手机扫码，先取后付，四个月间已实现销售额 80.2 万元，每月递增 30%以上。特美晓风茶书馆、天猫·博库新零售书店等2家无人值守文创集合店为中青年群体带来更为自主的文化体验。

秉持“城市数字化”理念，杭州积极开展智慧文化建设，提升数字化公共文化服务能力，带动文化消费水平同步提升。一是打造首个文化消费季。整合杭州文艺院团、娱乐场所、文旅企业、社会机构资源，依托“杭州文化消费”公众号平台，为市民群众提供质优价廉、便捷高效的文化消费体验，推出唱响新时代K歌大赛、万张影票惠市民、图书理想生活狂欢季以及99元游宋城、文化福旅、文娱演出抢票赠票等80余场活动，受到市民热捧，三个月间带动文化消费总额8.84亿元。二是推动传统文化融入生活。在淘宝网等电商平台推出“108匠”非遗产品线上推广专区，为王星记扇子、朱炳仁铜雕等东方特色非遗产品开展流量引导、集合销售和帮助推广等服务，指导非遗手工艺人开发兼具传统韵味和现代美感的文创产品，60余个项目平均每期引入流量9万余人次，销售增长40%。举办“非遗互联网＋”线下推广市集，设立文玩艺术品拍卖专场，36小时成交额达2 000万元。三是开展智慧文化惠民服务。运用数字技术推动公共文化服务向优质文化服务转变。“智慧文化一点通”无线网络已覆盖全市村(社区)公共文化场地；公共图书馆数字资源已覆盖全市城乡中小学校；基于信用的公共图书馆无证借阅在全市推广，只要手机点点，图书即可快递到家；“你点我演”、“我送你秀”、“你看书我买单”等订单式文化配送服务让文化更加“亲民、近民、惠民”。

宁波也被列为首批国家文化消费试点城市，在文化部、浙江省文化厅的指导支持和宁波市委、市政府的领导重视下，宁波坚持立足实际，多管齐下，综合施策，国家文化消费试点城市试点工作稳步推进。

宁波首先着眼顶层设计，完善试点方案。一是开展调研全面摸清现状。摸清宁波文化消费的特点、热点、难点和突破点，形成了促进文化消费的课题报告和政策建议稿。二是发布规划明确发展目标。首次启动编制文化产业的专项规划并于2016年10月正式发布，明确要建设国内一流的“创意设计高地”“文化智造基地”“文化休闲胜地”，到2020年宁波文化创意产业增加值占地区生产总值的比重要达到8%。《宁波市文化广电新闻出版局“十三五”文化发展规划》也已发布，明确提出以打造“书香之城、音乐之城、影视之城”为主要抓手，建设魅力独特、影响广泛的东亚文化之都；以国家文化消费试点城市建设为抓手，建设文化产业转型发展试验区。三是完善方案确保试点落地。在调研论证基础上，反复修改试点方案，已经明确了试点的目标、模式、任务和保障措施，将尽快报市政府下发。

其次，宁波着眼资源整合，优化消费供给。一是发挥政府文化部门、文化单位的主导作用。举办或承办东亚文化之都·2016 宁波年系列活动、浙江省合唱节、第三届市民文化艺术节、第八届中国宁波农民电影节、中国(宁波)国际微电影节、宁波书展等数十项重大文化消费节庆活动，以及"书香之城、音乐之城、影视之城"等涵盖大型演唱会、音乐会、文艺赛事、展览展示、节庆活动、文化消费等数百项活动，为市民参与文化消费、享受文化服务提供了极大便利。宁波甬剧节、宁波越剧节演出近 20 场，最低票价低至 20 元，场均上座率超过 90%。宁波书展吸引了 8 万多市民前往参观消费，现场现金交易额超过 200 万元。二是推进文化与商贸、旅游、体育等融合发展。充分利用经济部门已经建立且较为成熟的宁波购物节、宁波旅游节、宁波服装节等节庆展会品牌，设立了商文互动板块、文旅互动板块和文化产品展示单元，让市民在参与经济活动的同时参与文化消费，文化引领商贸、旅游等其他产业发展作用明显。三是鼓励社会资本投资文化产业和文化消费领域。2016 年，主抓大招商、大平台、大项目，文化创意产业发展驶入快车道，据统计，2016 年上半年文化产业增加值同比增速 12.1%，高于宁波 GDP 增速 5.3 个百分点，94 个重点项目完成投资 62.5 亿元。2016 年 8 月以来相继引进了宁波音乐港、现代影视基地等一批重大项目。罗蒙环球乐园、宁波方特东方神画等民营主题公园成为新的旅游热点。总投资 7.76 亿元的宁海文化综合体被财政部、文化部等 20 个部委联合公布为第三批政府和社会资本合作(PPP)示范项目。10 月份以来，社会主体相继举办了火鸦音乐节、宁波国际城市艺术博览会、鸟人音乐节，引进了美国国家地理经典影像展、四川自贡艺术灯会等，形成新的消费热点。

第三，宁波着眼改革创新，优化消费环境。一是深化文化行政审批制度改革。落实市县审批层级一体化，深入推进文化行政审批市县同权同批模式，2016 年新增市县同权同批事项 35 项，宁波市文化行政审批市县同权同批事项增至 48 项。二是推进文化金融合作创新。积极争创国家文化金融合作实验区，构建文化金融合作发展体系，成立半年的文化产业信贷风险池为

14 家文创小微企业提供贷款近 3 000 万元，成立一年的文创小贷公司累计发放贷款 1.5 亿元。加大宁波市金融文化卡推广力度，进一步优化文化卡功能，截至 2016 年年底，文化卡已经签约文化机构和企业 400 余家，发卡 50 多万张，文化卡的文化类消费总额达到 2.03 亿元。三是开展文化文物单位文创产品开发试点。宁波博物馆、宁波图书馆、宁波美术馆纳入文化文物单位文创产品开发试点，目前 3 家单位根据各自实际，采取自行开发与对外合作相结合的方式，已陆续开发出一批富有特色的文创产品。

江苏已进入消费需求持续增长、消费结构加快升级、消费拉动经济作用明显增强的重要阶段，消费已成为拉动经济增长的第一引擎。江苏是文化大省，江苏的文化创意消费也颇为可观。截至 2016 年 10 月，江苏城市影院共放映 540.51 万场，观影 11 561.03 万人次，票房 36.08 亿，分别比去年同期增长 42.16%、7.95%、1.77%，平均票价 31.21 元。其中，国产影片放映 303.85 万场，观影 6 902.08 万人次，票房 21.6 亿，平均票价 31.38 元。其中苏州票房 8.95 亿，位居江苏第一，全国第九。2017 年，江苏出台《关于进一步扩大旅游文化体育健康养老教育培训等领域消费的实施意见》，聚焦旅游、文化、体育、健康、养老、教育培训等“幸福产业”服务消费六大领域，并提出了 37 条措施，通过增加服务消费领域的有效供给，培育形成经济发展新动能。目前，共梳理了 100 个重点项目，涉及旅游、文化、体育、健康、养老、智慧、教育培训、消费服务平台等八大领域，总投资超过 2 000 亿元。其中，文化项目 14 个。

2016 年 6 月，南京被文化部确定为首批国家文化消费试点城市。两年来，南京文化消费试点工作坚持守正创新，着眼满足人民群众精神文化生活新期待，大力推动文化领域供给侧结构性改革，取得了成效，得到了多方认可。

早在刚成为文化消费试点城市之初，南京便确立了“补短板，强弱项；保存量，拉增量；可持续，促增长”的试点原则，并开始了为期半年的深入研讨和细致谋划。2016 年年底，南京市政府出台了《南京市引导城乡居民扩大文化消费实施意见》及系列配套政策文件，为南京文化消费试点工作提供完善的政策保障。结合自身实际，南京文化消费试点以“演出市场短板”为切入口，于 2017 年 1 月由市文广新局、市财政局共同出台了《南京市促进演出市场消费实施办法(暂行)》《关于政府文化消费补贴剧目涉及商业赞助的规定

（暂行）》和《南京市文化消费政府补贴剧目管理实施细则》等政策，进一步规范了演出试点工作，巩固了文化消费试点工作成果。为鼓励文化消费试点工作中具有示范性与拉动性的单位或机构。2018 年 1 月，南京又出台了《南京市促进演出市场消费试点工作绩效奖励考核办法（试行）》，通过绩效奖励措施，助推供给侧结构性改革和文化消费转型升级，进一步构建起“以政府为引领、市场为主导”的完善政策体系。

南京采取“直接补贴消费者＋积分奖励补贴＋绩效奖励等”多种形式相结合的方式，将财政文化消费专项资金直补给文化市场的供给端和消费端。一是直接补贴消费者的票价直补，是指政府指定补贴剧目在对外售票时，财政专项资金将按一定比例直接补贴消费者。简单来说就是“演出票卖出一张，补贴一张”；二是以积分奖励形式，激励和吸引消费者可持续文化消费。在保持原有文化消费存量的同时，培育和带动一批有一定文化消费潜力的市民自愿消费，提高文化消费增量；三是以绩效奖励方式，鼓励文化机构创作生产和引进更多的文化精品力作投放演出市场。在相关政策的指导下，2017 年至 2018 年，南京市财政连续两年落实 1 500 万元专项资金，保障和推动南京演出市场的先行试点工作。

据统计，2017 年南京市演出市场消费规模从 2016 年的 1.6 亿元迅速增至 2.25 亿元，同比增长 38.7%；2018 年，演出市场规模预计比 2017 年同比增长 42%。

为破解文化消费上下游渠道不畅通、信息不对称、市民消费不便捷、不踊跃的难题，2017 年 3 月，由南京市文广新局、南京市财政局牵头，南京市文化投资控股集团下属南京文创科技有限公司承建了集政策查询、消费信息资讯、消费指南、消费采购、积分置换、产品与服务定制、消费补贴发放、文化消费数据采集等多种功能于一体，满足政府、商户、消费者多方需求的“一站式”服务平台——“国家文化消费试点城市（南京）智能综合服务平台”。智能平台的建设和运营，为南京文化消费试点工作的智能化、标准化、精细化和数据化，提供了一个重要支点。在智能平台上建立的补贴申报中心，面向全国各个演出机构提供服务，实现了企业入驻、24 小时接受项目申报、一站化、智能化、无纸化申报功能，提高演出机构的操作体验及感受，同时设立对接接口，与其他两个中心打通链接及流程。截至 2018 年 9 月，中心为入驻的

114 家全国各地的演出机构提供服务，共受理申报剧目 532 部 711 场，申报剧目获补率为 51.5%。

智能平台上的积分数据中心，让市民参与文化消费试点的情况，变得极为真切。截至 2018 年 9 月，积分数据中心已累计新增用户近 12 万人，新增交易订单 12.5 万笔，累计形成积分 1 230 万分，累计使用积分 825 万分。由演出消费而引发的二次消费甚至多次消费，也为南京文化消费试点从演出扩充至图书、文博场馆等领域，增添了信心和动力。

数据显示，截至 2018 年 9 月，共有 15 万人直接参与南京文化消费试点，其中外地人口 4.3 万人，占比 30%。按照原文化部计算公式(拉动消费金额/政府补贴资－1)，可初步测算出文化消费试点政府资金拉动消费比例达 1∶7.5，间接拉动消费比例为 1∶12.5。文化和旅游融合而产生的化学反应，在此得以彰显。

2014 年 10 月 2 日，南京保利大剧院开业首演。随着南京文化消费试点工作的展开，南京保利大剧院开始大胆引进优秀剧目，先后推出“南京戏剧节”、“欧美交响音乐季”、“保利艺术节”、“打开艺术之门”等品牌演出季。据统计，约 85 万人次走进南京保利大剧院，其中演出平均票价仅 180 元，平均上座率达 85%。最终，南京保利大剧院也实现了跨越式增长，2017 年南京保利大剧院的业绩从原来的全国第 15 位，一下子跃升至前 5 位。2017 年 8 月投入运营的江苏大剧院，也是南京文化消费试点成效的见证者和受益者。江苏大剧院主打精品文化演出剧目，获得文化补贴的项目平均上座率约为 78.23%，比未获文化补贴项目 68.13%的平均上座率高出 10 个百分点。此外，一些民营小剧场或是景区也正成为热门演出场所。江南剧场的《蒋公的面子》、大报恩寺遗址公园实景演出的《报恩盛典》、开心茶馆的日常相声演出、兰苑剧场昆曲演出、恩剧场的青麦坊日常演出，都入选过南京文化消费政府补贴剧目。最新数据显示，2017 年 3 月至 2018 年 10 月，南京分 8 批次共评审出政府补贴剧目 253 部(共 479 场)，预计全部演出结束，累计将放补贴总金额 3 700 余万元，总票房将达到 1.35 亿元。

增加有效多元的剧目供给，是南京文化消费试点的工作重心，高水准、高质量、高成本的演出剧目纷纷驾临南京，颇受市场认可和欢迎。2017 年至 2018 年，先后有来自京沪穗深杭等一线城市的数十家演出机构，如北京爱乐汇文化艺术有限公司、上海房米文化传媒有限公司、广州共赏演出经纪公司、深圳市聚橙网络技术有限公司等，首次引进剧目投放到南京演出市场，积极参与南京文化消费试点工作。2016 年，聚橙网为南京市民引进并主办 27 场演出，销售总额全国第 12 名。但在 2017 年，南京市政府剧目补贴政策推出后，聚橙网一下子引进并主办了 36 场演出，销售总额全国第 9 名。其中《金锁记》《三体》等多个项目均获得南京政府消费补助项目，广受南京市民好评，上座率均达 90%以上。《三体》更是场场爆满，屡现一票难求的票房奇迹。2018 年，因为有政府补贴剧目的大力支持，聚橙网开始优先将全国的优质演出资源引进南京。引进并主办演出 54 场，每场都有 90%的上座率。而原先依靠政府采购剧目的原市属院团和本地演出团队也开始觉醒，创作意识和市场意识明显增强。2018 年 1 月 8 日，南京市京剧团与国家京剧院合作，团里的唐谈、胡欣妍等青年演员，与国家京剧院著名京剧表演艺术家李胜素、于魁智同台演出，将梅派名剧《凤还巢》搬上了南京舞台。当时的票价补贴比例为 30%，南京众多的票友、戏迷们有的只要花 60 元就可以欣赏到京剧名家带来的原汁原味的演出，可算是过足了瘾。

多年来，南京演出市场消费一直低迷，与南京这座历史文化名城和省会城市地位不相匹配，市民形成“看戏要赠票”的习惯，主动消费和再次消费的意识很淡。通过消费试点工作，一批优秀剧目落地南京，优惠的票价、丰富的剧目和有力的宣传，广大市民消费观悄然转变，由被动看戏到主动看戏；由要赠票看戏到买票看戏。如《白鹿原》《千手观音》《戏台》《疯狂太空城》《三体》《宝岛一村》等数十部剧目的上座率超过 90%，有几场演出加座加场仍无法满足广大消费者需求，出现了一票难买的现象。如经典原版音乐剧《猫》2018 年 5 月 15 日至 20 日在南京演出 8 场，3 轮开票均在 30 分钟内售出近 90%，后又加演 2 场，总票房达 1 210 余万元，补贴资金达 142 万余元，这在南京演出市场“史无前例”。其中，有近三成非本地观众购票观看演出。

南京文化消费试点带来的高质量文化供给，也正在给这座城市涂抹上更为亮丽的颜色。2017 年，在江苏发布的全省各市文化发展 12 项主要统计指标排名中，南京市人均购书费、艺术表演团体演出收入、博物馆参观总人数等 8 项指标排名第一。2017 年，南京先后荣获“十大最具文化影响力城市”、“十大中国最具幸福感城市”等荣誉。在《中国城市文化竞争力研究报告》中，南京综合指数城市排名全国第五。2017 年 5 月 27 日至 6 月 2 日，国家文化部根据试点城市实地考察和问卷调查情况下发了督察通报，南京市被列为“试点工作进展较好的城市”。2018 年 6 月 25 日，文化和旅游部文化产业司发布了新一批国家文化消费试点城市奖励计划，南京成为江苏唯一获得首档奖励的试点城市。

苏州则坚持高起点规划、高标准建设、高强度投入，文化产业蓬勃发展，文化市场总规模位于全省前列。2017 年 2 月，苏州被文化部、财政部正式确定为全国文化消费试点城市。苏州市政府对此高度重视，专门成立了苏州市文化消费试点工作领导小组，出台了苏州市文化消费试点工作方案。为创新具有苏州特色的文化消费试点工作模式，市文化消费试点领导小组办公室依据市民卡有限公司的技术优势和平台优势，探索建设了“苏州文化消费大数据平台”。该平台主要有三大功能：一是可以实时获取文化消费数据，二是实现信息汇总梳理，三是精准分析数据，为文化消费政策制定、产品设计、活动推广、宣传推介提供依据。目前，该平台初步建成，已有 50 余家文化消费商户接入，今后还将逐步增加行业、商户接入量，更好地为苏州市民提供便利。在“苏州文化消费大数据平台”上线的同时，由市文化消费试点领导小组办公室举办的首届苏州文化消费季也正式启动。该消费季依托“苏州文化消费大数据平台”，以“品味文化，厚惠有期”为主题，为期三个月。活动期间主办单位将联合首批文化消费试点合作单位，通过不同形式的线上线下活动，向持有苏州社会保障卡（市民卡 A 卡）的市民发放文化消费补贴总计 200 万元，预计惠及 5 万名市区居民。该消费季活动内容丰富、形式多样、特色鲜明，既有主办单位联合剧院开展的“文化消费送福利，好剧连台折上折”活动，又有联合影院开展的“新片我期待，0 元看大片”活动，还有联合书城开展的“好书我推荐，参与领补贴”活动。市民可在苏州市民卡 App、微信公众号等平台提前抢购票，也可持市民卡 A 卡在文化消费合作网点刷卡消费。

让城乡群众享受价廉质优的文化产品，是安徽文化创意产业发展的出发点。自 2014 年起，在安徽省委、安徽省政府的领导下，安徽率先在全国省级层面开展了大规模的文化惠民消费季活动，拉动文化消费。活动深受群众喜爱，得到社会普遍称赞，规模一届比一届大，参与人数一届比一届多。

数据统计显示，前四届文化惠民消费季累计带动文化消费 160 多亿元，吸引了超过 2.2 亿人次参与，已经成为安徽响亮的文化品牌。第五届安徽文化惠民消费季期间，安徽全省上下开展包括“五看”刷卡消费立减折扣系列活动、“好戏大家看”系列展演活动、文创及非遗产品系列展销活动、数字文化产品系列展销活动等在内的四大系列 40 项重点活动。“五看”刷卡消费立减折扣系列活动，即引导城乡居民“五看”（看书、看报、看戏、看电视、看文化旅游景点）消费，由财政提供补贴资金共 918 万，采取“总量控制、直补消费、立减折扣、补完为止”的办法，消费者在该省特约商户，按设定规则享受不同的“立减折扣”优惠，同时还可以享受特约商户自行提供的优惠。安徽省文化厅在消费季期间举行的“好戏大家看”系列展演活动，邀请省内外 70 余家演出单位参演，演出 1 000 余场。其中，“文化扶贫，携手小康——全省惠民巡演乡村行”活动将赴贫困县巡演 1 018 场，用文艺的形式宣传扶贫政策、助力精准扶贫。此外，第五届安徽文化惠民消费季新增了文创及非遗产品系列展销活动、数字文化产品系列展销活动等。

（二）长三角文化创意产业的消费趋势

1.“文创＋商业”构筑城市消费新景观

近年来，我国实体零售业内有购物中心同质化竞争严重的弊病，外有电商的猛烈冲击，面临着内忧外患的困局。2016 年上半年，实体零售业频现“闭店潮”。在“体验为王”的时代，购物中心为了解决同质化严重的问题，不断提升体验式消费的业态比例，这其中最受青睐的便是文创产业。在品质消费、情感消费备受重视的当下，文创产业独特的文化氛围与环境受到了消费者的普遍欢迎，不但能增加购物中心客流量，还能提升购物中心的软实力。

最早进行探索的是上海的 K11 购物艺术中心。2014 年，隶属于香港新世界集团的 K11 与天协文化合作，将巴黎马蒙丹—莫奈美术馆收藏的莫奈真迹引入中国。这是中国大陆第一次莫奈专题特展，也是艺术特展首次选址于商场。展览最终大获成功，期间吸引了近 35 万人次入场参观，单日最高参观人次近 8 000 人。据 K11 统计，特展期间其日常营业额增长了 20％。以此为契机，目前，K11 平均每两个月举办一个艺术展，希望将“国内外新颖的有意思的艺术展带进大众的生活”。相关负责人表示，通过举办艺术展，“教育和提升社会对艺术和文化的鉴赏能力，突破商业与艺术的界限，使艺术不再那么高高在上，让消费者来到 K11 可以与艺术更近距离地接触”。这也引发长三角众多商场纷纷效仿，在购物中心看展如今已经较为普遍。

除了展览之外，长三角其他的商区也进行了多种尝试。如 2015 年 12 月 5 日，位于徐家汇美罗城的上剧场正式开幕。作为著名艺术家赖声川的首个专属剧场，上剧场开幕大戏《在那遥远的星球，一粒沙》同时上演。美罗城早年曾以数码零售闻名沪上，此次引入上剧场旨在转型为主打文化与生活方式的商业综合体。此外，上海虹桥南丰城于 2017 年底和开心麻花联手推出儿童剧院，是上海首个设在商场内部的小型迷你剧院，还引进了包括儿童早教课程和儿童摄影品牌等一系列定位明确的商业店铺，其年销售额比上一年增长近 30%。

2. “沉浸式戏剧”广受追捧

“沉浸式戏剧”是指在演出过程中，观众可采取随性的观看方式，并且可以与演员互动，甚至能够参与其中的一种戏剧表演形式。演出中，观众观剧的视角不同，剧情也会呈现出相应的不同。“沉浸式戏剧”打破了传统戏剧演员在台上、观众在台下的观演方式，演员在表演空间中移动。不同于传统的观演模式，观众可以从各个角度完全融入戏剧环境，全方位体验戏剧表演艺术和舞台美学的魅力。近年来，在中国戏剧市场上，“沉浸式戏剧”呈现出快速发展势头。上海、南京、杭州等城市的各大剧场中都有“沉浸式戏剧”演出。上海艺术研究所的数据显示，2018 年，在上海演出的各类话剧作品中，以“交互式”、“体验式”、“沉浸式”、“超维度”等命名的作品多达 11 部，演出场次更高达 86 场。《雨屋》《梦想之船“泰坦尼克”》《彼得潘的冒险岛》等“沉浸式戏剧”，以其“新奇”、“烧脑”、“奇妙”的观演感受获得了大批忠实观众。不久前，在上海演出的“沉浸式戏剧”《不眠之夜》吸引了超过 20 万观众参与。该剧演出的剧场由酒店改造而成，同时利用灯光、音效以及烟雾等加强演出效果，并搭建了卧室、教堂、酒店大堂等 90 多个实景房间。剧场内，道具不再是摆设：书信可以被拆开、书可以被翻阅、沙发可以坐、茶水可以喝……这些细节设计给予观众完整独立又不同以往的观演感受。

第二节　对外出口概况

文化贸易是文化“走出去”中重要的部分，直接显示了国外市场对于中国文化的接纳情况和中国文化产品的竞争力。借助“一带一路”的推动作用，国内文化贸易发展取得了积极成效。根据商务部数据，2018 年我国文化产品和服务进出口总额 1 370.1 亿美元，较上年增长 8.3%。其中，文化产品出口总额 925.3 亿美元，顺差 826.8 亿美元，规模较上年同期扩大 4.3%；文化服务出口 72.9 亿美元，较上年增长 18.2%。

长三角地区是我国文化创意产业对外交流最广泛、对外贸易最发达的地区之一。这里形成了全国领先的国家对外文化出口重点企业集群和文化出口重点项目集群，并连续十年在全国保持了行业领先优势。中国第一个国家对外文化贸易基地、全国唯一以出口为导向的国家级影视产业园区、有史以来投资额最大的中美合资文化产业项目等众多国际合作项目落户长三角，使长三角成为中外文化创意产业合作规模最大、最有成效的地区之一。此外，长三角也是全国对外文化投资最为活跃、规模最大的地区，既包括向发达经济体，也包括向发展中经济体的文化产业投资，为中华传统文化走向世界做出了重大的贡献。

（一）上海

近年来，随着我国文化国际影响力不断提升，文化“走出去”力度持续加大，对外文化贸易增长迅速，上海紧紧把握“一带一路”建设背景，充分利用自贸试验区建设的战略机遇，以打响“上海文化”品牌为发力点，开拓文化贸易渠道，提升文化贸易水平，贸易规模不断扩大，贸易结构不断优化。2017 年，上海文化产品和服务进出口总额达 91.1 亿美元，同比增长 3.6%，继续保持贸易顺差。其中，文化贸易进口额 43.0 亿美元，比 2016 年增长 3.7 亿美元，同比增长 9.4%；文化贸易出口额 48.1 亿美元，比 2016 年减少 0.6 亿美元。其中音像制品及电子出版物、文化用品等文化产品进出口均实现同比增长，文化与娱乐服务、广告服务等文化服务进口增势明显，进口增幅均超过 30%。在出口方面，图书报纸期刊等传统出版物、工艺美术品及收藏品、文化与娱乐服务等文化产品和服务均出现不同程度的出口萎缩，而文化专用设备则实现出口额大幅增长，增幅达到 45.7%，文化产品出口的技术含量有所提升，出口结构趋于优化。①

由上海市新闻出版局发布的《2016 上海游戏出版产业报告》显示，上海网络游戏海外销售收入约为 7.752 亿美元，同比增长 11.6%。移动游戏海外销售收入逾四成，同比增长 1.5 倍。在网页游戏时代就成功将作品打入海外市场的游族网络，所推出的魔幻题材动作角色扮演类游戏《纷争之遗》在欧美、中东、东南亚等多个国家和地区登顶，实现了动作角色扮演类游戏在海外收入的突破；三七互娱发行的《永恒纪元》全球最高月流水超过 3.15 亿元，海外最高月流水近 7 000 万元；老牌游戏厂商盛大游戏，也借助自身多年的积累，将全球性知识产权进行二次研发并反馈至海外市场。

上海动漫企业同样加快了“走出去”的步伐。今日动画推出的国产动画片《泡泡美人鱼》、上海河马动画设计股份有限公司的 3D 电影《糖果世界大冒险》等国产动画作品早已走出国门，远销海外。“动画片的制作从一开始就应具备国际视野。上海是一个创意性的城市，海派文化对中国动漫走向国际非常重要”，上海今日动画董事长张天晓说。四年前，今日动画开始打造“远程控制”的互联网制片管理体系，把动画原创团队留在上海，负责策划、制片、发行、衍生品开发、市场定位和国际对接等核心工作，后期制作团队则分散到世界各地，“上海是一个遥控中心，它的优势是人才和创意，应把上海的动漫企业变成一个制片公司而非制作公司”。

此外，一批优秀文艺节目也通过市场化手段走向国际市场。京剧《霸王别姬》赴美巡演，与此相呼应，中国首部 3D 京剧电影《霸王别姬》在纽约的影院连映数日。上海芭蕾舞团豪华版《天鹅湖》、上海歌舞团舞剧《朱鹮》连演不衰。中国出版物畅销海外市场，外文版“文化中国丛书”成功进入欧美图书市场，原创科普《十万个为什么》陆续推出越南语、马来西亚语、阿拉伯语版。华东师范大学版《一课一练》数学分册英国版落地英伦 400 多所学校并投入使用，口碑甚佳。

---

① 中共上海市委宣传部文化改革发展办公室、上海市文化事业管理处：《2018 年上海文化产业发展报告》，2019 年 1 月。

(二) 浙江

“十二五”期间,浙江的文化贸易大幅提升。文化产品交易市场更加活跃,中国国际动漫节、中国义乌文化产品交易博览会、浙江(温州)国际时尚消费博览会等重点文化会展交易额逐年增加。互联网文化贸易快速发展,咪咕传媒等互联网文化企业和浙江联合出版集团、杭州力合数码等文化跨境电商茁壮成长。培育打造一批文化出口重点企业和重点项目,2015年浙江文化产品进出口总额102.55亿美元,同比增长19.2%,文化服务进出口总额5.03亿美元,同比增长15.1%,文化创意企业“走出去”取得显著成效。

从城市来看,杭州是浙江文化创意产业对外出口的主力。2018年,翻翻动漫等17家文创企业及《富春山居图随想》等15个文化项目分别入选2017年至2018年度浙江省文化出口重点企业和重点项目名单,目前杭州国家级和省级文化出口重点企业分别有12家和36家。28家影视企业参加第二十二届香港国际影视展,实现现场及意向成交额1 478万美元,比上年增长逾60%。法国戛纳电视节、德国科隆游戏展、美国E3游戏展等国际知名展会,也出现了越来越多的杭州动漫企业的身影。以青年设计师为主体的“新杭线”、“杭州传统工艺创新展”等文创品牌,先后赴英国、约旦、意大利等地巡展,有效扩大了杭州文创的国际知名度和影响力。“杭州英国文化创意产业交流中心”在诺丁汉市正式揭牌落地,成为杭州第一个在英国建立的文创交流窗口,并成功举办杭州传统工艺创新展暨市民摄影节优秀作品展,成为对外讲述“新时代杭州故事”的重要交流平台。

浙江是民营企业大省,浙江的民营企业为浙江文化创意产业走出去也做出了巨大的贡献。如号称“电视剧第一股”的华策影视自2014年成立以来,积极开拓海外影视布局,已将超过10 000小时的电视剧发行到包括“G20”和“一带一路”沿线在内的180多个国家和地区。2016年,华策将建党95周年献礼片《解密》送进了美国市场,通过与美国环球东方卫视签署协议,实现中国主旋律剧首次在美国电视台播出。此外,以一代中国影视先驱者群体为原型创作而成的《传奇大亨》,也在2016年成为首部获戛纳电视节官方展映资格的华语电视剧,这部年代剧还未在中国大陆播出,已发行覆盖马来西亚、柬埔寨、泰国、新加坡、美国、加拿大、越南、英国、德国、意大利、土耳其、菲律宾等几十个国家和地区。华策影视出品的青春热血谍战剧《解密》

不仅荣获 2016 年中美电影节“优秀电视剧金天使奖”，还在国外网站获得 9.5/10 的高评分，被网友自发翻译成英、法、德、西班牙、葡萄牙、印尼、波兰、匈牙利等十余种语言，海外平台总点击量超 1 000 万次，其中在 YouTube 的点击量达 774 万次，实现了主旋律题材电视剧以市场化方式走出去①。《亲爱的翻译官》在华纳兄弟旗下新媒体平台 DramaFever 的网络点击率高于同档期上线的包括 Running Men 在内的韩国综艺及韩剧。《我的奇妙男友》与国内同步播出，在 Viki 和华纳兄弟旗下新媒体平台 Dramafever 的亚洲剧集点击量第二，仅次于《太阳的后裔》，迄今仍是 Viki 平台点击量最高的华语剧集。《何以笙箫默》导演剪辑版登陆 Netflix，成为迄今唯一一部进驻 Netflix 的华语时装电视剧。作为国产现象级剧集的《三生三世十里桃花》，不仅在法国戛纳节入选全球最受欢迎电视剧集榜单，还被马来西亚 Astro 和新加坡 StarHub 一致评选为“2017 年最受观众关注的外国剧集”，并已发行至包括“一带一路”沿线国家在内的全球 88 个国家和地区。通过海外发行渠道的拓展及平台建设，华策已与十余家海外媒体共同建设覆盖 30 个以上国家和地区的华语节目播出平台，不断搭建的国际合作资源平台，并在多个渠道开辟“华剧场”。目前，在 YouTube、DailyMotion、Viki、华纳兄弟旗下的 Dramafever 等播出平台，华策均设立了自主运营专区，实现了影视剧内容的自主播出。此外，依托自身强大的内容优势，华策还与索尼、Endemol Shine、Fox、CAA、ITV 等国际影视娱乐巨头均达成了战略合作，通过全球娱乐合伙人的模式，打造“华流出海”的朋友圈。“中国演艺第一股”宋城演艺也不遑多让，2016 年 11 月，宋城演艺发布公告，将自筹资金在澳大利亚昆士兰州黄金海岸建设澳大利亚传奇王国项目。澳大利亚传奇王国项目选址位于黄金海岸的内兰区，是全澳经济发展最快的地区之一，也是国际一线旅游度假目的地，距离冲浪者天堂约 10 公里。该项目一期总投资规模预计 20 亿元人民币，集旅游、文化演艺、娱乐休闲于一体。一期包含演艺剧场、澳大利亚传奇大型演出、澳大利亚土著文化村主题公园、狂野澳大利亚和神秘东方景区等板块。事实上，澳大利亚项目并非宋城国际化布局的第一次尝试。两三年前宋城就锁定美国拉斯维加斯，并积极寻求项目落地，但由于未能购买到

① http://www.huacemedia.com/index.php/about/index.html.

合适的剧院,暂时搁置,这才使得澳大利亚项目后来居上,成为“国际宋城”的第一单。目前,宋城演艺位于美国、东南亚等国家和地区的多个海外项目也在积极推进中。浙江的动漫产业也不乏亮点,如玄机科技取材历史事件、民间传说和神话故事等中华传统文化,成功制作了《秦时明月》《天行九歌》《武庚纪》等动漫影视作品;中南卡通制作了《郑和下西洋》《郑成功》《中华治水故事》等原创动画片。这些原创作品的国内外传播,除了激发国内观众对民族文化的敬畏,引发国外观众对中国文化的兴趣,也实现了自身效益的最大增值。以《郑和下西洋》为例,这部 52 集大型历史传奇动画片,远销到非洲、中东、印尼、俄罗斯等 23 个国家和地区。

浙江的国企在文化创意产业出口上也很积极,如浙江出版联合集团正积极开拓南美市场。2018 年 1 月,浙江出版联合集团旗下新华书店集团与拉丁出版社签署合作建设阿根廷新大陆博库书店。书店计划 2018 年下半年开业,面积 300 平方米,依托浙江新华 60 万海量品种,以中国文化为主题,经营中国艺术品销售、汉语培训、文创产品研发、主题展会策展、传统节俗体验等多种文化活动。活动期间,浙江人民出版社与阿根廷拉丁出版社合作出版的西语版新书《这就是马云》首发;浙江教育出版集团向阿根廷金太阳中西文学校赠送图书,并签署共建“新丝路书屋”和汉语教学合作协议;浙江人民美术出版社主办的“中国和拉美现代民间美术展”,吸引了不少阿根廷民众驻足观赏。此外,一批浙版好书将与阿根廷读者亲密接触,其中,既有讲述新时代美丽浙江的书籍,如《中国梦与浙江实践》《我是浙江人》《茶的故事》《G20 的杭州故事》;也有讲述“中国故事”的浙版图书,如《西语汉语教材》《美丽中国》《当代中国美术》《中国跨越中等收入陷阱》;还有浙江青少年推荐的畅销读物,如《西语汉语教材》《狼王梦》《中国原创绘本故事》等。

丰富的文化创意产品形成活跃的文化创意市场。来自浙江的文化创意产品,早已走向全国,甚至走向世界,印证了浙江文化创意产业的高度成熟。

(三)江苏

“十二五”期间,江苏的文化创意产业发展迅速,江苏也积极推动文化创意企业走出去,培育文化出口龙头企业,对外文化贸易呈现多元投入格局形成、自主创新能力提升、优势产业门类突显的良好态势,在演艺业、动漫游戏业、艺术品业等领域取得显著成绩。江苏共有 75 家企业、10 个项目被商务部、文化部等五部委认定为“国家文化出口重点企业和重点项目”，数量均居全国前列。

2016年10月，为大力开拓海外文化市场，推动中华文化走出去，江苏发布《江苏省开拓海外文化市场行动方案(2016—2020年)》。据了解，江苏“力争到2020年，建设20个左右具有一定实力的省级对外文化贸易基地(示范区)，入选国家级文化出口重点企业和重点项目50个左右，培育省级文化出口重点企业和重点项目100个左右，在境外布局一批具有较强辐射力的文化贸易平台，打造一批具有国际竞争力和影响力的文化出口品牌产品和服务，全省对外文化贸易额进一步扩大，占对外贸易总额的比重稳步提高。”2016年12月，江苏发布《江苏省新闻出版广播影视(版权)“十三五”发展规划》，提出“大力拓展国际市场，进一步壮大‘走出去’主体，打造一批具有国际影响力的知名品牌，争取一批企业和项目入选国家级文化出口重点企业和重点项目。版权输出实现稳定增长，实物出口数量和金额年均增幅不低于10%。每年向海外发行影视作品以及产品与服务出口额和印刷对外加工贸易额增幅均不低于10%”。

浙江的文化创意产业出口以民营企业为主，而江苏则由国有企业凤凰出版传媒集团担任先锋。凤凰出版传媒集团把国际化战略作为集团六大战略之一，全力推进出版和资本“走出去”。近年来，凤凰出版传媒集团在版权输出、实物出口、资本走出去等方面都取得了一定成绩，曾荣获“2015—2016年度国家文化出口重点企业”。

“十二五”期间，凤凰出版传媒集团输出非华语版权达到761项，较“十一五”输出总量增长254%，版权引进输出比从“十二五”期初的2.9∶1缩小至接近2∶1。输出结构不断优化，对重点发达国家的输出总量增长迅速。2016年，凤凰出版传媒集团全年版权输出220项，输出方向向“一带一路”国家转型。版权引进输出比为1.8∶1。共有40种(52册)版权输出和合作出版项目被分别纳入“经典中国出版工程”、“中国图书对外推广计划”、“中华学术外译项目”等国家和省级外向型资助项目。“十二五”期间，凤凰集团计有60多万册、4 000多万元(码洋)书刊销往海外，较之“十一五”末的2 000多万元，出口额翻了一番。通过海外输出渠道的建设，凤凰出版传媒集团在“十二五”以来将版权输出至30多个国家，其中排名前五位的分别是越南

(222种)、韩国(152种)、英国(143种)、美国(129种)、加拿大(119种)。2016年，凤凰出版传媒集团的版权输出明显呈现出向“一带一路”沿线国家发展的势头，涉及匈牙利、捷克、塞尔维亚、埃及、土耳其、印度等14个国家，输出品种43种，约占当年输出总量的20%。

近年来，凤凰出版传媒集团在学术、文学艺术、少儿等图书板块精品频现，受到国际上出版商的青睐。例如学界公认的研究丝绸之路权威之作《丝绸之路》(刘迎胜著)获2016年度“丝路书香工程”重点翻译资助，版权输出韩国、土耳其。张一兵教授的《回到马克思》在已经输出英文版、韩文版、德文版的基础上，又输出至俄罗斯，其中德文版和俄文版分别获得2014和2016年度“国家社科基金中华学术外译项目”资助。《南京大屠杀全纪实》版权输出英国，实体书销售到马来西亚、越南和泰国，该书还入围今年“耶路撒冷文学奖”。2016年，译林出版社向土耳其卡努特国际出版公司输出中国当代作家《在细雨中呼喊》(余华)等八部力作。译林出版社与美国西蒙&舒斯特公司合作的“江苏作家‘走出去’项目”，批量输出20种中国文化、文学、社科作品。“图说中国传统艺术”丛书版权输出韩、印、俄、泰四国。余华作品《活着》输出埃及、斯洛文尼亚、葡萄牙、罗马尼亚、印尼、捷克、土耳其等六个国家。苏童作品《另一种妇女生活》版权输出到韩国、埃及、土耳其、意大利、西班牙五国。格非作品《望春风》2016年出版后，被20种重要媒体评为年度好书，2017年初已经达成韩国输出意向，有望取得更多输出成果。中国首位“国际安徒生儿童文学奖”得主曹文轩的《蜻蜓眼》《青铜葵花》《草房子》三种儿童文学精品共签署了七种合同，涵盖英语、西语、葡语三个语种，授权范围有澳大利亚、新西兰、南美和西班牙，实现多语种多地区授权，形成巨大影响。2017年年初，英国Walker出版社又买断了《蜻蜓眼》一书的全球英文版权。4月，凤凰出版传媒集团借此启动“曹文轩儿童文学奖”，升级凤凰传媒儿童文学出版模式。10月，凤凰出版传媒集团旗下江苏少年儿童出版社还将携曹文轩展开德、美文学之旅。

“十二五”以来，凤凰出版传媒集团完成了若干大型资本收购项目。2014年7月，凤凰出版传媒集团以8 000万美元的价格收购美国有声童书龙头出版企业PIL公司，成立了凤凰国际出版公司(PIP)，成为中国出版业最大的海外并购案。并购以来，凤凰国际出版公司运营稳定，牢固树立了在全球有声童书市场的领先地位。依托 PIP 成立的红翼(Cardinal)出版社,以“北美红雀”形象打造童书品牌,不仅推动凤凰版图书“走出去”,同时也为江苏文化企业和优秀品牌进入北美市场提供落脚支撑与快捷通道。凤凰传媒国际(伦敦)公司是重要的英国业务平台。公司成立于 2012 年,拥有全资控股子公司仙那都出版社。公司主要协调中外资源,开展一系列文化交流和经营活动,目前主要定位于中英职业教育课程、师资、培训、出版等方面的合作以及文化创意产品的合作。截至 2017 年 3 月,凤凰出版传媒集团已在北美洲、南美洲、大洋洲、欧洲、非洲等地区投资布局,共有对外投资项目 15 个,合计投资金额约 9.3 亿元人民币,主要为文化产业投资,为出版和文化“走出去”奠定可能的渠道。

(四)安徽

党的十八大以来,安徽文化创意企业坚定文化自信,依托“一带一路”布局文化交流合作,加快文化“走出去”步伐,徽风皖韵的种子不断播向五湖四海,文化创意产品出口由单一的实物出口向版权贸易、印刷服务、数字传媒产品等多元化发展,截至目前,安徽文化创意产业出口 160 多个国家和地区,“安徽电视周”“安徽文化周”更成为在境外展示安徽形象的重要品牌,安徽出版集团在北京国际图书博览会上版权输出连续八年居全国前列;26 家企业、10 个项目入选 2015 年至 2016 年度国家文化出口重点企业目录,居全国第三位、中部第一位。2017 年 6 月,由省徽京剧院根据莎士比亚名剧《麦克白》改编的徽剧《惊魂记》,在保加利亚、马其顿连续演出,受到当地观众热烈欢迎。

从城市来看,合肥是安徽文化创意产业出口的主力。2018 年 6 月,中宣部和商务部召开“国家文化出口基地推进会”,会上对全国 13 个国家文化出口基地授牌,其中,文化出口额达 6 000 万美元的合肥市蜀山区获得此项荣誉。合肥市蜀山区文化产业聚集优势明显,通过实施“文化+”、“互联网+”,培育了 80 多家文化创意骨干企业,塑造了一批知名文化品牌,初步构建了特色鲜明、具有较强竞争力的文化创意产业体系,其中文化版权贸易、动漫制作、创意文化、新闻出版、影视制作、文化产品生产营销和设计服务等为代表的文化服务业独具特色,已发展成为安徽三个文化贸易集聚区之一。目前,蜀山区文化出口产品和服务辐射全球 100 多个国家和地区,与“一带一路”沿线 34 个国家开展业务往来，文化出口额达 6 000 万美元。

从企业来看，安徽的国企在文化创意产业出口上较有作为。安徽出版集团旗下黄山书社五年来先后输出版权 800 多项、图书 200 余种到欧美等非华文国家、地区。20 多种图书获得总署、国新办资助，资助额在全国名列前茅。目前，安徽出版集团已形成版权输出、合作出版、出版物实物出口、文化及电子传媒产品出口、境外创办实体、文化装备出口等六大“走出去”板块，辐射 100 多个国家和地区。版权输出稳居全国第一。集团累计有 15 家所属企业、36 个项目入选“文化出口重点企业和项目”。

第六章　长三角文化创意产业协调发展

第一节　长三角文化创意产业发展的协调战略

长三角地区处于亚洲太平洋海岸线的中心，包括上海市、江苏省、浙江省和安徽省，是我国人口集聚最多的三大区域之一。截至 2016 年，长三角常住人口 2.2 亿，占我国总人口的 16%左右。长三角地区是中国第一大经济区，也是中央政府定位的中国综合实力最强的经济中心、亚太地区重要国际门户、全球重要的先进制造业基地、中国率先跻身世界级城市群的地区。2016 年，中国国内生产总值为 743 585.5 亿元。长三角地区的国内生产总值为 19.5 万亿元，占全国的 23.7%。长三角地区是我国经济发展最活跃、开放程度最高、创新能力最强的区域之一，在国家现代化建设大局和全方位开放格局中具有举足轻重的战略地位。推动长三角一体化发展，增强长三角地区创新能力和竞争能力，提高经济集聚度、区域连接性和政策协同效率，对引领全国高质量发展、建设现代化经济体系意义重大。

中国特色社会主义进入新时代，我国经济转向高质量发展阶段，对长三角一体化发展提出了更高要求。“一带一路”建设和长江经济带发展战略深入实施，为长三角一体化发展注入了新动力。2018 年 11 月 5 日，习近平总书记在首届中国国际进口博览会上宣布，支持长江三角洲区域一体化发展并上升为国家战略，着力落实新发展理念，构建现代化经济体系，推进更高起点的深化改革和更高层次的对外开放，同“一带一路”建设、京津冀协同发展、长江经济带发展、粤港澳大湾区建设相互配合，完善中国改革开放空间布局。党中央、国务院作出将长三角一体化发展上升为国家战略的重大决策，为长三角一体化发展带来新机遇。

党和国家高度重视长三角地区的发展，明确要求上海发挥龙头带动作用，进一步促进长三角地区率先发展、一体化发展。根据国家的战略部署，长三角形成了以上海为核心、联系紧密的"一核五圈四带"空间布局，是国家"两横三纵"城市化格局的优化开发和重点开发区域之一。长三角作为我国开放度最高、经济最活跃的地区之一，也是"一带一路"建设与长江经济带战略重要的交汇地带，对于我国经济发展和社会建设具有举足轻重的地位。

进入21世纪以来，长三角地区发挥了强大的创新驱动力，依托综合的经济优势和良好的区位条件，推动长三角文化创意产业发展水平居于全国前列，在推动文化与科技融合、培育文化新兴业态、壮大优势产业集群、促进跨界联动、扩大对外文化贸易等方面形成了突出的优势。长三角的新闻媒体、广播影视、会展服务、出版印刷、动漫游戏、演艺娱乐、文化装备等重点门类的发展水平和产业规模均在全国居于前列。2016年，全国文化及相关产业增加值30 785亿元，占全国GDP的比重为4.14%。而长三角文化产业增加值达到9 934.86亿元，占全国总量的32%，占GDP比重达到5.69%，在发展规模和发展质量上居于全国前列。其中，2016年江苏省文化产业实现增加值3 863.9亿元，占江苏省GDP的比重为5%；浙江省文化及相关特色产业实现增加值3 232.98亿元，占GDP比重为6.84%；安徽省文化产业实现增加值976.31亿元，占安徽省GDP的比重为4%；上海文化产业实现增加值1 861.67亿元，占上海市GDP的比重为6.61%。

长三角地区的文化创意产业有着强大的集群实力，文化创意产业增加值占全国总量的三分之一，对国家文化软实力做出了举足轻重的贡献。在连续十届颁布的全国文化企业30强中，长三角占全国总数的34%，在各地区中遥遥领先。在全国十大文化产业上市公司中，长三角地区企业占40%。此外，长三角地区拥有的联合国全球创意城市占全国总数的四分之一。长三角地区拥有名列世界前三、雄踞中国第一的会展中心城市，拥有全国文化产业园区100强中的第一名；拥有全国规模最大的数字出版产业集群、网络电台和网络教育基地、网络文学集群、对外文化贸易集群、影视生产综合基地和电视剧生产与流通平台，同时也是全国主要的动画电视生产基地之一。

在文化创意产业国际合作方面，长三角地区是我国文化创意产业对外交流最广泛、对外文化贸易最发达的地区之一。这里形成了全国领先的国家对外文化出口重点企业集群和文化出口重点项目集群，并连续十年在全国保持了优势。中国第一个国家对外文化贸易基地、全国唯一以出口为导向的国家级影视产业园区、有史以来投资额最大的中美合资文化产业项目等众多国际合作项目落户长三角，使长三角成为中外文化产业合作规模最大、最有成效的地区之一。此外，长三角也是全国对外文化投资最为活跃、规模最大的地区，既包括向发达经济体，也包括向发展中经济体的文化产业投资，为中华文化走向世界做出了积极的贡献。

协调发展是新时代我国五大发展理念的重要组成部分，习近平总书记在党的十九大报告中指出，中国特色社会主义进入新时代，我国社会主要矛盾已经转化为人民日益增长的美好生活需要和不平衡不充分的发展之间的矛盾。因此，协调发展特别是承担人民群众对美好生活需要的文化产业协调发展作用日益突出。当前，我国文化创意产业已经进入了新的历史发展时期，区域发展不仅要关注经济状况和资源配置情况，同时也要关注文化创意产业发展情况。文化创意产业协调发展，可以有效降低区域内交易成本，促进生产要素和人力资本的自由流动，提升区域在国内外的综合竞争力。

专家认为，长三角文化产业协调发展具有三大战略意义：一是有利于增强长三角城市群的文化认同感，通过彼此之间的文化交流和联动发展破除文化传递和交融的壁垒，加速区域一体化进程的推进。二是有利于促进长三角城市群产业的转型升级。文化产业可提升传统产业的内在价值、品牌、信息化和集约化水平，不断推动经济发展、优化经济结构。三是有利于提升长三角城市群的综合竞争力。城市竞争力的提升越来越依赖于文化产业的发展。提升长三角城市群的综合竞争力，必须依赖文化产业的发展，促进城市群文化产业的协同，从而提高长三角城市群文化产业的影响力和辐射力，实现综合竞争力的提升。①

---

① http://szfcss.jiangsu.gov.cn/art/2018/12/12/art_174_7952567.html.

(一) 长三角文化创意产业协调发展的基础

第一，文化基础。文化是以内聚力维持身份认同、化解社会矛盾、增强社会团结的思想基础和重要方法。构建稳定而有活力的长三角，一个重要的关键是长三角区域文化共同体意识的普及与建构。所谓长三角区域文化共同体，是一个包含经济、政治、社会、环境、传统和文化自身等多重元素的综合体。其内涵就个体而言，关涉个体成员与区域环境相谐的家园认同、与区域社会相通的情感归属、与区域发展同步的自我实现；就区域而言，关涉区域内部各多元主体基于传统熏陶的文化认同、基于文化认同的理念趋近、基于共同目标的信任互助，以及作为一个共同体所应具有的合作架构和运行机制等。作为国家战略的长三角区域一体化发展，是一项宏大的系统工程，涉及基础设施、制度、产业等众多领域。作为本区域经济社会发展之"根脉"的江南文化，历史悠久、意蕴深厚、特色鲜明、品质精妙，既在以往岁月里铺筑了江南地区融合发展的历史基础，也在当下语境中显示出人文化育的生机活力，更昭示着江南地区在新时代领先一步、辉光日新的未来愿景。江南民众长期以来形成的文化自觉意识和自发创造机制，为江南地区形塑了人文地理意义上的整体历史形象，为长三角高质量一体化发展打下了历史认同基础。历史孕育了江南地区山水相依、人民相亲、习俗相近、人文共辉的区域整体形象。历史文献中，多有"吴越为邻，同俗并土"、"吴越二邦，同气共俗"、"夫吴之与越也，接土邻境，壤交通属，习俗同，言语通"等记载。回溯江南史迹，也可为之佐证。东晋之始，南京即以其文化艺术成就成为江南中心；至南宋，杭州建为皇城，领一代江南风尚，流风遗韵及于今朝；明清时期徽商足迹遍布苏浙沪，推动江南市镇发展；近代上海开埠，遂成江南文化中心，苏浙皖之才人逸士云集沪上，艺术渊源盘根错节，至为深厚。融合发展的历史轨迹，造就其以"丝绸之府，鱼米之乡""东南财赋地，江浙人文薮""堆金积玉地，温柔富贵乡"等整体形象示于世人。改革开放以来，三省一市间经济社会发展的合作度、紧密度、融合度不断提升，区域内人才流动频繁，文化交流密切，为今天的长三角高质量一体化发展，奠定了区域融合、协调发展的历史认同和现实基础。

第二，制度基础。2010 年 5 月，国务院正式批准实施的《长江三角洲地区区域规划》将长三角的范围确定为苏浙沪三省(市)。2014 年，《国务院关于依托黄金水道推动长江经济带发展的指导意见》，首次明确了安徽作为长江三角洲城市群的一部分，参与长三角一体化发展。2016 年 6 月，国家发改委公布《长江三角洲城市群发展规划》，规划期为 2016 年至 2020 年，远期展望到 2030 年。长三角城市群在上海市、江苏省、浙江省、安徽省范围内，由以上海为核心、联系紧密的多个城市组成，主要分布于国家"两横三纵"城市化格局的优化开发和重点开发区域。规划范围包括：上海市，江苏省的南京、无锡、常州、苏州、南通、盐城、扬州、镇江、泰州，浙江省的杭州、宁波、嘉兴、湖州、绍兴、金华、舟山、台州，安徽省的合肥、芜湖、马鞍山、铜陵、安庆、滁州、池州、宣城等 26 个城市，国土面积 21.17 万平方公里。规划提出，实施创新驱动发展战略，营造大众创业万众创新良好生态，立足区域高校科研院所密集、科技人才资源丰富的优势，面向国际国内聚合创新资源，健全协同创新机制，构建协同创新共同体，培育壮大新动能，加快发展新经济，支撑引领经济转型升级，增强经济发展内生动力和活力。2018 年 6 月，长三角地区主要领导座谈会在上海召开，会上审议通过《长三角地区一体化发展三年行动计划（2018—2020 年）》，进一步明确了长三角一体化发展的任务书、时间表和路线图。"三年行动计划"覆盖了交通能源、科创、产业、信息化、信用、环保、公共服务、商务金融等 12 个合作专题，并聚焦交通互联互通、能源互济互保、产业协同创新、信息网络高速泛在、环境整治联防联控、公共服务普惠便利、市场开放有序等 7 个重点领域，形成了一批项目化、可实施的工作任务。"三年行动计划"体现了三省一市对更高质量一体化的共同愿景，行动计划提出到 2020 年，基本形成经济充满活力、创新能力跃升、空间利用高效、高端人才汇聚、资源流动畅通、绿色美丽共享的世界级城市群框架，服务长江经济带、服务国家大局的能力进一步增强，辐射亚太的门户地位基本确立，城市群配置全球资源的枢纽作用加快显现，国际影响力和竞争力显著提升。

第三，组织基础。长三角区域合作机制由来已久（图 6-1）。1992 年，长三角 15 个城市经济协作办主任联席会议制度建立。2001 年，沪苏浙三省市发起成立了由常务副省（市）长参加的"沪苏浙经济合作与发展座谈会"制度，长三角区域合作进入了一个着眼于建立长期性、战略性、整体性区域合作框架的新阶段。2004 年，启动了沪苏浙三省市主要领导座谈会制度。2008 年起，长三角政府层面实行决策层、协调层和执行层"三级运作"的区域合作机制，确立了“主要领导座谈会明确任务方向、联席会议协调推进、联席会议办公室和重点专题组具体落实”的机制框架。长三角区域合作采取轮值制度，每年由一个省(市)作为轮值方。具体而言，决策层即“长三角地区主要领导座谈会”，沪苏浙皖三省一市省(市)委书记、省(市)长出席，三省一市常务副省(市)长、党委和政府秘书长、党委和政府研究室主任、发展和改革委员会主任和副主任列席。协调层即由沪苏浙皖三省一市常务副省(市)长参加的“长三角地区合作与发展联席会议”。执行层包括“联席会议办公室”和“重点合作专题组”。沪苏浙皖三省一市分别在发展和改革委员会(或合作交流办)设立了“联席会议办公室”，分管副主任兼联席办主任。目前共设立了交通、能源、信息、科技、环保、信用、社保、金融、涉外服务、城市合作、产业、食品安全 12 个重点合作专题。其中，长三角地区主要领导座谈会是长三角区域合作协调机制中最重量级的会议。2005 年 12 月 25 日，首次长三角两省一市主要领导座谈会在杭州召开。2008 年，这一会议首次邀请安徽参加。此后，三省一市轮流举办这一高级别会议形成机制。2018 年 1 月，长

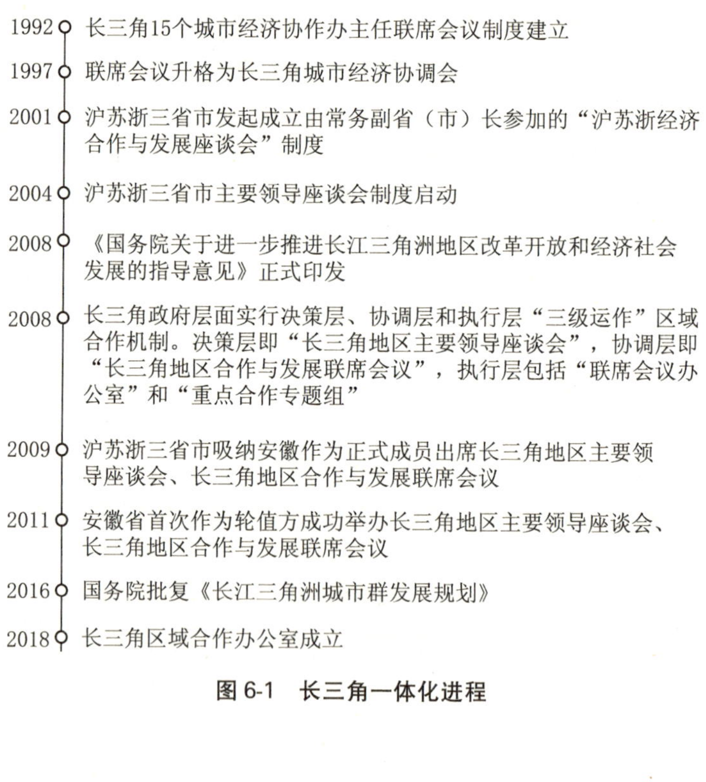

图 6-1　长三角一体化进程

三角区域合作办公室成立，办公地点位于上海市徐汇区武康路的上海市发展和改革委员会培训中心内，目前共有来自上海、浙江、江苏、安徽三省一市的 15 名工作人员，其中上海 8 名、浙江 3 名、江苏和安徽各 2 名，他们有的来自发展和改革委员会长期负责长三角区域合作事宜，有的来自交通部门，还有的是来自机构的专家学者。长三角区域合作办公室首要工作是编制《长三角一体化发展三年行动计划》，明确各省市的工作计划和未来三年的区域发展目标。长三角城市经济协调会市长联席会议已有 34 个会员城市，涵盖了区域内所有文创产业较为发达的城市。

上述良好而扎实的基础，为推进长三角地区文化创意产业的协同发展提供了可靠的保障条件。

（二）长三角文化创意产业协调发展的举措

目前，长三角各地区之间发展处于不平衡状态，上海、杭州文化创意产业发展指标总体高出其他地区很多，安徽则处于长三角发展相对短板地位。造成三省一市文化产业协调发展程度不足的原因有很多，如文化资源要素的不合理分配、行政区划市场分割、各地区文化管理机制阻碍、产业对接不力以及产业链松散，这些问题都影响长三角文化创意产业区域协调发展的步伐。

长三角文化创意产业要实现协调发展，就必须加强区域之间产业有效对接的能力。但是，由于受行政区划以及小地域发展观念的制约，协调发展的理念尚未形成，长三角各城市对文化创意产业协调发展和区域文化之间的关联性认识不够，不去积极寻找文化创意产业价值链的延伸，产业链松散、项目数目以及规模程度小的情况普遍存在，无法起到带头作用和树立文化品牌效应。文化要素、资源要素、人才要素、市场要素和信息要素之间没有形成有效的联系，产业技术和人才的流动方面不顺畅，要素资源缺乏统筹规划，区域内部的文化创意企业缺乏相互交织的并购。所以，要建立行之有效的长三角文化创意产业链，加强区域之间的产业融合与对接，产业链上的企业可以进行交流与协商，在产业以及人才之间形成有效对接，这样不但可以降低企业进行文化产品生产的成本、提高企业的盈利能力，而且还可以提高长三角地区文化创意产业的总体实力，提升其在国际上的竞争力，并发挥国际文化产业品牌效应。

有鉴于此，2011 年，由上海创意产业中心牵头组织，上海、南京、杭州、苏州、无锡、常州、镇江、扬州、南通、盐城、泰州、淮安、宁波、嘉兴、湖州、绍兴、舟山、台州、衢州、金华、合肥、马鞍山、徐州 23 个城市的相关行业协会、园区和企业，共同组建了“长三角文化创意产业联盟”，通过推行长三角文化创意产业推进计划，组织考察互访、产业论坛、讲座培训、“文化创意产业金鼎奖”评选等活动，助力长三角地区的产业升级和经济转型。经过几年的发展，长三角文化创意产业联盟已经走出长三角区域，不断加强与国内其他城市以及国际上文化创意产业发达城市之间的交流与合作。

2017 年，长三角城市群新建立了文化产业发展联盟。据了解，此次建立的长三角文化产业发展联盟，将深化区域联动，形成合力，通过建立“文化创意产业园”，打造长三角文化创意资源集聚、品牌推广、功能共享的平台。建立引进、输出双向机制，促进长三角不同城市间文化产业要素的有效流动，根据各自的资源禀赋发展文化产业，将都市文化与旅游、餐饮、科技、教育、会展业等有机结合起来，形成多条文化产业链条。同时，完善文化创意项目的扶持机制，逐步建立起符合文化业态发展规律的文化金融保障机制，真正把长三角城市群打造成为文化产业高地。

2018 年 11 月 29 日，首届长三角文博会在上海举办。四天会期内，展览、论坛、“区城联动”活动如火如荼，展示了长三角地区文化产业的整体实力与魅力。首届长三角文博会展览规模 2 万平方米，经序馆进入产业展示区，打破传统展会的地域界限，三省一市文化企业参展互相融合、共同呈现。整个展区分为“价值链”、“新动能”、“新视野”、“酷天下”、“最乐活”五个板块布局，涵盖广播影视、数字内容、网络视听、动漫游戏、创意设计、艺术品交易、文化装备、演艺娱乐等领域优秀文化企业。同时，展会现场还专设中心舞台和专题发布厅，为现场表演活动、新产品发布、商贸洽谈对接提供公共场地，满足企业多元化需求，增强现场展示丰富性。

作为我国第一个以世界级大城市群的文化产业为参展主题和主要内容的文博会，自年初萌发举办动议、形成筹备班底以来，三省一市党委宣传部均高度重视，三省一市领军企业、新锐力量一呼百应。展会现场集合 330 家参展单位，其中，上海单位 107 家、江苏单位 91 家、浙江单位 58 家、安徽单位 63 家、海外机构及进出口企业 11 家。

展览之外，首届长三角文博会的论坛和“区城联动”也亮点频频。主旨论坛聚焦“长三角文化融合与创新发展”，五场主题论坛分别关照“运河文化”、“数字经济拓展文化产业新空间”、“江南文化与新时代发展”、“演艺产业与城市文化品牌塑造”、“推动文化产业高质量发展”等话题，都是三省一市文化产业发展的现实命题和突出特色。“区城联动”活动则以上海市所辖区和苏浙皖地级市中的部分主体为代表，聚焦红色文化、文化金融合作、文化装备赋能新文旅产业、电竞产业等专题，充分体现长三角城市群的合作联动，未来还将构建起三省一市文化产业优势互补、品牌提升、成果共享的常态化工作机制，在更广范围更深层次促进长三角文化产业一体化发展。

为朝着长三角文化产业更高质量一体化发展的目标努力，三省一市在文博会期间结成了多个联盟体系，为后续一体化发展搭好平台、建好机制。这些联盟包括：长三角红色文化旅游区域联盟、长三角动漫产业合作联盟、长三角文创特展产业联盟、长三角文旅产业联盟、长三角影视制作基地联盟、长三角文化装备产业协会联盟、环淀山湖战略协同区文化一体化发展合作备忘录、长三角电子竞技产教协同创新中心、长三角文化金融合作服务平台等。

2018 年 11 月 29 日，首届长三角国际文化产业博览会首日，“长三角动漫产业合作联盟”正式诞生，将聚合长三角动漫活力，为企业搭建交流与合作的平台，助推动漫产业发展。长三角区域动漫企业众多，原创实力雄厚，同时动漫衍生品开发亦涉及影视、游戏、零售、主题乐园各个方面，全方位激活了动漫知识产权的活力。以浙江为例，动漫游戏企业数量近 700 家，2017 年共申报出版国产网络游戏 1 960 款，形成集研发、发行、策划、运营、服务为一体的布局，打造出《秦时明月》《天眼》系列《乐比悠悠》等知名动漫知识产权。与之毗邻的上海，随着“文创 50 条”等利好政策相继发布，动漫游戏产业进一步得到发展。数据显示，上海共有经认定的动漫企业 30 家，新媒体动画蓬勃发展，而国内外上千家游戏企业在沪集聚，则为动漫知识产权的后续开发带来全球化的发展契机。为推动域内动漫产业的高水平发展，打造中国面向亚洲乃至世界的动漫产业桥头堡，服务长江三角洲区域一体化发展的国家战略。江苏省影视动漫协会、浙江省影视动漫联盟、安徽省动漫协会、上海市动漫行业协会共同发起筹建“长三角动漫产业合作联盟”，百余家动漫企业单位成员到场一同见证联盟的正式成立。“长三角动漫产业合作联盟”旨在运用长三角文化创意先进、经济发展快速的优势，深度研究如何利用“三省一市”的优势，促进长三角的文化产业发展，也同时为长三角动漫企业搭建一个积极交流和合作的平台。“长三角动漫产业合作联盟”的第一次工作会议也在成立当日顺利召开，三省一市代表纷纷就各自地区的动漫产业发展情况作简单介绍，探讨今后如何更好地辅助企业、交流项目、建立合作，遵照优势互补、互惠互利的原则，传播文化正能量，将国漫带入一个新的发展点。

2018 年 11 月 30 日，上海徐汇及南京、杭州、宁波、绍兴、蚌埠等 6 个长三角市、区在长三角文化金融合作论坛上正式签约，建立长三角文化金融合作服务平台，共同为长三角文化企业和文化产业项目的发展提供专业服务和支撑。据了解，长三角文化金融合作服务平台委托上海联合产权交易所具体实施，将提供信息共通、资源共享、平台共建和业务共拓等服务内容。此一平台在筹备期间针对长三角区域的文化企业进行了融资项目的征集，共收集到 60 余个优质融资项目。作为平台首批服务对象，这些项目获得了与资本机构的高效对接服务。上海徐汇区作为上海文化金融合作试验区，正在探索文化与科技、金融跨界融合的新模式和新路径，构建文化科技金融一体两翼新格局。南京正在推进建设文化金融服务中心，杭州正在构筑文创融资的服务链。

第二届长三角文博会于 2019 年 11 月移师国家会展中心（上海）举办，展览面积扩大至 5 万平方米，参展商增至 500 家以上，突出国际化、专题化、产业化的办展定位，发扬“创新驱动、转型升级、跨界联动、市场运作、国际合作”的办展特色，突出专业化、国际化、市场化的特色，体现举办国际会展的先进理念和丰富经验，壮大长三角文博会的规模优势，把长三角文博会打造成为一个立足长三角、辐射全中国、面向全世界，吸引全国、全球优秀文化产业资源集聚的合作交易平台。

第二节　长三角文化创意产业协调发展的成功案例

近年来，我国文化创意产业发展迅速，取得了令人瞩目的成就。文化创意产业发展的一大特征是集聚发展，而文化创意产业园区则是产业集聚发展的重要依托和载体。上海在全国首创园区建设与历史建筑保护相结合的发展模式，于2005年4月为第一批文化创意园区授牌。经过多年发展，上海的文化创意园区建设引领全国，也涌现出锦和商业、德必等文化创意园区品牌运营商。他们开发的“越界”、“易园”等不但在上海遍地开花，还辐射长三角，助推长三角文化创意园区整体提升，堪称近些年来长三角文化创意产业协调发展的成功案例。

锦和商业成立于2007年，主营业务是文化创意园区的定位设计、改造和运营管理，主要采用“承租运营”的经营模式，即以租赁方式取得具有租赁价值提升空间的既有建筑的经营权，对该建筑整体重新进行市场定位和设计，通过改造配套硬件设施、重塑建筑风格和形象以及完善内外部功能，将其打造成为符合以文化创意企业为重要目标客户群的办公和经营需求的园区，从而提升既有建筑的使用价值，通过招商和后续运营获得租金收入和物业管理收入等。同时，锦和商业还通过“受托运营”的经营模式提供各类运营服务并获得相关业务收入，具体包括招商咨询策划、物业管理等服务。2013年3月，“越界创意园”荣获上海市品牌建设优秀园区。2013年12月，“越界”荣获“上海市著名商标”，成为上海市首个园区运营管理服务的著名商标。2016年，荣获首届上海文化企业十强。经过多年的发展，截至2018年6月，锦和商业承租运营的项目共22个，受托管理项目2个，参股运营项目2个，可供出租运营的物业面积约50万平方米。随着公司项目数量的增加、单位面积租金上涨等因素，近三年收入和净利润呈现逐年上升态势。2015年至2018年上半年，锦和商业的营收分别为4.71亿元、5.30亿元、6.44亿元和3.77亿元，同期净利润分别为9 585.24万元、10 083.98万元、11 819.11万元和8 148.33万元，经营净现金流入为1.6亿元、1.2亿元、2.3亿元、1.3亿元。

2013年10月，锦和商业与南京广电集团签约，共同开发南京工艺装备制造有限公司老厂区。2014年6月，坐落于莫愁路329号的越界梦幻城正式开工，旨在打造江苏第一个智慧型文创园区和时尚娱乐目的地，包括启创中国、华大影院、亚马逊、腾讯、凤凰传奇和爱游戏等在内的知名企业已入园。其中，中国电信游戏运营中心在园区打造“动漫游戏体验中心”。2016年初，越界梦幻城整体开园，园区总建筑面积约65 000平方米，项目总投资

6.5亿元,结合南京广电集团的文化传媒特色,以“手游动漫产业聚集区和休闲目的地”为核心定位,通过融合手游动漫线下活动、文艺展演、文博展销、研发办公、创意工坊等功能业态,将其打造成集“产业聚集、游戏体验、文化互动”三大功能于一身的文化创意园区和南京地区最具特色和吸引力的“南京舞台”。截至目前,园区入驻企业中七成以上为文创企业,文化类生产经营及配套设施面积占园区总建筑面积的80%,开园以来,越界梦幻城斩获诸多荣誉,如2017年荣获“市级现代服务业集聚区”称号,2018年荣获“2018年度十大城市更新案例之老城复兴项目”,如今也已经成为南京文化创意园区的标杆。

此外,锦和商业还先后进入苏州、杭州,运营管理苏州的X2创意街区、杭州的锦绣工坊、锦和大厦&越都荟。X2创意街区位于苏州市高新区滨河路1388号,2007年9月开园,是苏州高新区首个文化创意园区,集创意设计、教育培训、IT动漫等为一体。目前,包括新东方、华浦教育、学大教育、北京京翰英才、亿思科技等近百家品牌企业已经入驻。锦绣工坊位于杭州市上城区江城路水门南弄3号,保留了原杭州绣品总厂的工业厂房特色,坚持保护性功能再造,以人性化设计作为出发点,通过拆除临街楼宇,梳理园区交通组织,打造全新园区人、车流动线,通过空中廊道贯穿园区的各栋楼宇,形成独特的空中回廊网络,建造了一座可以观赏群山风景的别墅创意办公部落。锦和大厦&越都荟位于杭州的庆春路,前身为中都百货,现定位为集商务办公、休闲娱乐、餐饮零售为一体的独特品质休闲化生活中心。

德必从2006年开始投资运营文化创意园区,现已拥有一套独特成熟的经营模式,即集园区投资、设计、建设、招商、运营、平台式整合创新服务为一体的德必模式,并吸纳了一批优秀的文化创意企业入驻。相比其他文化创意园区运营商,德必的优势在于,除了物业服务,德必为入驻企业提供创业服务、品牌推广、财务顾问、工商注册、上市对接等十大会员服务;在“连接”与“共创”这两个德必品牌核心的引导下,德必连接园区内5 000家企业、10万白领,通过搭建企业服务体系,与园区内外部资源对接——企业与资源、企业与企业、人与人,内外圈层,跨界合作,自由连接;为企业和投行、律所、人才、高校等资源构建了一个良性发展的生态圈层;让文化创意与科技创新企业,在德必打造的“轻公司生态圈”里面自由生长。目前,从德必的园区已走出大众点评、童石网络、邻趣、白熊阅读、KACO 等一大批年轻的优秀企业。2018 年，德必荣获第二届上海文化企业十强。

德必推行全球化发展布局，早在 2014 年，在上海和意大利佛罗伦萨两地政府的支持和推动下，德必正式设立了在海外的第一个园区，上海佛罗伦萨—中意设计交流中心佛罗伦萨基地。目前在全球已经拥有包括美国硅谷、意大利佛罗伦萨等海外项目在内的共 70 多个创意产业园区，在国内，德必的园区也一路从上海布局长三角。

2015 年，德必开始了江浙地区的文化创意园区部署。2016 年开园的杭州东溪德必易园是德必在浙江的首个文化创意园区。园区总面积 9 万多平方米，由两栋建筑和一个裙楼组成，有酒店、公寓、餐厅、健身中心、咖啡吧、办公楼、停车场等，就像一座微型城市。目前，已集聚莓兽科技、尼塔景观等百余家知名企业。2017 年，德必进入苏州，推出姑苏 WE"国际文化艺术坊，旨在通过引进文化艺术、时尚设计、广告传媒、游戏研发、信息咨询、移动互联网、品牌商业等业态，打造一个传统文化、时尚展示、艺术交流相融合及吸引优质企业的创意新地标。目前，德必与艺术机构优艺签署了合作协议，未来将以“苏州艺术后花园”的角色，输送和展出最前沿的、最具国际视野的文化艺术展览讯息。如今，园区的招租率已经达到 90%以上，已然成为苏州集传统文化、时尚展示、艺术交流于一体的创意新地标。此外，德必也已经进军南京，正在开发德必 1913WE"・SOLO ONE 1913 私人制街区、德必长江 WE"・南京时尚设计中心（中意设计交流中心南京基地项目）、南京金旅德必粮仓文化创意产业园・粮仓公园三个项目，有望助力南京文化创意产业更好更快发展。

值得一提的是，文化创意园区品牌输出不仅仅限于上海，浙江也在行动。2017 年 4 月，合肥瑶海区国资公司与浙江益彰文化创意发展有限公司签订恒通文化产业园项目合作运营协议，以招商租赁的形式交由浙江益彰文化创意发展有限公司运营管理。恒通文化产业园是合肥瑶海区第一个利用工业厂房改造的文化创意产业园区，又名“合肥长江 180 艺术街区”，这里集创意办公、文创展示、公共阅读、体育健身、配套服务等功能为一体，旨在打造“创意办公分享地”、“文艺潮人集聚地”和“艺术生活体验地”。浙江益彰文化创意发展有限公司拥有多个独立管理运营的产业园，在“产业园招商方针”、“产业园业态分析”、“产业园商户孵化及互动”领域卓有建树，旗下长城 178 文创园区已经成为杭州上城区最知名和最有影响力的创意产业园。

此外，在产业方面，也不乏协调发展的成功案例。如近来颇受年轻人欢迎的电竞产业，数据显示，2018 年底，中国电子竞技行业用户总数突破 4 亿人，市场规模迅速扩大。在产业链上游的开发环节，上海拥有国内 80%以上的公司，持证游戏企业有 1 600 多家；在产业链中游的赛事环节，上海拥有 35 家专业电竞场馆，云集了全国 31%的重要电竞赛事。国内知名度前 20 强的电竞俱乐部超过 50%的总部云集上海，超过四成的电竞赛事在沪举办；在产业链下游的媒体环节，上海云集了 38 家电竞媒体，涵盖了量子体育等头部企业。继颁布“文创 50 条”之后，上海又出台《关于促进电子竞技产业健康发展的若干意见》，力争三至五年内，全面建成“全球电竞之都”。江苏在电竞产业也颇有基础，2018 年，江苏举办了 11 个全国总决赛，结合政府间的文化交流，结合展会、商场等形式，形成地方协会、赛事、明星、商家、终端、玩家多层互动，把电竞做成休闲娱乐的新方式。为进一步加强区域合作，2018 年 12 月 2 日，集聚了完美世界、哔哩哔哩、阿里体育、小沃科技等一批电竞企业的上海市杨浦区联手江苏省南京市、浙江省杭州市，在同济大学举办了长三角电竞产业发展论坛。论坛上，杨浦区、南京市和杭州市联合发布了支持电竞产业发展《杨浦宣言》，共同致力于建设长三角电竞产业合作发展机制，共同打造长三角电竞产业发展生态圈，共同维护长三角电竞发展新风尚，共同致力于电竞产业发展分析研究。随后揭牌的长三角电子竞技产教协同创新中心，是在上海市委宣传部、市文旅局、市教委、市体育局的指导下，由上海市杨浦区委宣传部、江苏省南京市委宣传部、浙江省杭州市委宣传部等共同支持，阿里体育有限公司发起成立的，立足优势互补、资源共享，致力于合作平台构建、学术研究交流、发展趋向发布、标准教材研发、人才队伍培养和实训基地建设等，探索推进电子竞技产教协同创新，努力形成“多方参与、共同建设、多元评价、共生互赢”的机制。

参 考 文 献

1. 丁进:《2015 安徽文化产业发展报告》,合肥工业大学出版社 2015 年版。

2. 北京市国有文化资产监督管理办公室、中国传媒大学文化发展研究院:《北京文化创意产业发展白皮书(2017)》,2018 年 1 月。

3. 中共南京市委宣传部、中国传媒大学文化发展研究院:《南京建设全国重要文化创意中心城市研究报告》,2018 年 5 月。

4. 中共上海市委宣传部文化改革发展办公室、上海市文化事业管理处:《2018 年上海文化产业发展报告》,2019 年 1 月。

5. 当代上海研究所:《长江三角洲发展报告 2013:文化产业的发展》,上海人民出版社 2015 年版。

6. 王慧敏、王兴全:《上海文化创意产业发展报告(2015—2016)》,社会科学文献出版社 2016 年版。

7. 王慧敏、王兴全:《上海文化创意产业发展报告(2017—2018)》,社会科学文献出版社 2018 年版。

8. 荣跃民:《上海文化产业发展报告 2017》,上海书店出版社 2017 年版。

9. 马仁锋:《文化创意产业动态及其空间效应——以长江三角洲为例》,浙江大学出版社 2018 年版。

10. 王婧:《重塑文化产业空间关系——长江三角洲文化产业发展研究》,上海人民出版社 2015 年版。

11. 陈雯、孙伟:《长江三角洲区域一体化空间:合作、分工与差异》,商务印书馆 2018 年版。

12. 李思屈:《2016 浙江文化产业发展报告》,浙江工商大学出版社 2017 年版。

13. 张为付:《江苏文化产业发展研究报告 2017》,南京大学出版社 2018 年版。

14. 荣跃民:《上海电影产业发展报告 2018》,上海书店出版社 2018 年版。

15. 香港特别行政区政府统计处:《香港统计月刊》,2019 年 6 月。

16. 中国演出行业协会:《2018 中国演出市场年度报告》,2019 年 7 月。

17. 刘洋:《我国文化创意产业出口现状、结构及前景展望》,《商业经济研究》2015 年第 5 期。

18. 刘迁:《台湾文化创意产业发展的历史与经验》,《现代管理》2014 年第 10 期。

19. 王立军:《我国文化创意产业政策比较及启示》,《杭州科技》2018 年第 4 期。

20. 蔡荣生、王勇:《国内外发展文化创意产业的政策研究》,《中国软科学》2009 年第 8 期。

附录

2019—2020 年度上海市文化创意产业园区名单

2019—2020 年度上海文化创意产业示范楼宇名单

2017—2018 年度浙江省重点文化产业园区名单

2016—2018 年上海文化创意产业相关政策

2016—2018 年浙江文化创意产业相关政策

2016—2018 年江苏文化创意产业相关政策

2016—2018 年安徽文化创意产业相关政策

长江三角洲发展指标 2019

2019—2020年度上海市文化创意产业园区名单

注:排名不分先后,前20家为市级示范园区

序号	园区名称	运营单位
1	上海张江文化创意产业园区	上海张江文化控股有限公司
2	国家对外文化贸易基地(上海)	上海东方汇文国际文化服务贸易有限公司
3	上海8号桥文化创意产业园区	上海八号桥房屋租赁有限公司
4	德必易园	上海德必易园多媒体发展有限公司
5	800秀创意产业集聚区	上海八佰秀企业管理有限公司
6	上海天地软件园	上海天地软件创业园有限公司
7	M50艺术产业园	上海M50文化创意产业发展有限公司
8	花园坊节能环保产业园	上海花园坊节能技术有限公司
9	中国(上海)网络视听产业基地	上海紫竹数字创意港有限公司
10	中广国际	中广国际广告创意产业基地发展有限公司
11	南翔智地	上海南翔智地企业投资管理有限公司
12	金山国家绿色创意印刷示范园	上海金山绿色创意印刷示范园发展有限公司
13	创异工房	上海佳利特实业有限公司
14	中国梦谷——上海西虹桥文化创意产业园	上海五天实业有限公司
15	越界·田林坊	上海锦和商业经营管理股份有限公司
16	城市概念软件信息服务园	上海睿置投资管理有限公司
17	中版创意设计产业基地(IF如果)	上海昇禾水润文化投资有限公司
18	智慧湾	上海智慧湾投资管理有限公司
19	海阔东岸文化创意园	上海林泉高致文化发展有限公司
20	术界创e园	上海术界文化发展有限公司

（续表）

序号	园区名称	运营单位
21	中国移动互联网视听产业基地	上海金桥出口加工区开发股份有限公司
22	上海证大喜玛拉雅艺术中心	上海证大喜玛拉雅有限公司
23	张江创星园	上海都市工业设计中心有限公司
24	波特营文化创意园区	上海圣博锦康投资发展有限公司
25	上海双创产业园	上海双创产业园创意发展有限公司
26	上海世博城市最佳实践区	上海世博城市最佳实践区商务有限公司
27	江南智造——龙之苑	上海龙头（集团）股份有限公司
28	卓维 700 文化创意产业园区	上海卓维 700 文化创意产业发展有限公司
29	江南智造——上海 8 号桥文化创意产业园（二期）	上海尚义房屋租赁有限公司
30	江南智造——上海 8 号桥文化创意产业园（三期）	上海尚乐房屋租赁有限公司
31	田子坊	田子坊地区管理办公室
32	江南智造——SOHO 丽园文化产业园	上海八号桥投资管理（集团）有限公司
33	江南智造——越界·智造局二期	上海和矩商务发展有限公司
34	江南智造——越界·智造局一期	上海史坦舍商务服务有限公司
35	江南智造——红双喜研发中心	上海红双喜股份有限公司
36	老码头 by CREATE	上海璞邑文化发展有限公司
37	南苏河创意产业集聚区	上海南苏荷资产管理有限公司
38	幸福码头创意产业园	上海幸福坊创意产业管理有限公司
39	越界文化创意产业园	上海锦和商业经营管理股份有限公司
40	上海普天信息产业园	上海普天科创电子有限公司
41	尚街 Loft 时尚生活园区	上海尚界投资有限公司
42	上海影视文化产业园	上海电影艺术发展有限公司
43	上海文定生活文化创意产业园	上海文定生活企业管理有限公司

（续表）

序号	园区名称	运营单位
44	慧谷软件园	上海慧谷高科技创业中心
45	浦原科技园	上海浦原实业有限公司
46	徐汇软件园	上海徐汇软件发展有限公司
47	越界·X2创意空间	上海数娱产业管理有限公司
48	西岸创意园	上海西岸投资发展有限公司
49	华联创意园	上海联冠置业发展有限公司
50	法华525	上海德必创意产业发展有限公司
51	时尚园	上海时尚园企业发展有限公司
52	上海多媒体谷	上海欧亚多媒体产业发展有限公司
53	大宁德必易园	上海大宁德必创意产业发展有限公司
54	越界·乐平方	上海锦灵企业管理有限公司
55	同乐坊	上海同乐坊文化发展有限公司
56	新华文化创新科技园	上海新华文化创新科技产业有限公司
57	源创创意园	上海全华资产管理有限公司
58	98创意园	上海共鑫投资管理有限公司
59	新慧谷	上海新慧谷科技产业园有限公司
60	H671园区(原上海名仕街创意产业园)	上海申畅物业管理有限公司
61	汇智创意园	上海星海时尚物业经营管理有限公司
62	大宁中心广场二期	上海大宁商业资产管理有限公司
63	珠江创意中心	广东珠江商业地产物业服务有限公司上海分公司
64	谈家28——文化信息商务港	上海盛泉实业(集团)有限公司
65	景源时尚产业园	上海辛垣实业有限公司
66	加减乘除创意园	甲简呈初文化发展(上海)有限公司
67	明珠创意产业园	上海明珠创意产业园有限公司
68	半岛湾时尚文化创意产业园	上海半岛湾创意产业投资有限公司

（续表）

序号	园区名称	运营单位
69	1933老场坊创意产业园	上海众桁企业管理咨询有限公司
70	上海智慧桥创意产业园	上海智慧桥创意产业园有限公司
71	中图蓝桥创意产业园	上海中图文化创意产业管理投资有限公司
72	优族173创意产业园	上海旭捷事业投资有限公司
73	大柏树"930"科技创意园	上海新丰投资管理有限公司
74	空间188创意产业园	上海加华置业有限公司
75	上海长阳谷创意产业园	上海杨科实业有限公司
76	中环滨江128	上海理工科技园有限公司
77	上海同和创意产业园（一期、二期）	上海同和文化创意产业投资有限公司
78	东纺谷创意园	上海东纺科技发展有限公司
79	昂立设计创意园	上海昂立同科经济发展有限公司
80	63号设计创意工场	上海同研投资管理有限公司
81	上海国际时尚中心	上海国际时尚中心园区管理有限公司
82	上海创意联盟产业园	上海奇才纺织科技发展有限公司
83	尚街Loft上海婚纱艺术产业园	上海五维婚纱艺术产业发展有限公司
84	上海国际设计交流中心	上海国际设计交流中心企业管理有限公司
85	上海云部落TMT产业园	上海云越投资管理有限公司
86	M50西郊文化休闲园	上海鑫桥文化创意产业发展有限公司
87	七宝老街民俗文化产业基地	上海七宝古镇实业发展有限公司
88	黎安展示产业园	上海黎安实业公司
89	上海国际工业设计中心	上海国际工业设计中心管理有限公司
90	上海宝山科技园（动漫衍生产业园）	上海宝山科技控股有限公司
91	上海木文化博览园	上海福人林产品批发市场经营管理有限公司

（续表）

序号	园区名称	运营单位
92	半岛 1919 文化创意产业园	上海吾灵创意文化艺术发展有限公司
93	长江软件园	上海乾劲投资管理有限公司
94	东方慧谷	上海东方文信科技有限公司
95	e3131 电子商务创新园	上海智耀谷投资管理有限公司
96	中国农民画村文化创意产业园区	上海枫泾古镇旅游发展有限公司
97	上海仓城影视文化园区	上海仓城文化创意发展有限公司
98	时尚谷创意园	上海华汇流行面料工程发展有限公司
99	叁零·SHANGHAI 文化创意产业园	叁零（上海）文化创意有限公司
100	中国北斗产业技术创新西虹桥基地	上海西虹桥导航产业发展有限公司
101	上海尚之坊文化创意园	上海法诗图投资集团有限公司
102	南上海文化创意产业园	上海庄发企业管理有限公司
103	上海华飞文化创意园	上海东郊实业发展有限公司
104	创智空间·张江信息园	上海创智空间创业孵化器管理有限公司
105	天纳创意产业园	上海天纳企业发展有限公司
106	康桥创智良仓	复邦文化创意发展（上海）有限公司
107	上海翡翠滨江文化艺术中心	上海翡翠滨江艺术发展有限公司
108	江南智造——上海 8 号桥文化创意产业园区（四期）	上海尚禧房屋租赁有限公司
109	江南智造——宏慧·盟智园	上海宏慧创意产业投资管理有限公司
110	徐汇德必易园	上海徐汇德必文化创意服务有限公司
111	华鑫中心	上海华鑫资产管理有限公司
112	华鑫天地	上海华鑫资产管理有限公司
113	昭化德必易园	上海德必昭航文化创意产业发展有限公司
114	上生·新所	上海万宁文化创意产业发展有限公司
115	创邑丨SPACE	上海创邑实业股份有限公司

（续表）

序号	园区名称	运营单位
116	倍格老船坞	上海蓝倍商务咨询有限公司
117	嘉春753	上海嘉春投资管理有限公司
118	幸福里	上海幸福里文化创意产业发展有限公司
119	上海东方虹桥国际创意出版产业基地	东方出版中心有限公司
120	健康智谷	上海天亿弘方企业管理有限公司
121	秀709媒体园	上海电气集团置业有限公司
122	四行天地	上海河岸商业开发有限公司
123	创邑SPACE愚园	上海创邑实业股份有限公司
124	音乐谷产业园区一期	上海音乐谷（集团）有限公司
125	1876老站	上海建饰建筑装饰工程有限公司
126	绿地创客/上海虹口	上海云峰（集团）警虹经济发展有限公司
127	复地四季广场	复地商务管理（上海）有限公司
128	上海同和创意产业园（三期）	上海同和文化创意产业投资有限公司
129	麦可将文创园	上海麦可将工业有限公司
130	得丘礼享谷文化创意园	上海得丘礼享谷企业管理有限公司
131	大树下新媒体创意产业园	上海大树下创意服务有限公司
132	中成智谷	上海中成智谷文化创意有限公司
133	上海玻璃博物馆园区	上海集佳文化创意发展有限公司
134	汽车·创新港	上海国际汽车城发展有限公司
135	金山嘴渔村文化创意园	上海金山嘴渔村投资管理有限公司
136	移动智地文化创意产业园	上海锐嘉科实业有限公司
137	微格文化创意园	微格（上海）物业管理有限公司

2019—2020年度上海文化创意产业示范楼宇名单

注:排名不分先后

序号	楼宇名称	运营单位
1	台青创客家	台菁创业孵化器管理(上海)有限公司
2	恒润文化创意园综合楼	上海恒润数字科技有限公司
3	环东华智尚源	上海环东华智尚源投资管理有限公司
4	德必外滩 WE”	上海德必经典创意发展有限公司
5	越界大宁财智	上海锦灵企业管理有限公司
6	上海主角	上海恒地仓物业管理有限公司
7	中国电子·贝岭大厦	上海贝岭股份有限公司
8	中暨文化楼	上海中暨科技发展有限公司
9	宝山卓越 E+创业社区	上海卓邑加投资管理有限公司
10	世贸商城	上海世界贸易商城有限公司

2017—2018年度浙江省重点文化产业园区名单

（排名不分先后）

序号	名　　称	所在区域
1	凤凰御元艺术基地	杭州市上城区
2	杭州经纬天地创意产业园	杭州市下城区
3	杭州白马湖生态创意城	杭州市滨江区
4	杭州创意设计中心	杭州市江干区
5	聚落五号创意产业园	杭州市江干区
6	西溪创意产业园	杭州市西湖区
7	之江文化创意园	杭州市西湖区
8	西溪银座文化创意产业园	杭州市西湖区
9	杭州西溪艺术集合村	杭州市余杭区
10	梦栖小镇设计中心	杭州市余杭区
11	宁波国家广告产业园	宁波市鄞州区
12	宁波和丰创意广场	宁波市鄞州区
13	宁波市国家大学科技园	宁波市镇海区
14	宁波影视文化产业区	象山县
15	民和文化产业园	宁波国家高新区
16	博地文化创意园区	宁波市北仑区
17	明月湖文化创意产业园	慈溪市
18	浙江创意园	温州市鹿城区
19	温州智慧谷文化创意园	温州市鹿城区
20	浙南·云谷	温州市龙湾区
21	浙江红连文化创意园	温州市龙湾区
22	瑞安日报电商文化创意园	瑞安市
23	钢琴文化产业园	德清县

（续表）

序号	名　　称	所在区域
24	湖州影视城文化产业园	湖州市吴兴区
25	湖州文化创意中心产业园	湖州市吴兴区
26	嘉报集团文化产业园	嘉兴市南湖区
27	海宁中国皮革城品牌风尚中心	海宁市
28	中国(浙江)影视产业国际合作实验区海宁基地	海宁市
29	绍兴金德隆文化创意园	绍兴市越城区
30	浙江省横店影视文化产业实验区	东阳市
31	金华清大创新科技园	金华市婺城区
32	开化根艺文化产业园	开化县
33	舟山市定海伍玖文化创意中心	舟山市定海区
34	台州市路桥区广告创意印刷产业园	台州市路桥区
35	台州老粮坊文化创意园区	台州市椒江区
36	台州市黄岩区模塑工业设计基地	台州市黄岩区
37	仙居中国工艺礼品文化创意产业园	仙居县
38	丽水绿谷信息产业园	丽水市莲都区
39	青田县石雕文化产业集聚区	青田县
40	庆元县铅笔文化产业园	庆元县

2016—2018 年上海文化创意产业相关政策

序号	时间	文件名称	发布单位	文　号
1	2016 年 2 月	上海市推进“互联网＋”行动实施意见	上海市人民政府	沪府发〔2016〕9 号
2	2016 年 3 月	上海市文化创意产业发展三年行动计划(2016—2018 年)	上海市文化创意产业推进领导小组办公室	
3	2016 年 5 月	关于促进本市展览业改革发展的实施意见	上海市人民政府	沪府发〔2016〕34 号
4	2016 年 10 月	中共上海市委关于贯彻《中共中央关于繁荣发展社会主义文艺的意见》的实施意见	中共上海市委	
5	2016 年 11 月	上海市“十三五”时期文化改革发展规划	中共上海市委办公厅、上海市人民政府办公厅	沪委办发〔2016〕38 号
6	2016 年 11 月	关于全面建设杨浦国家大众创业万众创新示范基地的实施意见	上海市人民政府	沪府发〔2016〕95 号
7	2017 年 1 月	上海创意与设计产业发展“十三五”规划	上海市经济和信息化委员会	沪经信都〔2017〕22 号
8	2017 年 1 月	上海市工业互联网创新发展应用三年行动计划(2017—2019 年)	上海市人民政府办公厅	沪府办发〔2017〕15 号
9	2017 年 2 月	上海市动漫游戏产业发展扶持资金管理办法	上海市文化广播影视管理局、上海市文物局	
10	2017 年 4 月	关于上海市支持实体书店发展的实施意见	上海市委宣传部、上海市文明办、上海市新闻出版局、上海市发展改革委、上海市商务委、上海市教委、上海市财政局、上海市人力资源社会保障局、上海市住房城乡建设管理委、上海市规划国土资源局、上海市文广影视局、上海市工商局、上海市地税局、上海市金融办、中国人民银行上海分行	沪新出联〔2017〕2 号

（续表）

序号	时间	文件名称	发布单位	文　号
11	2017 年 9 月	关于推进上海美丽健康产业发展的若干意见	上海市人民政府	沪府发〔2017〕67 号
12	2017 年 12 月	关于加快本市文化创意产业创新发展的若干意见	中共上海市委、上海市人民政府	
13	2017 年	上海市文化创意产业园区管理办法	上海市文化创意产业推进领导小组办公室	
14	2017 年	上海市文化创意产业示范楼宇和空间管理办法	上海市文化创意产业推进领导小组办公室	
15	2018 年 5 月	全力打响“上海文化”品牌加快建成国际文化大都市三年行动计划（2018—2020 年）	中共上海市委宣传部	
16	2018 年 5 月	促进上海创意与设计产业发展的实施办法	上海市经济和信息化委员会、中共上海市委宣传部上海市发展和改革委员会、上海市商务委员会、上海市教育委员会、上海市科学技术委员会、上海市财政局、上海市人力资源和社会保障局、上海市住房和城乡建设管理委员会、上海市规划和国土资源管理局、上海市地方税务局、上海市工商行政管理局上海市新闻出版局、上海市知识产权局、上海市金融服务办公室	沪经信都〔2018〕339 号
17	2018 年 5 月	关于促进上海影视产业发展的若干实施办法	中共上海市委宣传部、上海市文化广播影视管理局、上海市发展和改革委员会、上海市教育委员会、上海市科学技术委员会、上海市财政局、上海市人力资源和社会保障局、上海市规划和国土资源管理局、上海市国家税务局、上海市地方税务局、上海市金融服务办	沪文广影视〔2018〕149 号

（续表）

序号	时间	文件名称	发布单位	文　号
18	2018 年 5 月	关于促进上海出版产业发展的实施办法	中共上海市委宣传部、上海市新闻出版局、上海市发展和改革委员会、上海市经济和信息化委员会、上海市教育委员会、上海市科学技术委员会、上海市财政局、上海市人力资源和社会保障局、上海市规划和国土资源管理局、上海市文化广播影视管理局、上海市地方税务局	沪新出联〔2018〕2 号
19	2018 年 5 月	关于促进上海动漫游戏产业发展的实施办法	上海市委宣传部、上海市文广影视局、上海市发展改革委、上海市教委、上海市科委、上海市财政局、上海市人力资源和社会保障局、上海市规划国土资源局、上海市国税局、上海市地税局、上海市新闻出版局、上海市体育局、上海市金融办	沪文广影视〔2018〕147 号
20	2018 年 5 月	关于促进上海演艺产业发展的若干实施办法	上海市委宣传部、上海市文广影视局、上海市发展改革委、上海市教委、上海市科委、上海市财政局、上海市人力资源和社会保障局、上海市规划国土资源局、上海市国税局、上海市地税局、上海市金融办	沪文广影视〔2018〕148 号
21	2018 年 5 月	关于促进上海艺术品产业发展的实施办法	中共上海市委宣传部、上海市文化广播影视管理局、上海市发展和改革委员会、上海市教育委员会、上海市科学技术委员会、上海市财政局、上海市人力资源和社会保障局、上海市规划和国土资源管理局、上海市国家税务局、上海市地方税务局、上海市金融服务办公室	沪文广影视〔2018〕145 号

（续表）

序号	时间	文件名称	发布单位	文　号
22	2018年5月	关于促进上海网络视听产业发展的实施办法	上海市委宣传部、上海市文广影视局、上海市发展改革委、上海市教委、上海市科委、上海市财政局、上海市人力资源和社会保障局、上海市规划国土资源局、上海市国税局、上海市地税局、上海市新闻出版局、上海市金融办	沪文广影视〔2018〕146号

2016—2018年浙江文化创意产业相关政策

序号	时　间	文件名称	发布单位	文　号
1	2016年1月	浙江省"互联网+"行动计划	浙江省人民政府	浙政发〔2016〕2号
2	2016年	宁波市"十三五"文化产业发展规划	宁波市人民政府办公厅	
3	2016年5月	浙江省文化发展"十三五"规划	浙江省发展和改革委员会、浙江省文化厅	浙发改规划〔2016〕325号
4	2016年8月	宁波市动漫游戏专项资金管理办法	宁波市文化广电新闻出版局、宁波市财政局	甬文广新〔2016〕127号
5	2016年9月	宁波市文化产业发展专项资金使用管理办法	宁波市文化广电新闻出版局、宁波市财政局	甬文改办〔2016〕12号
6	2016年10月	浙江省文化产业发展"十三五"规划	浙江省人民政府办公厅	
7	2017年4月	杭州市文化创意产业发展"十三五"规划	杭州市人民政府办公厅	
8	2017年8月	浙江省人民政府办公厅关于加快促进影视产业繁荣发展的若干意见	浙江省人民政府办公厅	
9	2017年9月	关于加快把文化产业打造成为万亿级产业的意见	中共浙江省委、浙江省人民政府	浙委发〔2017〕36号
10	2017年11月	关于推进杭州市动漫游戏产业做优做强的实施意见	中共杭州市委办公厅、杭州市人民政府办公厅	市委办发〔2017〕77号
11	2017年11月	持续推动杭州"动漫之都"建设行动计划(2018—2020年)	中共杭州市委办公厅、杭州市人民政府办公厅	
12	2018年6月	之江文化产业带建设规划	浙江省人民政府	浙政发〔2018〕27号
13	2018年9月	关于加快建设国际文化创意中心的实施意见	中共杭州市委	市委〔2018〕18号

（续表）

序号	时　间	文件名称	发布单位	文　号
14	2018 年 11 月	杭州市之江文化产业带建设推进计划（2018—2022 年）	杭州市人民政府	杭政函〔2018〕102 号
15	2018 年	杭州市文化创意产业信贷风险池补助资金使用管理细则（试行）	杭州市财政局	杭财教会〔2018〕3 号

2016—2018 年江苏文化创意产业相关政策

序号	时间	文件名称	发布单位	文　号
1	2016 年 3 月	无锡市文化产业发展扶持资金管理实施细则	无锡市文化广电新闻出版局、无锡市财政局	
2	2016 年 6 月	关于促进文化创意和设计服务与相关产业融合发展的实施意见	南京市人民政府	宁政发〔2016〕124 号
3	2016 年 7 月	南京市创意文化产业空间布局和功能区发展规划(2016—2020 年)	中共南京市委办公厅 南京市人民政府办公厅	宁委办发〔2016〕48 号
4	2016 年 8 月	江苏艺术基金使用和管理暂行办法	江苏省财政厅 江苏省文化厅	
5	2016 年 10 月	江苏省开拓海外文化市场行动方案(2016—2020 年)	江苏省商务厅、中共江苏省委宣传部、江苏省文化厅、江苏省新闻出版广电局	
6	2016 年 11 月	关于促进文化科技融合发展的二十条政策措施	中共江苏省委宣传部、江苏省发展和改革委员会、江苏省经济和信息化委员会、江苏省财政厅、江苏省科学技术厅、江苏省文化厅、江苏省新闻出版广电局、江苏省人民政府金融工作办公室、江苏省人才办、江苏省国家税务局、江苏省地方税务局、江苏省知识产权局、中国人民银行南京分行	
7	2016 年 11 月	文化金融特色机构认定管理办法	江苏省金融办、中共江苏省委宣传部、人民银行南京分行、江苏省文化厅、江苏省新闻出版广电局、江苏省财政厅、中国银监会、中国证监会、中国保监会、江苏监管局	

（续表）

序号	时间	文件名称	发布单位	文　号
8	2016年11月	文化金融服务中心认定管理办法	中共江苏省委宣传部、人行南京分行、江苏省文化厅、江苏省新闻出版广电局、江苏省财政厅、江苏省金融办、江苏保监局、江苏证监局	
9	2016年12月	南京市引导城乡居民扩大文化消费实施意见	南京市人民政府办公厅	宁政办发〔2016〕179号
10	2017年1月	南京市促进演出市场消费实施办法(暂行)	南京市文广新局、南京市财政局	
11	2017年1月	关于政府文化消费补贴剧目涉及商业赞助的规定(暂行)	南京市文广新局、南京市财政局	
12	2017年1月	南京市文化消费政府补贴剧目管理实施细则	南京市文广新局、南京市财政局	
13	2017年1月	市政府关于支持无锡国家数字电影产业园建设发展若干意见(2016—2020年)	无锡市人民政府	
14	2017年2月	江苏省文化厅"十三五"文化发展规划	江苏省文化厅	
15	2018年1月	南京市促进演出市场消费试点工作绩效奖励考核办法(试行)	南京市文化广电新闻出版局、南京市财政局	
16	2018年7月	苏州市文化产业贷款贴息项目管理办法(试行)	苏州市文化广电新闻出版局	苏文规字〔2018〕4号

2016—2018 年安徽文化创意产业相关政策

序号	时　间	文件名称	发布单位	文　号
1	2016 年 8 月	安徽省广播影视精品专项资金管理办法	安徽省财政厅、省新闻出版广电局	
2	2016 年 12 月	安徽省促进特色演艺精品出口行动计划(2016—2020 年)	安徽省文化厅 安徽省商务厅	
3	2016 年 12 月	扩大和引导文化消费行动计划	安徽省文化体制改革和发展工作领导小组	皖文改发字〔2016〕2 号
4	2017 年 3 月	安徽省文化厅"十三五"时期文化改革发展规划	安徽省文化厅	
5	2017 年 12 月	安徽省文化厅关于支持文化类特色小镇建设的实施意见	安徽省文化厅	

长江三角洲发展指标 2019

表 1　　　　基本指标

地　区	人口（万人）	面积（千平方公里）	国内生产总值（亿元）	人均国内生产总值年均增长率（%）			
	2018	2018	2018	2018	1990—2000	2000—2010	2010—2018
中　国	139 538	9 600	900 309	64 644	8.9	11.9	11.5
长三角	22 535.08	359.14	211 473.02	93 842	14.4	13.4	10.0
江　苏	8 050.7	107.2	92 595.4	115 168	13.1	14.8	12.5
浙　江	5 737	105.5	56 197.15	98 643	14.3	11.9	9.7
上　海	2 423.78	6.34	32 679.87	135 000	11.9	7.4	7.1
南　京	843.62	6.59	12 820.40	152 886	13.0	12.0	11.1
无　锡	657.45	4.63	11 438.62	174 270	16.0	11.8	9.3
常　州	472.9	4.37	7 050.27	149 275	17.5	11.4	10.5
苏　州	1 072.17	8.66	18 597.47	173 456	14.8	13.1	11.0
南　通	731	10.55	8 427.00	115 320	16.6	13.1	12.6
扬　州	453.1	6.59	5 466.17	120 639	13.4	16.6	15.4
镇　江	319.64	3.84	4 050.00	126 906	12.5	16.1	12.1
泰　州	463.57	5.79	5 107.63	109 988	14.8	17.3	15.2
杭　州	980.6	16.60	13 509.15	140 180	16.6	13.2	12.1
宁　波	820.2	9.82	10 745.46	132 603	16.0	14.1	8.6
嘉　兴	472.6	4.22	4 871.98	103 858	14.1	14.0	12.1
湖　州	267.06	5.82	2 719.07	90 304	15.8	12.8	8.6
绍　兴	503.5	8.28	5 416.90	107 853	19.5	12.9	11.1
舟　山	117.3	1.46	1 316.70	112 490	11.8	17.8	15.1
台　州	613.90	9.41	4 874.67	80 644	17.4	11.8	10.1

数据来源：《中国统计年鉴 2019》，中国统计出版社 2019 年版。
《江苏省统计年鉴 2019》，中国统计出版社 2019 年版。
《浙江省统计年鉴 2019》，中国统计出版社 2019 年版。
《上海市统计年鉴 2019》，中国统计出版社 2019 年版。
国家统计局、江苏省统计局、浙江省统计局以及表中收录城市统计信息网。

表2　　各产业国内生产总值的增长

地　区	年平均增长率(%)								
	第一产业			第二产业			第三产业		
	1990—2000	2000—2010	2018	1990—2000	2000—2010	2018	1990—2000	2000—2010	2018
中　国	3.8	10.49	3.5	13.5	15.19	5.8	9.1	16.19	7.6
长三角	5.4	7.51	—	16.1	15.62	—	16.2	17.06	—
江　苏	5	9.25	1.8	16	17.23	5.8	15.8	18.76	7.9
浙　江	4.5	7.99	1.9	18.3	15.88	6.7	15.2	18.36	7.8
上　海	2.4	4.06	−6.9	11.8	12.58	1.8	13.8	14.74	8.7
南　京	3.2	9.97	0.6	17.9	16.77	6.5	16.6	18.87	9.1
无　锡	4.1	8.12	−0.3	18.3	16.73	8.0	21.1	18.12	7.1
常　州	4.4	8.26	−1.0	16.1	17.46	6.2	19.2	19.14	8.1
苏　州	4.2	5.53	−4.6	16.4	19.7	5.6	20.1	23.34	8.1
南　通	5.9	7.45	2.2	16.2	18.35	6.5	15.7	17.72	8.4
扬　州	5.8	9.86	3.0	14	18.18	5.8	15.5	16.78	8.2
镇　江	12.2	9.74	−4.2	20.1	16.17	3.0	15.8	16.57	3.7
泰　州	4.5	8.64	2.7	15.1	19.4	6.8	17.4	16.36	7.0
杭　州	5.8	7.2	1.8	19.8	14.9	5.8	17.1	17.67	7.5
宁　波	5.6	8.63	2.2	18.6	15.86	6.2	19	17.28	8.1
嘉　兴	2.6	7.75	0.1	17	15.48	8.4	19.2	17.72	7.1
湖　州	4.5	7.14	2.8	20.3	12.85	8.2	17.6	15.71	8.5
绍　兴	8.4	6.73	2.3	22.7	12.73	6.9	18.4	16.76	7.7
舟　山	9.6	6.5	5.8	14.4	22.7	6.0	11.7	20.97	7.2
台　州	6.4	6.08	0.9	24.4	12.33	8.7	16.1	17.97	7.3

表 3　　**国内生产总值的分布**

地区	国内生产总值的分布(%)								
	第一产业			第二产业			第三产业		
	2000	2010	2018	2000	2010	2018	2000	2010	2018
中　国	16.4	10.1	7.2	50.2	46.8	40.7	33.4	43.1	52.2
长三角	7.0	3.6	—	52.0	45.5	—	41.0	50.9	—
江　苏	12.0	6.1	4.5	51.7	52.5	44.5	36.3	41.4	51
浙　江	11.0	4.9	3.5	52.7	51.6	41.8	36.3	43.5	54.6
上　海	1.8	0.7	0.3	47.6	42	29.7	50.6	57.3	69.9
南　京	5.4	2.8	2.1	48.4	45.4	36.8	46.2	51.9	61.1
无　锡	4	1.8	1.1	56.9	55.4	47.8	39.1	42.8	51.1
常　州	7.5	3.3	2.2	56.1	55.3	46.3	36.4	41.4	51.5
苏　州	5.9	1.7	—	56.5	56.9	—	37.6	41.4	—
南　通	17.6	7.7	4.7	48.1	55.1	46.8	34.3	37.2	48.4
扬　州	13.4	7.2	5	49	55.1	48	37.7	37.6	47
镇　江	7.1	4.1	3.4	55.4	56.4	48.8	37.5	39.5	47.8
泰　州	16.7	7.4	—	47.2	55	—	36.5	37.6	—
杭　州	7.5	3.5	2.3	51.3	47.8	33.8	41.2	48.7	63.9
宁　波	8.2	4.2	2.8	56	55.6	51.3	35.8	40.2	45.9
嘉　兴	11.2	5.6	2.3	55.3	58.2	53.8	33.5	36.2	43.7
湖　州	13.9	8	4.6	53.4	54.9	46.8	32.7	37.1	48.4
绍　兴	10.5	5.4	3.6	58.8	56.1	48.2	30.7	38.6	48.2
舟　山	28.7	9.6	10.8	32.1	45.5	32.6	39.2	44.9	56.6
台　州	12.7	6.6	5.4	58.1	51.7	44.8	29.2	41.7	49.8

表 4 **投资和消费**

地区	全社会固定资产投资(亿元)			社会销售品零售总额(亿元)		
	2000	2010	2018	2000	2010	2018
中国	32 918	278 121	645 675	34 153	132 678	380 987
长三角	5 678	31 452	—	5 304	23 825	—
江苏	2 995	23 184	55 915	2 604	11 484	34 244.2
浙江	2 267	12 376	33 335.9	2 299	8 622	25 007.9
上海	1 870	5 318	—	1 722	6 037	12 668.6
南京	412	3 300	6 960.2	420	2 268	5 832.4
无锡	350	2 788	5 255.6	352	1 089	3 672.7
常州	163	2 065	4 188.5	202	1 044	2 613.1
苏州	516	3 521	4 556	348	2 380	5 746.9
南通	240	2 015	5 395.6	250	719	3 088.7
扬州	128	1 235	4 096	152	559	1 557
镇江	141	1 031	1 980.3	124	1 265	1 360.9
泰州	139	1 006	3 941.5	134	550	1 282.8
杭州	515	2 652	6 489.1	404	2 146	5 715.3
宁波	361	2 048	5 189.9	389	1 704	4 154.9
嘉兴	264	1 362	3 241.3	200	799	1 938.5
湖州	109	718	1 838.3	149	516	1 297.2
绍兴	247	1 150	3 174.86	215	852	2 007.6
舟山	42	402	1 559	59	212	536.9
台州	180	838	2 722.2	182	960	2 366.8

表 5　　工业总产值、增加值及制造业增加值

地　区	规模以上工业总产值（亿元）		规模以上工业产品销售率（%）		规模以上工业利润总额（亿元）	
	2017	2018	2017	2018	2017	2018
中　国	—	—	—	—	74 916.25	66 351
长三角	—	—	—	—	15 567.63	—
江　苏	—	—	98.8	98.8	10 052.5	—
浙　江	66 328	67 384	97.6	—	4 605.41	—
上　海	34 135.26	34 841.84	—	99.8	3 423.8	3 350.44
南　京	—	—	—	99.08	867.69	920.61
无　锡	15 459.54	16 776.87	98.8	98.4	1 053.6	1 204.9
常　州	11 494.1	12 609	99.1	—	716	852.7
苏　州	31 468.8	33 100	99.4	—	2 589.3	2 034.1
南　通	—	14 029.55	99.6	—	1 128.18	1 165.55
扬　州	9 371.1	10 102	97.8	97	507.28	743.6
镇　江	6 940.4	7 162.4	98.8	98.7	649.72	641.2
泰　州	12 208.75	13 405.2	98.5	—	861.66	—
杭　州	12 963.76	—	98.5	98.4	998.56	974
宁　波	15 850.89	16 513.5	97.6	—	1 287.46	2 043.1
嘉　兴	8 612.25	9 261.25	98.2	97.94	562.79	587.84
湖　州	4 313.86	—	97	—	306.19	323
绍　兴	7 776.98	8 500.2	96.8	—	504.91	396.59
舟　山	943.81	—	73.7	—	12.58	5.9
台　州	4 471.08	—	—	97.8	277.91	314.17

表 6　　进出口贸易的规模和结构

地　区	进出口贸易总额（亿美元）		进出口贸易总额的分布(%)			
			出　口		进　口	
	2010	2018	2010	2018	2010	2018
中　国	201 722.1	44 860.29	53	53.8	47	46.2
长三角	10 378.6	—	57.1	—	42.9	—
江　苏	4 657.9	6 422.6	58.1	60.8	41.9	39.2
浙　江	2 534.7	4 324.77	71.2	74.2	28.8	25.8
上　海	3 688.7	12 546.6	49	42.6	51	57.4
南　京	456	654.91	54.6	57.7	55.4	42.3
无　锡	612.2	934.4	59.3	60.7	50.8	39.3
常　州	222.8	333.2	69.8	72.9	30.2	27.1
苏　州	2 740.8	3 541.1	55.9	58.4	54.1	41.6
南　通	210.8	373.9	66.8	65.9	33.2	34.1
扬　州	82.4	119.9	73.5	71.2	26.5	28.8
镇　江	81.5	118.39	58.3	67.4	41.7	32.6
泰　州	85.9	147.30	63.5	64.7	36.5	35.3
杭　州	523.6	771.3	67.5	65.1	32.5	34.9
宁　波	829	1 261.2	62.7	64.7	37.3	35.3
嘉　兴	228.2	414.8	70.3	71.4	29.7	28.6
湖　州	69.3	130.1	84.6	87.1	15.4	12.9
绍　兴	270.2	329.4	78.1	91.3	21.9	8.7
舟　山	107.3	166.9	64.6	37.3	35.4	62.7
台　州	170	256.3	82.1	88.1	17.9	11.9

表 7　　外商直接投资

地　区	实际利用外商直接投资(亿美元)					
	2005	2010	2015	2016	2017	2018
中　国	603.3	1 088.2	1 262.6	1 260	1 310.3	1 350
长三角	263.3	455.5	553.6	559.1	545.6	—
江　苏	131.8	284.9	242.7	245.4	251.4	255.9
浙　江	77.2	110	169.6	175.7	179	186.3
上　海	68.5	111.2	184.5	185.1	170	173
南　京	14.1	26.7	33.3	34.7	36.7	38.5
无　锡	20	33	32.1	34.1	36.7	36.9
常　州	7.3	24.4	24.8	25	25.5	24.2
苏　州	51.1	85.3	60	48.4	45	45.2
南　通	15.3	20.6	23.1	23.8	24.2	25.8
扬　州	5.2	20.5	8.4	12	10.8	12.2
镇　江	5.9	16.1	13	13.5	13.5	8.6
泰　州	4.5	13.6	10.6	13.4	16.1	15
杭　州	17.1	43.5	71.1	72	66.1	68.2
宁　波	23.1	23.1	42.3	45.1	40.3	43.2
嘉　兴	11.5	16.1	26.8	26.9	29.9	31.4
湖　州	6.5	9.1	9.4	10	10.5	12.7
绍　兴	9	9.5	9.4	8	12.8	13.5
舟　山	0.3	0.9	0.7	2.1	4	4.1
台　州	3.3	1.3	3.3	4.4	2.9	2.8

表8　人口增长和结构

地　区	年平均人口增长(%)			非农人口比重(%)		
	1990—2000	2000—2009	2018	2000	2010	2018
中　国	10.4	—	0.38	36.2	31.2	59.58
长三角	4.2	1.4	—	39.5	50.2	—
江　苏	8	1.85	0.27	32.1	37.3	69.61
浙　江	6.1	3.45	1.4	22.1	31.6	68.9
上　海	2.9	1	0.18	74.6	88.9	—
南　京	8.3	2.1	1.21	56.8	88.7	82.5
无　锡	4	0.25	0.84	42.2	51.1	76
常　州	5	0.4	0.9	43.3	63.1	72.5
苏　州	3	1.3	0.27	42.6	38	76
南　通	1.1	1.5	−0.22	32.2	27.7	67.1
扬　州	3.2	1.6	0.51	27.2	26.7	66
镇　江	3.3	0.9	0.1	37.8	38.2	71.2
泰　州	2.8	2	—	24	16.4	66
杭　州	7.9	3.4	3.5	36.5	63.1	77.4
宁　波	5.8	1.9	0.18	26.3	38.9	72.9
嘉　兴	4.7	0.1	1.1	23.7	24.5	66
湖　州	4.2	0.1	—	25.6	41.9	44.1
绍　兴	4.7	0.2	0.5	18.6	14.8	66.6
舟　山	1.5	1	0.4	28.8	72.1	68.1
台　州	5.9	5.5	—	16.6	26.6	63

表9　　卫生

地区	医疗卫生机构床位数（万张）		卫生技术人员（万人）		执业(助理)医师（万人）	
	2010	2018	2010	2018	2010	2018
中　国	437	845	587.6	950	241.3	358
长三角	51.9	—	74	—	29	—
江　苏	24.7	49.08	32.8	59	12.9	23.34
浙　江	16.6	33.2	27.7	48.6	11	19.1
上　海	10.5	—	13.5	20.65	5.1	7.49
南　京	2.6	5.5	4.8	8.41	1.7	3.16
无　锡	2.4	4.69	2.9	5.48	1.1	2.10
常　州	1.7	2.66	2.2	3.48	1	1.41
苏　州	3.9	6.89	4.6	8.52	—	3.01
南　通	2.6	4.41	3	4.8	1.3	1.99
扬　州	1.4	1.71	2.2	3.42	0.8	1.12
镇　江	0.8	1.56	0.9	2.1	0.5	0.82
泰　州	1.5	2.82	1.8	2.93	0.8	1.22
杭　州	4.3	8.12	6.1	11.74	2.4	4.49
宁　波	2.6	3.8	4.3	6.6	1.7	2.6
嘉　兴	1.5	2.79	2.6	3.5	0.8	—
湖　州	1	1.68	1.6	2.4	0.6	0.75
绍　兴	1.5	2.73	1.7	—	0.9	1.56
舟　山	0.4	0.64	0.6	0.99	0.2	0.41
台　州	1.6	2.98	2.6	4.47	1.1	1.81

表 10 科技与教育

地 区	普通高校在校学生数(万人)			R&D 比重(%)		
	2005	2010	2018	2005	2009	2018
中 国	1 562	2 231.8	2 831	1.3	1.75	2.18
长三角	227.7	275.3	—	—	—	—
江 苏	115.9	177.5	200.09	1.48	2.1	2.64
浙 江	67.6	95.6	110.2	2.2	1.8	2.52
上 海	44.2	51.6	51.78	2.3	2.8	4
南 京	50.3	79.3	72.16	2.4	2.8	3.07
无 锡	7.9	11	10.60	—	2.3	—
常 州	9.5	12.3	12.5	1.6	2.3	—
苏 州	11.3	17.8	23.56	—	2.3	—
南 通	6.1	8.3	10.68	—	1.6	2.7
扬 州	—	7.8	8.69	—	1.8	—
镇 江	—	8.7	8.38	6.4	1.9	—
泰 州	—	4.7	6.34	—	1.6	2.53
杭 州	35.1	43.5	49.6	—	1.8	3.3
宁 波	11.1	14.1	15.6	—	1.6	—
嘉 兴	3.7	5.2	5.74	—	—	—
湖 州	1.6	2.5	2.69	—	—	—
绍 兴	3	5.4	9.93	—	—	—
舟 山	1.3	2.2	2.69	—	—	1.16
台 州	1.8	3	—	2.3	2.9	—

后　　记

本年度发展报告由当代上海研究所组织所内外研究人员编著，由上海产业转型研究院理事长鲍炳新、当代上海研究所副所长宋仲琤负责选题的策划、定稿，课题组长为蒋宏，作者为上海产业转型发展研究院郑春风等，当代上海研究所宋仲琤审稿，张莉、黄婷编辑。

本报告撰写过程中，一直得到当代上海研究所、上海产业转型发展研究院等的关心和帮助，在此表示诚挚的谢意。笔者在撰写过程中，参考引用了国内外诸多学者的研究成果，其中大部分以脚注、参考文献的形式标注，在此对他们表示由衷的谢意。

本报告出版过程中，得到上海人民出版社的大力支持，在此谨致谢忱。

由于受限于资料搜集、研究水平等原因，本报告还存在不足之处，敬请同仁、读者指正。

编　者

2020 年 1 月

图书在版编目(CIP)数据

长江三角洲发展报告.2019:文创产业研究/当代上海研究所编.—上海:上海人民出版社,2020
ISBN 978-7-208-16375-1

Ⅰ.①长… Ⅱ.①当… Ⅲ.①长江三角洲-区域经济发展-研究报告-2019 ②长江三角洲-文化产业-产业发展-研究报告-2019 Ⅳ.①F127.5 ②G127.5

中国版本图书馆CIP数据核字(2020)第042471号

责任编辑 周 珍
封面设计 小阳工作室

长江三角洲发展报告2019
——文创产业研究
当代上海研究所 编

出 版 上海人民出版社
(200001 上海福建中路193号)
发 行 上海人民出版社发行中心
印 刷 上海商务联西印刷有限公司
开 本 720×1000 1/16
印 张 13.5
插 页 4
字 数 199,000
版 次 2020年5月第1版
印 次 2020年5月第1次印刷
ISBN 978-7-208-16375-1/F·2627
定 价 68.00元